撂地儿

40位天桥老艺人的沉浮命运

方继孝 著

生活·讀書·新知 三联书店

图书在版编目（CIP）数据

撂地儿：40 位天桥老艺人的沉浮命运／方继孝著．—北京：生活·读书·新知三联书店，2017.1
ISBN 978－7－108－05481－4

Ⅰ．①撂… Ⅱ．①方… Ⅲ．①民间艺人－生平事迹－北京市 Ⅳ．① K825.7

中国版本图书馆 CIP 数据核字（2015）第 221245 号

责任编辑 唐明星
装帧设计 康 健
责任印制 徐 方
出版发行 生活·讀書·新知 三联书店
（北京市东城区美术馆东街 22 号 100010）
网 址 www.sdxjpc.com
经 销 新华书店
印 刷 北京隆昌伟业印刷有限公司
版 次 2017 年 1 月北京第 1 版
2017 年 1 月北京第 1 次印刷
开 本 635 毫米 × 965 毫米 1/16 印张 22.25
字 数 285 千字 图 75 幅
印 数 0,001－8,000 册
定 价 48.00 元
（印装查询：01064002715；邮购查询：01084010542）

目　录

序

王学泰

撂地儿的源流与演变

书名《撂地儿》，似乎应该先对书名做些解释，因为“撂地儿”一词现今的读者未必都理解，特别是八零后、九零后等青年读者。“撂地儿”词义很简单，就是指艺人的街头演出，它产生于宋代。

古代娱乐性的文艺演出大多是为天子诸侯贵族官僚服务的，那时艺人（称作“倡优”）演出多在宫廷殿堂，或在贵人的宅第。唐代产生的“说话”，像诗人元稹在《酬白学士代书一百韵》诗下小注，曰：“尝于新昌宅说‘一枝花话’。”可见当时的艺人是在白居易新居新昌坊的宅中为白、元等人演说《一枝花》的故事。

到了宋代由于城市手工业、商业和服务业的发展，娱乐城市居民的通俗文艺演出（包括通俗戏曲、说唱、杂技等）也日益繁荣。有演出必然有作艺之人，这是第一代江湖艺人（详见拙作《游民文化与中国社会》）。这些艺人大多是从宗法家族中流离出的游民，北宋的范祖禹曾说：“凡天下之为俗乐者，率皆游民，非良农也。”（《全宋文》）他们从农村来到城镇，也许开始就是出卖劳动力，做一些简单的劳动，后来发现自己有表演能力，于是改行作艺以博得多一些的收入。

这些艺人的起点很低，宋代还没有什么剧场之类固定的演出场所。稍稍稳定一些的地方是城市中的“瓦子”。所谓瓦子，也称“瓦舍”或“瓦肆”，是以娱乐为主要内容的商业中心。有点类似过去北京的天桥、土地庙、隆福寺之类。一些艺人在其中圈定一块地方，或盖点临时建筑，供自己演出，称作“勾栏”，或称作“乐棚”。之所以称作“瓦子”，是因为它的临时性，南宋末年吴自牧在《梦粱录》中写道：“瓦舍者，谓其来者瓦合，去时瓦解之义，易聚易散也。”在瓦子中的勾栏里作艺的大多还是有较高的艺术水平的，必须会较多的“桥段”。租用瓦子还是需要一定费用的，因此，他必须有较多的观众，但大多数艺人还是不能长期在瓦子里演出的。

南宋末年周密在《武林旧事》中讲到当年杭州艺人演出时说：

> 如北瓦、羊棚楼等，谓之“游棚”。外又有勾栏甚多，北瓦内勾栏十三座最盛。或有路歧，不入勾栏，只要耍闹宽阔之处做场者，谓之“打野呵”，此又艺之次者。

那些不入勾栏演出的艺人叫作“路歧”或“路歧人”，表明他们常在道路边演出，这种演出又叫“打野呵”，他们的艺术要比常在勾栏中演出的艺人差一些。这些浪迹江湖的艺人，只要有观众就可以开场（宋人称之为“做场”），茶肆、酒楼、街巷、空地、寺庙、乡野的农家场院。这些都可以称之为“撂地儿”。

其实就是一时能在瓦子里作艺的艺人也是临时性的，当观众一少，他们就不得不离开勾栏走路，到其他地方或其他城市演出，他们自称为“冲州撞府”。他们的游走就称之为走江湖或闯江湖，因为到陌生地方开辟新市场，总要有点冒险精神，所以称之为“闯”。元曲中的《宦门子弟错立身》写一个宦门子弟，看中了一位女艺人，他也随之下海作艺，跟着他们一家游走江湖演戏：

冲州撞府妆旦色，走南投北俏郎君。戾家行院学踏爨1①，宦门子弟错立身。一个外行（戾家）到师傅家（行院）学艺（踏爨）。还要跟着他们冲州撞府闯江湖。

南宋诗人陆游在农村也欣赏过撂地儿演出，在其诗《小舟游近村舍舟步归》中写有：

斜阳古柳赵家庄，负鼓盲翁正作场。死后是非谁管得，满村听说蔡中郎。

从这些记载中都可见到，这些在江湖上撂地儿作艺的艰辛。

我见到过的天桥的撂地儿演出

像现代剧场那样固定演出场所的情况出现得很晚。特别是曲艺演出，它规模小、演出形式简单，它们进入固定剧场演出是最近七八十年的事。以前，曲艺演出大多是撂地儿（天桥和鼓楼后身儿以及一些庙会），好一点是进园子（茶馆、杂耍园子，如劝业场五楼“新罗天”，西单大光明影院，这些地方白天演电影，晚上杂耍，以曲艺为主），我小的时候（20世纪50年代初），常去天桥听曲艺（相声、评书、大鼓、变戏法），所见的演出大多是撂地儿的。这些我在《天桥杂忆》中都有过描述。

---

① 靠演戏吃饭。

1952年我在城隍庙街小学上学，从学校出来往东走三四百米就是“四面钟”（盖中苏友好医院时被拆毁，听说现已重建），过了四面钟再往东二百米，往北一拐，走不多远就到了“三角市场”。这是50年代天桥的两个重要市场之一。市场有个不完整的围墙，门上有段半曲形的门楣，上面有“三角市场”四个大字。三角市场东面，隔着一条南北的胡同，再往东就是“公平市场”，它没有围墙，自然也就没有门了。天乐戏院（听说德云社所在地就是天乐旧址）在公平市场的南边。50年代撂地儿演出比较规范了，天桥的艺人就在这两个市场作艺。

我第一次逛天桥是在读小学的时候，那时还不敢跟家长说，因为当时大人认为天桥不是正经人去的地方，小孩去了要学坏的。我家住在米市胡同南口，与去天桥方向正相反，去天桥次数很少，所以对1954年以前的天桥我还是知之不多的。

1954年我考上北京师大附中，班上有位同学叫郑继宗，他家就住在天桥三角市场西侧，又在三角市场中有块地（那时天桥市场内每块地都是私人的），他父亲在那块场地上围了个场子卖药，那时卖药除了西药房和特大的药店（如同仁堂、西鹤年堂）以外，都是要靠“说”来招呼顾客的。江湖人有言：“金皮彩挂，全凭说话。”“金”指相面算卦批八字一类，“皮”指卖药的，“彩”指变戏法的，“挂”指耍刀弄枪的。“金皮彩挂”这四个行当要想挣到钱，非要靠“说话”不行。天桥有个练武术的，自称“山东徐”，练花枪与七节鞭、三节棍，功夫很好。有人说，他在20世纪40年代华北武术比赛中拿过单项冠军，但因为嘴拙，花力气不少，却挣不到钱。

郑继宗腰系一条板儿带，下身是灯笼裤，仿佛是练武术的，有点天桥人的风范。我俩的关系不错，他熟悉天桥，常常给我讲天桥的故事。当时“镇反”刚过去不久，他就给我讲天桥镇压“四霸天”的故事。郑认为“四霸天”中最坏的是个姓孙的，什么坏事都干；对于张八，因为武功好，似乎有些同情，说他的问题就是仗着有一身功夫老欺负人、打人。郑继宗说警察抓他那天，张八有些感觉，早上起来，刚练完一趟七节鞭，是预备传授给徒弟的，就听见有人敲门。他感到不好，回身就要蹿上房逃跑，警察一脚踢开了街门，看到张八已经双手按着房檐，腿正要往上迈。两个警察赶紧一个人拽住他一条腿，但张八的胳膊很有劲，怎么也拽不下来，又进来一个警察，上了房，给他前心一脚，才把他从房檐上踹了下来。

上初二的时候，郑继宗父亲去世了，家庭陷入困境，幸亏三角市场里还有块地，他们就把这块地租给说相声的了。郑继宗也不能再继续上学了，报考上了北京警察学校（校址就在朝阳门外东岳庙里），那里上学不花钱，而且管吃管住。我们俩还有往来，我去天桥玩的时候，也到他家去看看他。在他家场地说相声的都是比较年轻的艺人，当时都在二十来岁。其中还有两位女艺人。一位是与她丈夫一起来的东北艺人，似乎以数来宝（现在称“唱快板”）为主，另一位是前些年还登台的回婉华。男演员有齐信英（后来他以说评书为主了，我听过他说的《聊斋》），似乎赵振铎、赵世忠（这二位后来去了北京曲艺团，回婉华、齐信英去了宣武曲艺团）也在这里说过。因为在这个场地说相声的有八九位，没有事儿的就在郑继宗家中休息，老太太给他们灌水沏茶。他们就四仰八叉躺在小屋的炕上闲聊。

另外一个相声场子在公平市场的中心地带。它的东侧是宝三耍中幡和摔跤的场子，东南是小金牙的拉洋片，西南是山东徐的武术场子，正南是天乐戏院，挑班的是梁益鸣（老生，人称天桥马连良）、张宝华（武生）。正北则是天桥影院，放一些老旧影片，五分钱一张票，不对号，进去看一天也没有人管。

在这个相声场子说相声的大多是岁数较大、演出经验丰富的艺人。20世纪50年代初活跃在广播电台上说相声的佟大方、杜三宝，名气很大，佟大方就在这里说单口相声，夏天穿一身纺绸对襟裤褂，小风一吹，很凉快。不知为什么杜三宝没到这里来过。佟大方后来在北京曲艺团演曲剧了，我看过他参演的《杨乃武与小白菜》，佟大方演反面人物——知县的师爷。高德明、高凤山（数来宝）、胡仲仁、孙宝才（双簧）、罗荣寿也在这里演出过，还有一位姓“阿”（在旗的）的艺人等。在这里演出的艺人后来大多进了北京曲艺团。在前门小剧场（大栅栏路北）和迎秋剧场（鲜鱼口里）演出。

撂地儿演出的艰辛

那时撂地儿的场地大多要码三层条凳，绕一圈，可坐四五十人，其他人则站在凳子外面听。撂地儿的第一个艰辛在于“打钱”（收费），它不像买票入场，只要你入了场，就要交费。相声的场子大约是二十分钟打一次钱，一到快要打钱的时候，外面站着的观众往往就撤了。靠里面的观众一回身走，就能带走一大片，用艺人的话说就是“撞了一个大窟窿”。此时艺人也会说些“片儿汤话”讽刺那些不给钱、不局气的观众（早些年就会开骂了）。打钱时或用笸箩（用右手中间三个指头——食指、中指、无名指夹着笸箩边沿），有时也用张开的折扇（币制改革前没有硬币）。一般都是给几分钱（币制改革前的几百元），给一毛钱那就是很阔绰的了。一场下来多者挣八九毛钱，少者一两毛而已。与当今曲艺明星收入不可同日而语了。艺人们称这种挣钱方式叫“平地抠饼”，它像前面提到的“踏爨”，都很形象。“平地抠饼”既容易也艰难。对于才艺高、有观众缘的，来钱就容易，反之则难。因此逼得艺人去出彩、出新。

第二个艰辛是“招人”（艺人叫作“圆捻子”），因为一要钱，人就会走一大半。此时的相声艺人就要靠“打板儿”（打花样竹板）、“白沙洒字”（边洒边唱）、“唱太平歌词”等来“圆捻子”。待人来得差不多了，才开始新的一段。说书（包括唱大鼓的）因为上一段结束时，艺人往往要留个“扣子”，所以不担心听众流走。

撂地儿说相声不像在剧场，剧场中两个人并排站在桌子后面说，撂地儿演出则是坐着说。表演对口相声时，两位艺人或是坐在一边，中间有个小桌，或坐在对面两人隔着场子说。唱大鼓的场子一般要比相声场子大，大多有天棚，遇风雨天还能演出，老观众也不会走散。天桥的两个相声场子都没有棚子，稍有风雨，观众自然走散，等于半天没干。这是撂地儿演出第三难。

天桥的撂地儿演出主要在上述这两个市场里。当然，撂地演出不仅仅在天桥，像一些庙会，比如土地庙（今宣武医院）、白塔寺、护国寺、隆福寺等四大庙会都有曲艺撂地儿演出。但庙会是逢正日子才开，如土地庙是逢三，阴历初三、十三、二十三；白塔寺逢四、五，初四、初五，十四、十五，二十四、二十五……因此只有比天桥撂地儿艺人还落魄的艺人才在几个庙会之间来回赶场。

从撂地儿到“十分钟二分钱”

《撂地儿》一书中写到的40位曾在天桥撂地演出过的艺人，这些艺人许多已经成名，离开了天桥，一些人去了天津。其中我观赏过其演出的只有七位，是书中提到的唱大鼓的艺人刘田利、王艳茹、蔡金波，说相声的高凤山、孙宝才，唱京剧的梁益鸣，撂跤的宝善林（俗称“宝三”）。

小学时与同学一起打闹，常常爱摔跤，因此，对于摔跤的技巧很有兴趣，上面说过跤场就在相声场子的西侧，因此也常到跤场看。跤场以宝三为号召，其实宝三很少上场，每天最多也就出现一两场，与他对场的常常是他的大徒弟。50年代宝三大约五十多岁，徒弟二十四五岁，正当年，又是五大三粗的，不过他是为师傅垫背的，挺高的个子，让老师像面口袋一样摔来摔去。真正与宝三成对手的是满宝珍，满也有四十多岁了，头发已经花白，留个分头，宝三是秃顶。两个人有些棋逢对手的样子，但满宝珍赢的时候少。

大鼓我最爱听刘田利，他的花腔多，不像其他西河大鼓演员旋律很少变化。刘的身段做派也不错，刀枪架时时出乎于听众意料。我也听过书中提到的蔡金波、王艳茹的西河大鼓，总觉得蔡太硬、行腔单调，王则太软，都不如刘田利。

1957年之后，北京艺人的撂地儿演出基本结束。政府把他们组织起来在小剧场或文化馆演出。这些演出与正式剧场的卖票还是有区别的。在剧场门口买张两角钱的票，凭此票可听一个小时。这张票后有许多小格，每个格代表十分钟。一小时后如果你还接着听，每过十分钟收二分钱。这样你听了两个小时的曲艺节目票价为三角二分。不过卖票的在剧场门口吆喝则是“十分钟二分钱”！好像有多便宜似的。其实不算便宜，当时电影票价最高的是两角五分。

《撂地儿》告诉我们许多不知道的曲艺知识

《撂地儿》介绍与评论了40位曾经活跃在天桥撂地儿演出的曲艺、杂耍演员（其中有些未必是在天桥撂地儿）。作者方继孝君本人喜爱传统戏曲、曲艺，又恰恰收集到一批清末民初以来北京戏曲、曲艺艺人的档案资料，包括20世纪40年代末和20世纪50年代初在北京社会局（国民政府时期）和文化局（人民政府时期）的登记资料，有的还附有照片。我们过去只闻其名，不知他们到底长啥样子，如1961年困难时期，西单剧场推出一台传统曲艺，我记得有架冬瓜、老倭瓜等艺人的“滑稽大鼓”，忘了什么原因了，没能去看，一直引以为憾，对于这个艺名很好奇，不知道他们长得有多滑稽？这本书中有张架冬瓜的照片，原来是一位面目不太开展的老人，这是生活苦难留下的痕迹。这张照片是架冬瓜于五十七岁时拍的，时在1947年。又过了14年的1961年该是什么样子，可以想见。难怪有人见到他，说这老人家“一身大青布的裤褂，破袖口上都是光又亮的油渍，几颗稀疏的牙齿，歪着嘴，反衬出一脸的青黄苦相”。

全书不仅保留了许多可贵的资料，作者在介绍艺人时，结合他们的从艺经历，随文梳理了许多曲种（如单弦、京韵大鼓、西河大鼓、梅花大鼓、滑稽大鼓）流派演变与发展过程，使读者对这些相对陌生的曲艺有了新的认识。这样的著作近几年还是不多见的。

自 序

明清两朝定都北京。据老辈儿人说，我们北京方家这一支，是江南方氏在京仕宦，后定居落籍。从我爷爷的爷爷往前捯若干辈儿，我们方家就没有离开过北京；确切地说，就从来没离开过南城，到我这辈儿已有二十多代了。现在南城的崇文、宣武两个区被取消了，但我们家和那些个几十年，乃至上百年都住在南城的老街坊，还是习惯说自己家是南城的。

以琉璃厂、天桥、大栅栏为标志的老北京的南城，自古以来就是京味文化的发展和传承地，许多民俗传统和民间花会、民间技艺，如厂甸庙会、天桥中幡、大栅栏五斗斋高跷秧歌、白纸坊太狮老会和牛街掷子等都是老北京喜闻乐见的民间艺术，而集中体现老北京民俗传统和文化的是天桥。

天桥地处北京原宣武区内正阳门大街之南，前门至永定门的中段，也就是今天的天桥南大街北口的十字路口处，坐落在纵贯北京城的中轴线上，与位于地安门和鼓楼之间的另一座桥——万宁桥遥相呼应，为明清两代皇帝祭祀天坛和先农坛的必经之路，故名天桥。史料记载，天桥的桥身选用汉白玉石料砌成，两旁的桥栏雕刻精细，远望此桥，洁白如玉、庄重秀丽。这座只供天子祭祀时走过的天桥，平时用木栅栏挡着两端，老百姓过河走两侧的木桥。康熙年间，灯市从内城迁到前门外，天桥西北的灵佑宫成了天桥灯市的一部分。每年上元灯节，这里游人如织，热闹非凡，为游人服务的茶肆、酒楼、饭馆等饮食摊点逐渐出现，来此为游人助兴的说书、唱曲、撂跤、打拳的卖艺人逐渐增多，可以说这是天桥市场的雏形。光绪年间，修建了京汉铁路，在永定门外马家堡设立车站，往来旅客由永定门出入，多在天桥落脚。市民们也不单是灯节来天桥看灯游玩，平日里也约上三五亲朋好友，来此游逛，使天桥的市场也越来越繁荣。1906年因修建道路，把高拱石桥改为低拱石桥，天桥的繁盛也相应削弱了。1927年，因铺设电车路轨，又将这座早已没有天子走过的低拱石桥改为平桥。1934年，马路拓宽，将已变为平桥的桥栏拆除，至此，天桥彻底没有了踪迹，空留了一个"有天无桥"的天桥地名，而桥下原有的河道也逐渐变成了后来老舍先生笔下的龙须沟。

天桥在老北京人的眼皮底下消失了，可1917年建成的天桥公平市场和此后"新世界"及城南游乐场的开业却使天桥又重新繁华起来。"三教九流、五行八作、什样杂耍和百样吃食"是对那时天桥的形象写照。由于天桥市场出售的日用百货和各种吃食都很便宜，故而每日来此购物的市民很多，在购物的同时，还可以观赏在此撂地儿的艺人表演武术、魔术、拉洋片；到戏棚里看京剧、评剧、梆子；到公平市场或附近的茶馆听评书、相声、鼓曲。据说当年在天桥卖艺的多达五六百人，京剧、评剧、杂技、单弦、大鼓、琴书、相声、双簧、硬气功、武术、摔跤、空竹、中幡等等。艺术门类究竟有多少，至今没人说得清楚。天桥不仅为老北京的各阶层人士提供了购物、休闲、娱乐的场所，同时也培育出许许多多身怀绝技的艺人。京剧名角荀慧生、评剧名角新凤霞都是从天桥走出去的艺人。

京城老辈儿，大都喜欢到天桥游逛，喜欢天桥艺人的表演。我家久居南城，几代人都喜欢逛天桥。听我祖父说，方家自打徽班进了京，即与京剧结了缘。方家的男丁都懂京剧，有的还是小有名气的票友。到我父亲这一辈儿，东西俩院儿，哥儿七个，都酷爱京剧艺术，并分别喜欢京剧某个行当和某个艺术流派。逢年过节，哥儿几个好不容易凑在一起，吃饱了喝足了，就在院里开锣，男的吹拉弹唱，女的吃着零嘴儿，看着哥儿几个折腾。平日里，哥儿几个偶尔相聚，聊的，唱的，也都是京剧。特别是每年春节的时候，他们总会请几个喜欢京剧的亲友，凑一出戏，正儿八经地演给亲友们看，使节日气氛更浓，家人和亲友间关系更加和谐。因戏中角色，连文武场大都由哥儿几个承揽，街坊四邻誉之为“方半台”。名声在外，有时京城某剧社缺个角儿或文武场面缺个手儿，也会请哥儿几个救场。他们哥儿几个，不但喜欢京剧，也喜欢河北梆子、评剧、评书和鼓曲。我小的时候，看过我父辈哥儿几个自排自演的评剧《秦香莲》，也听过我父亲清唱的河北梆子选段。

1957 年后，天桥的艺人大多不在天桥演出了。这些艺人有的加入了正规艺术团体，有的改了行。到了 20 世纪 60 年代初，我已经上了小学，有时和同学结伴到天桥玩儿，还有零星的艺人演出，曾看到过吞铁球的艺人，眼看着放到嘴里两个大铁球，一颠还听得见铁球在肚子里上下碰撞发出的当当声，往外吐出的时候，看着很难受的样子。这个场面至今记忆犹新。再后来，天桥的艺人销声匿迹了。

几十年过去了，父辈们都已经逝去了。北京这座历史名城的城墙早就没有了，胡同也随着“旧城改造”被拆得差不多了。但我幼时听老辈儿讲述的天桥艺人的故事和我少年时期所见的艺人表演，却不能忘怀。每次路过天桥，总要到天桥附近残存的福长街、禄长街、百顺胡同等转转、看看。总想捕捉一些旧时天桥的蛛丝马迹，但每次都是怅怅而归。前些年，永定门城楼恢复了，我约了几个老街坊去看，大家都很失望，总觉得缺乏“厚重”，没有“历史感”。去年听说在天桥原址恢复了“天桥”，又赶忙去看，依然是大失所望。在那个“天桥”转了几圈，驻足近一个小时，无论如何这座“天桥”也不能和心目中那个明清帝王祭天时走过的天桥挂起钩来。

或许是打小儿留存在心底里的天桥情结、京味文化，凡是与京味沾边的我都喜欢，包括北京城楼、胡同、小吃、京剧、评剧、鼓曲等等，每年总要听几次京剧，到老舍茶馆听听鼓曲、相声，有时还专门去天津劝业场的小剧场欣赏曲艺，听评剧。星期天、节假日还要去天坛公园和陶然亭公园听评剧票友的演唱。“爱屋及乌”，对于那些老北京艺人的照片、资料、手迹更是情有独钟。无论书摊、拍场，只要遇见了与老北京天桥艺人有关的资料就会买下来。

促使我萌发写一本以天桥艺人为主线、反映老北京民俗文化和民间艺术的书的念头的，源于收集到一批自1947年至1958年北平市国剧公会（1949年以后改为北京市京剧工作者联合会）、北平市曲艺公会（1949年以后改为北京市曲艺杂技工作者联合会）、北平市剧场业同业公会（1949年以后改为北京市评剧工作者联合会）的档案。这些档案包括《北平市社会局剧社备案申请书》、新中国成立后的《北京市文化局剧艺团社申请书》，各公会所属业务股、各班社（剧团）名录、召集会议记录，会员名单，等等。囊括了京剧、评剧、河北梆子、鼓曲、评书、相声、武术、杂技、魔术、皮影各行当演职员名册、规章制度、演出节目单和来往公函等。最为珍贵的是一批1946年至1949年的《北平曲艺公会的会员名册》。这些册子里会员基本情况登记详细，有姓名、艺名、入会介绍人、性别、年龄、籍贯、住址、科目（专长）和编号（证章号）。名册在艺人姓名栏处还贴有照片，极其珍贵，像卢派梅花大鼓创始人卢成科、“天桥八大怪”之一的“赛活驴”关德俊等，都有当年的相片留存。艺人们填写的当年所居住址大多在南城，有的就住在天桥附近的棚户区。他们身怀绝技，却过着极为困窘的生活，这正是天桥艺人的真实写照。

旧社会艺人的地位是极为低贱的，被看作是给人取乐的“下九流”。他们终日撂地儿，走街串巷，甚至远离家乡和亲人，辗转各地卖艺赚钱，可依旧过着食不果腹的生活。无疑，这些档案资料是研究老北京天桥艺人生计维艰、度日如年的苦日子的极佳材料。他们住的是城市里的棚户区，稍遇天灾人祸，或三伏歇夏、年终送灶，就要“封箱”停演，难以糊口……所以，过去曾有“身怀绝技难养家”之说。

为了把曾经在天桥乃至在京津各地艺人的绝技绝活和他们的生活场景勾勒出来，凭借这些极为重要的档案文献资料，再加上多年来我积攒的各路名家的手迹、照片、戏单或与之相关的书籍文献，我开始了此书的写作。自 2011 年起笔，至 2015 年完稿，花费了四年多的时间，终于写出了这样一本介绍老北京天桥艺人经历、技艺和生活的书。写此书的目的，是想让广大的读者和喜欢京味儿文化的朋友们，能够更多地了解老北京数百年来天桥上演的各种民间艺术、各艺术门类的一般知识和发展脉络，以及那些身怀绝技的民间艺人所经历的酸甜苦辣。

老北京天桥文化包含的内容丰富，名家众多，流派多样，剧目繁多。基于我的经历，不可能对老北京天桥曾经出现过的各种艺术表现形式、人物有很深刻的了解，尽管参考了前辈们的研究成果，但仍不可避免地在人物的评价上、逸闻掌故的引用上，存有许多缺失或错误，敬希读者、专家们给予批评、指教。

方继孝

于北京南城双序斋

荣剑尘：满清情结与单弦牌子曲

荣剑尘（1881—1958），荣派单弦创始人，北京人，满族正白旗籍。祖姓瓜尔佳氏。原名荣源，后改名荣勋，字健臣。1895年开始票演，1901年正式下海演出，艺名和顺，后改剑荣、剑尘，斋名三乐庐。1920年代后在北京、天津、沈阳等地演唱。1930年代以后渐享盛誉，形成单弦的重要流派——“荣派”。抗战时期，北平沦陷，编演八本《风波亭》，鼓吹民族意识。1952年在中央广播说唱团担任艺术顾问。1957年被无端打成“右派”，之后精神受到严重摧残，于1958年自缢，终年77岁。著有《荣剑尘岔曲集》。

1952年，荣剑尘在中央广播说唱团担任艺术顾问时的照片，时年71岁

荣剑尘是20世纪30年代至50年代享誉京津、东北、华北等地区的著名单弦表演艺术家，也是单弦的重要流派“荣派”的始创者。他的演唱以嗓音甜润清脆，吐字发音讲求声韵、体现内在的情感见长。

荣剑尘原名荣源，后改名荣勋，字健臣。他是满族正白旗人，祖姓瓜尔佳氏。瓜尔佳氏是满清八大姓氏（哈拉）之一。正白旗与正黄旗、镶黄旗为上三旗。中国清末重臣荣禄与荣剑尘同为瓜尔佳氏。荣禄的女儿苏完瓜尔佳·幼兰（1884—1921）是慈禧太后的养女，也是载沣之嫡福晋（正妻），因此被称为醇亲王妃，是溥仪和溥杰的母亲。清末代皇后婉容也是正白旗人。但尚不足以此判断荣剑尘与荣禄为同一支脉。

瓜尔佳氏源于中国历史上的女真族加古氏部落，亦称夹谷氏、古里甲氏。起初，满语“瓜尔佳”被汉译为“围绕菜园子的水沟”之意，又译为“捣乱”之意。瓜尔佳氏族人不喜欢这种汉译之意，后来这种译意被逐渐从满族的各种文献中删掉了。再后来，满洲瓜尔佳氏人因崇敬三国英雄关云长，大多冠以汉字姓氏“关”。因为瓜尔佳氏按不同的地区，有苏完瓜尔佳、安图瓜尔佳等分支，入关后又有凤城瓜尔佳、金州瓜尔佳等分支。清亡后，满族人多取汉姓。因此，出现了两个同样是瓜尔佳氏的后人，却有不同的汉姓。大概荣家这一支，就是这样的情况。据有关史料记载，瓜尔佳氏后裔族人所冠的汉姓还有石、鲍、汪、李、高、顾、白、胡、郭、果、苏、叶、常、喜、侯等。

荣剑臣于光绪七年（1881）出生于北京。他的先祖入关后居北京西郊香山一带的健锐营。健锐营是清廷驻京八旗的一个兵种，由前锋营与护军营中挑选年壮勇健者，多为云梯兵。健锐营又称健锐云梯营、飞虎健锐云梯营、香山健锐营，是清八旗禁卫军中一支具有特种部队性质的部队。健锐营组建于清朝乾隆年间，在大小金川之战，大小和卓之战，平定台湾林爽文、庄大田起义和库伦之战等战争中发挥了非常重要的作用。荣剑尘幼年时曾在健锐营的功房习武，在私塾习满文。

那时，满洲旗人聚集的地方盛行八角鼓演唱，荣剑尘在习武、念书之余，常去离家不远的八角鼓票房看排练。他十二三岁即能唱一些时调小曲，如《反相思》（戏丫鬟）《后娘打孩子》《十二重楼》《叹清水河》《罗章跪楼》，等等。

八角鼓是满族最有特色的民间乐器。我国北方的单弦、大调曲子、聊城八角鼓、弦子书等曲种都是用它作为主要的伴奏乐器。据《天咫偶闻》记载："旧日鼓词有所谓子弟书者，始轫于八旗子弟，其词雅驯，其声和缓，有东城调、西城调之分。""子弟书"又称"段儿书"，包括清口大鼓（梅花大鼓）、京韵大鼓、单弦。

"八角鼓"演变为"单弦"，盛行于清乾隆、嘉庆年间，创始者是旗籍子弟"随缘乐"，本名司瑞轩。最初"八角鼓"演出时要三人同台，使用多种乐器，而随缘乐的演出形式是用单弦自弹自唱。他的曲目全是自己根据古典小说改编，部分优秀曲目一直为后来的单弦艺人传唱。嘉庆九年（1804）华广生编订的《白雪遗音》卷三中《酒鬼》篇，是现存最早的单弦曲词。单弦曲牌众多，曲调丰富，反映现实生活。自随缘乐以后，产生了德寿山、全月如、荣剑尘等名家，推动了单弦艺术的发展。

关于八角鼓的传说，颇具传奇色彩。提起八角鼓，要先说单弦。相传清中叶（乾隆三十七年至四十一年，1772—1776），四川省大金川土司莎罗奔及其侄小金川土司索诺木联合邻近土司在大、小金川叛乱反清，

清末八角鼓的"票友"在街头演唱

乾隆帝遂命定西将军阿桂率兵前往征讨。当时北方军队初到西南，生活习惯不适应，加之久攻不下，士气低落，思乡之情笼罩全军。据记载：“营无历书，不晓时日，只靠辨别树叶青黄推断时令。”军营中有个旗籍士兵叫宝筱槎，多才多艺，能歌善舞，度曲编词无所不通。他根据当时流行的曲调配以歌词，在军中演唱，很受将士们的欢迎，无形中起到了活跃军中气氛、稳定将士情绪的作用。阿桂将军对此极为赞赏，并亲自编歌词叫士兵演唱。1776年，阿桂大获全胜，将士们“鞭敲金镫，齐唱凯歌”，班师回朝。乾隆帝御驾亲迎至京西南三十里的卢沟桥畔。为了表彰得胜之军，还在京西香山脚下“兴建碑亭”并“赐宴奖功”，文臣武将齐来贺喜。这时候，有个与阿桂不睦的大臣，却唱反调，向乾隆参奏说，阿桂在金川之时，不理军务，每日歌舞升平、通宵达曙，并亲制淫词秽语，瓦解军心……乾隆帝闻奏盛怒，遂召阿桂面询此事，阿桂即把当时的情景一一奏明。乾隆帝闻后转怒为喜说：“此事乃国朝之祥瑞也！”遂命掌仪司制定“八角鼓”，遴选在京八旗子弟效仿演唱。

乾隆下令制作的八角鼓，造型别致，颇具满族特色，鼓的八角，即正黄旗、镶黄旗、正白旗、镶红旗、正红旗、镶白旗、正蓝旗、镶蓝旗八旗。正黄旗，以旗色纯黄而得名；镶黄旗因旗色为黄色镶红而得名；正白旗以旗色纯白而得名。正黄、镶黄和正白旗列为上三旗，上三旗内无王，都归皇帝所亲统。皇帝亲兵、侍卫皇室的成员也从上三旗中挑选。镶红旗、正红旗、镶白旗、正蓝旗、镶蓝旗是下五旗，由诸王、贝勒和贝子分统。镶红旗因旗色为红色镶白而得名，清光绪帝的宠妃珍妃就是镶红旗人。正红旗因旗色为纯红而得名；至清末，正红旗是八旗中人口最少的一个旗。著名作家老舍先生原隶正红旗；清乾隆年间的大贪官和珅也是正红旗人。镶白旗因旗色为白色镶红而得名。正蓝旗因旗色纯蓝而得名，正蓝旗在顺治前与正黄、镶黄列为上三旗；顺治初，被多尔衮降入下五旗，不再由皇帝所亲统，而由诸王、贝勒和贝子分统。镶蓝旗因蓝色镶红而得名。著名表演艺术家侯宝林便是镶蓝旗人 。八角鼓的鼓框，海棠花瓣式孔洞中以三个金属小钹计算（每对小钹中有一眼钱儿），七面计 21 个，再加五孔一面的三个金属圈，合计 24 个，称 24 固山（满语：旗），即 24 旗（满八旗、蒙八旗、汉八旗）。这说明，八旗中除了满族，还有蒙古族、汉族等民族，所谓满族一定在旗，而在旗的不一定是满族，原因在此。鼓身无柄，意为民安国泰、永罢干戈。丝制双穗为风调雨顺、谷生双穗之意。

和众多的八旗子弟一样，荣剑尘热衷于学习八角鼓。他聪颖好学，很快掌握了八角鼓的演唱技巧，尔后又向八角鼓名票庆厚庵、高俊山求教，学唱岔曲、单弦牌子曲、联珠快书和拆唱八角鼓，兼学三弦、琵琶。几年后，成为健锐营一带八角鼓票友中的后起之秀。他常进城向城内名票请教，他的远房族兄、西城八角鼓名票德润田在艺术上给了他许多帮助，并为他伴奏。经德润田介绍，他拜识了八角鼓票界巨擘、联珠快书名家奎松斋，自此受到奎先生的教诲，并随奎氏走票，观摩了许多名票的演出，结交了一批艺友，逐渐在城里八角鼓票界崭露头角。光绪二十七年（1901），荣剑尘 20 岁，拜在西城明永顺门下，成为明永顺开立单弦牌子曲门户的第一个弟子，正式作艺，艺名和顺，后改剑尘，斋名三乐庐。

随着清朝灭亡，曾经过着悠闲自得生活的满族旗籍子弟们，不得不与往日的辉煌告别，“钱粮月米”的日子一去不复返了，“铁杆庄稼”倒了，什么都没有了，又什么都不会，许多的旗籍贵族放下架子，先是卖字画，跑典当行，再后来变卖自家的府邸和珍宝，最后搬到外城住贫民窟。而那些原本就贫穷的居住在营地的旗人纷纷离城，开始了经商或卖艺的生涯。旧北京开古董店的、开戏园子的、唱京戏的、说评书、唱鼓曲的等等，五行八作都少不了在旗的人士。昔日里喜欢吹拉弹唱等玩意儿的八旗子弟干脆“下海”，把原本“玩儿”的东西变成了养家糊口的谋生工具。翻开《北平市曲艺公会 1947 年会员名册》，和荣剑尘同列一册的就有老一辈八角鼓大师、以说唱联珠快书享誉京城的德俊峰。德老先生生于清同治十一年（1872），他曾以演唱八角鼓、十不闲、莲花落而闻名，不仅精通八角鼓艺术，琵琶、弦子、鼓柳彩全能，还擅长唱联珠快书，牌子曲《翠屏山》、快书《碰碑》都是他的拿手段子。70多岁时表演“筋斗献彩”干净利落。同时在京卖艺的著名京韵大鼓艺人关贞奎、良小楼兄妹，评书名家品正三、连阔如，天桥八大怪之一的关德俊，相声大师侯宝林、常连安父子，北京琴书创始人关学曾，杂技大师关玉和、金震、金石兄弟和金业勤，都是落魄的旗籍子弟。

作为满族正白旗籍的荣剑尘自小有“钱粮月米”供着，起初他下海作艺，有喜好玩儿的成分，而进入民国时期，得靠自己个儿挣钱养家糊口，这玩儿的本事也就成了养家的唯一技能。他时时怀念消失了的大清国，为此他把伴随演出用的八角鼓的鼓穗由原本是按旗属分成红、黄、蓝、白等颜色，换成只有一种颜色的青色，取“满清”之意。这也成为荣剑尘的八角鼓艺术独有的特色。

民国初年，荣剑尘从京西移居城内北新桥。这时，正是单弦牌子曲、联珠快书的极盛时期，强手如林。当时北京的艺人也分三六九等，有“街南”“街北”之分。以珠市口为界，珠市口以南、天桥一带，称为“街南”。在那一带说书的唱戏的，属于低一等的，是不能登大雅之堂的。虽有几家戏园子，但规模很小，设备很简陋，艺人大都撂地儿说唱。珠市口以北，从开明戏院（后来的民主剧场，今天的珠市口电影院）往北，称为“街北”。这一带大部分园子由京剧班占用，评剧、曲艺很少在此演出。就连评剧界的白玉霜、芙蓉花等享誉一时的演员，也只能在珠市口大街两侧的开明、华北两个园子演出，再往北的园子就进不去了。一般来说，街北的戏院是不邀请街南的班社来演出的。能在庆乐园演出的有当时曲艺界的佼佼者曹宝禄、高德明，还有汤金城（汤瞎子）的口技、快手刘的古彩戏法、架冬瓜的滑稽大鼓。

荣剑尘起先只能在小馆子里和分钱不多的堂会上演出，勉强维持生活。后来，他潜心编演新曲，得到挚友谢芮芝的无私帮助，又有德润田、李镒山、庞玉山在音乐唱腔上帮他设计。他将《武十回》由四本改编为十本，将《翠屏山》由二本改编为五本，将《蝴蝶梦》由《扇坟》一本改编为四本，将《杜十娘》由二本改编为五本，演出后逐渐得到听众赞赏。

约在1913年，荣剑尘先后两次去天津演唱，都未取得成功。因此，他下决心向各个单弦牌子曲名家学习，精心揣摩每一个曲目的细微情节，努力唱出人物的风采神韵和复杂的内心活动，绘声绘色地把听众引入意境。他将京剧的表演动作加工提炼并化入单弦牌子曲表演，使形体动作分出文武老少、生旦净丑，面目表情分出喜、怒、忧、思、悲、恐、惊。他将舞台上的场面桌向台口左边移二尺余，向台口后边移一尺余，使自己站在舞台中心，扩大了表演区；并增加一把椅子，使演员可坐可立，从而加强了演员说唱故事的表现力。如唱《武十回》，他用京剧走矮子步的动作把武大郎唱活，同时衬托出武松的高大形象，使人物活灵活现。

荣剑尘对单弦牌子曲音乐也进行了革新，在弦师的协助下，加强了音乐旋律，使其节奏更加严谨。除了《靠山调》《云苏调》《怯快书》保留半说半唱的唱法外，对诸如《四板腔》《叠断桥》《湖广调》《南城调》《太平年》《金钱莲花落》《罗江怨》《石韵》《流水板》等曲牌唱法都进行了独到的艺术处理。为了充实单弦牌子曲的曲牌，他将北京民间流传的《军乐歌》吸收到单弦的曲牌中，并曾两次到乐亭县向当地乐亭大鼓老艺人杨宝升求教，回京后与弦师反复研究，将《乐亭调》的唱腔收进单弦牌子曲，形成荣派《乐亭调》。在《靠山调》曲牌中加入《拨浪鼓儿》也是他的创造。这里的《靠山调》不是现在二人转的“靠山调”，它原是北京北城一带说唱长篇故事的曲艺形式，又称“北城调”，是以兼说兼唱、说唱结合的方式演出的，体裁与鼓词相通。由于荣剑尘在艺术上不断革新，再加上他嗓音清脆圆亮、高低兼备、音色优美，人们称他的单弦牌子曲艺术为“荣派”。既不同于“常派”的明快爽朗，又不同于“谢派”的滑稽幽默，荣派唱腔的特点是悠扬圆润、韵味醇厚。荣剑尘对于单弦的每一个曲牌都有自己独到的运用，特别是每句的尾音和拖腔与其他派别有很显著的区别。他的演唱不论是满工满调，还是半说半唱，都是韵味十足，让人有“绕梁三日”之感。

这里与“荣派”并驾齐驱的还有“常派”和“谢派”。

“常派”创始人，即常澍田先生。常澍田的击鼓技艺高超，是八角鼓界击鼓最著名的人物。在打鼓的手法方面他曾总结“挝鼓十法”是：切、坐、拉、掭、碰、撮、簸、推、跪、丁。常澍田以豪放的风格、脆亮的低弦高唱、清晰的吐字、传神的表情、潇洒飘逸的动作，被人称为单弦牌子曲中的“常派”。

“谢派”的创始人是谢芮芝先生。他生于清光绪八年（1882），并不在旗，却是一名资深的八角鼓票友。年轻时，谢芮芝与荣剑尘结为金兰之好，并拜王六顺为师，下海投身相声事业，20世纪30年代后改唱单弦，首演南京，一炮走红。在长期的艺术实践中，谢芮芝创立了通俗易懂、滑稽幽默、生动俏皮的单弦新流派——“谢派”。1950年，参加北京市曲艺会演，与荣剑尘拼档出演单弦拆唱《得钞傲妻》，被观众喻为“一对瑜亮”。

1926年前后，荣剑尘第三次赴津，在南市燕乐、升平戏院演出，一炮打响，誉满津门，被称为“单弦大王”。1930年代，他的《杜十娘》《沉香床》《摩登遗恨》还被灌制了唱片，广泛流传。

荣剑尘深知艺无止境，因而他不满足现状，在艺术道路上不断探索，汲取各家所长，以谦恭的姿态听取听众意见。针对天津的听众评他唱的《放焰口》欠火候，他静下心来研究“焰口”，据说为此他先后向北京红门寺的茂林法师和香戒寺檀月上人两位大和尚学习焰口技艺达两年之久。后来，他在表演《翠屏山》《武十回》“放焰口”时，弦师击打法鼓、吊钹，他边念边击打手磬、木鱼，使听众耳目一新。一次有数位僧人到剧场听他“放焰口”，散场后向他合十赞叹，连称“神韵”。

就在荣剑尘的单弦牌子曲演唱达到鼎盛期——不仅享誉京津，在宁、汉、沈等地演出后亦有声誉的关口，他却因与人筹划集资在北京东安市场附近开设的一个曲艺园子——小上海游艺社经营不善、亏损巨大，被迫停业，荣剑尘经年积攒的钱财全部赔光。受到如此打击，荣先生承受不住，精神出现了故障，一时不能登台演出，经过三年多的调理医治，才得以康复重登曲坛。

当年位于北京王府井东安市场西门外北侧、新巴黎绸缎庄顶上三楼的小上海游艺社，就是个杂耍园子，也是北京第一个打出“游艺社”招牌、标榜现代气派的曲艺演出场所，是一个叫徐度的人于1942年出资兴建的。“游艺社”场内约有二百个座位，设备良好，前五排为绿绒沙发椅，五排后为木制弹簧软椅。荣剑尘与投资人徐度合作，组班在此演唱。荣剑尘既是股东之一，也是组织者，还坚持每日演出。在这里演出的都是京津曲艺名家，如白云鹏、联幼茹、筱映霞的京韵大鼓，王佩臣的铁片大鼓，花小宝的梅花大鼓，张寿臣、高德明、侯宝林、郭启儒的相声，葛恒泉的联珠快书，荣剑尘、谭凤元的单弦牌子曲等。连年的战乱，普通百姓饭都吃不上，没心情，也没钱来欣赏曲艺；有钱人大都到南方避难去了，来看表演的多为不给钱的日伪或地痞渣滓。结果不久游艺社易主，更名为上海游艺社。1945年，这个杂耍园子停业。从建成使用，两易其主，最终还是倒闭了。

荣剑尘康复后，依然到天桥等书馆、茶馆演出。但因战乱未停，民不聊生，上座率低，生活依然窘迫。1950年后，国家安定，荣剑尘再一次焕发了艺术青春，在国庆一周年大典的日子里，他率先编演了《天安门颂》；抗美援朝时期，他编演了《志愿军英雄赞》《鸭绿江上仇》。后来，他还运用新观点编演了《红娘子》《拳打镇关西》《火烧草料场》《武松打虎》《白猿偷桃》等传统曲目。

1952年，荣剑尘参加了中央广播说唱团，担任艺术顾问。在说唱团工作期间，他还曾先后在中央实验歌剧团、总政文工团、南京军区前线文工团、中国京剧院、艺术师范学院讲学。他为广播电台录制了《王佐断臂》《杜十娘》等单弦牌子曲曲目及若干岔曲曲目。20世纪50年代，北京市文化局给文艺界演艺人员定级，荣剑尘和京剧名净郝寿臣，四大名旦中的梅兰芳、程砚秋，著名旦角演员于连泉（筱翠花），著名琴师徐兰沅，著名相声演员侯宝林，著名评书艺人连阔如，京韵大鼓艺人白凤鸣等同被增补为一级演员。

1957年，正值反右，荣剑尘政治上受到迫害，一登台演出，观众就起哄离场，他的自尊心受到很大打击，整天失魂落魄。1958年，荣剑尘自缢而死。

荣剑尘毕生编演了《卓二娘》《细侯》《青蛙神》《莲香》《乔太守乱点鸳鸯谱》《钱秀才》《金玉奴棒打薄情郎》《刘元普双生贵子》《卖油郎独占花魁》《沉香床》《风波事》《五鬼闹判》《摩登遗恨》《水莽草》《胭脂》《黛玉焚稿》《梅兰竹菊》《国民宝鉴》等三十多个单弦牌子曲曲目，但是大部分已经失传，存世的单弦牌子曲录音也仅有《杜十娘》（一本、二本）《王佐断臂》《拳打镇关西》等为数不多的几种。正宗的“荣派”单弦已经在舞台上绝迹。仅有京津两地的一些票界人士能演唱“荣派”的部分传统曲目，例如《卓二娘》《细侯》等。

关于曲目创作，荣剑尘在所撰《曲坛献艺六十年》一文中提出：“选材取义，必寻正源，设词必求整洁，立意必取正大，要惩恶扬善，补社会教育之不足，如此做法艺术才有价值。”

曹宝禄：曲坛骄子的沉浮人生

曹宝禄（1910—1988），北京人。著名曲艺活动家。1937 年，曾与鼓界大王刘宝全同台演出。因其艺术造诣高、名望大，1946 年北平市成立曲艺公会后被广大同行推举为公会理事长。1950 年代，积极编演新曲目并热心公益事业，担任北京曲艺杂技联合会理事长。1952 年 9 月，两度参加朝鲜前线慰问团，任赴朝慰问曲艺大队副大队长。1957 年被划为曲艺界头号“右派”。

1979 年，曹宝禄参加第四次全国文艺工作者代表大会时的照片，时年 69 岁

在 20 世纪四五十年代，在华北乃至中原、东北、西北地区，也就是说，在大半个中国，说起曲艺名家曹宝禄先生，可谓无人不知，无人不晓。翻开 1946 年至 1950 年代的北京（平）曲艺界公会名录，作为曲艺界的领军人物，他总是第一个在名录中出现。

在鼓曲界，曹宝禄先生堪称全能。首先，他是单弦八角鼓表演的集大成者。他的单弦艺术特色是唱腔跌宕激越，行腔流畅，韵味隽永，悠扬动听。他吸收了荣（剑尘）、常（澍田）、谢（芮芝）等各家之长，形成了自己的艺术风格，世称“曹派”。他的传统曲目包括《风波亭》《续黄粱》《白猿偷桃》《穷逛万寿寺》《翠屏山》《武十回》《五圣朝天》等拿手唱段，脍炙人口，家喻户晓。其次，他还擅长联珠快书、岔曲、腰截、群曲以及拆唱牌子戏等曲种，并精通梅花大鼓、京韵大鼓的众多曲目。

曹宝禄原名曹启明。他读过五年私塾，相当于高小学历，在民国时期的曲艺界算是文化程度高的人。他的原籍是河北省通县燕郊乡镇东赵村（现属北京通州区）。

1922年，也就是曹宝禄11岁那年，他开始在北京山涧口十五间房学艺，拜弦师尚福春为师，学唱梅花大鼓和京韵大鼓。13岁出师后，曾在北京各坤书馆及八大胡同的妓院当伙计和天桥畅宜园等茶馆卖艺。22岁时，经著名京韵大鼓艺人白云鹏介绍，拜金晓珊为师，学唱单弦牌子曲和联珠快书。曹宝禄先生真正在京城曲艺界立住脚，得益于他的恩师——刘宝全先生。

刘宝全出生于清同治七年（1868），卒于1942年。他是京韵大鼓表演艺术家，“刘派”京韵大鼓创始人，一代宗师，清末曾与“戏界大王”谭鑫培并驾齐驱，被誉为“鼓界大王”，享誉半个世纪。刘宝全生前曾灌制二十三段京韵大鼓曲目的唱段（其中《大西厢》是全段）。我家藏有1925年高亭唱片全册，收有刘宝全先生的《乌龙院》头段、二段，《百山图》头段、二段，《二本宁武关》头段、二段，《长沙对刀》头段、二段，《华容道》头段、二段，《赵云截江》头段、二段，《闹江州》头段、二段，《单刀会》共四段，《群英会》头段、二段，《活捉三郎》头段、二段，《白帝城》头段、二段。现在他的这些段子已经很难听到了，为使读者体会一下刘宝全先生大鼓鼓词儿的艺术魅力，我把《乌龙院》头段抄录于兹：

> 大宋朝，道君天子驾坐汴梁，四外里狼烟滚滚不得安康。南有方腊，北田虎多么狂妄，在淮西省反了一个公子王庆，东有座梁山岗。有个太尉洪信，龙虎山拜求张天师，他就把那个群魔放，放走了那

些地煞天罡各占在一方。言不着梁山上到后来一百单八将，既回来我再表一表那位晁天王。这一日晁盖驾坐前厅上，对众有语细说衷肠。想当初咱们弟兄在黄泥岗怒劫了生辰纲，救命的恩人多亏了宋江。要不亏宋三爷给咱们送上一个信，难免你我祸一场。自古道受人家点水之恩，须当报涌泉一个样，何不去请三爷上山为王。他言还未尽，小弟我愿往，瞧了瞧来了一个赤发鬼小刘唐。

曹宝禄结识刘宝全先生很晚，是在1937年的夏天。曹宝禄的功底很是扎实，再经师傅的点拨，技艺飞速提高。这一年正值“卢沟桥事变”爆发，刘宝全先生到前线慰问，为二十九军抗日将士演出，曹宝禄亦随师傅前往。

自此，曹宝禄先生的影响力逐渐扩大，北平“民声”“华声”“国华”等电台相继请他演唱。华声电台是一家私营商业电台，建于1947年，创建人不详，位于东四南椿树胡同路北。每日早8点至晚12点播送节目，其中有大量曲艺节目及商业广告。多由广告社邀请艺人或由艺人包钟点直播演唱，鼓曲、相声一般是40分钟一节，评书80分钟一节，每节在说唱之间插播40家商业广告，由演员自报，或由伴奏的弦师、艺徒来报。此电台常播放的节目有：李兰舫、孙书筠的京韵大鼓，曹宝禄的单弦牌子曲，高德明、绪德贵、马三立、张庆森的相声，宋大红的梅花大鼓、时调小曲，连阔如、赵英颇的评书等。1951年，该电台被人民政府接收，改为中央人民广播电台文艺台。那时曹宝禄在电台录制的曲目有《风波亭》《续黄粱》《白猿偷桃》《穷逛万寿寺》《翠屏山》《武十回》《五圣朝天》等，而最拿手的唱段是《五圣朝天》。所谓“五圣”，是指龙王爷、门神爷、灶王爷、土地爷和兔儿爷。故事描述“五圣”适应不了人间社会的种种变革，纷纷上天朝拜玉皇大帝，诉说其在尘俗被亵渎之苦。语多诙谐。他的代表曲目还有联珠快书《蜈蚣岭》《碰碑》《闹天宫》，拆唱牌子戏《胡迪骂阎》《双锁山》，等等。

新中国成立后，曹宝禄积极参加曲艺改革工作，热情演唱新曲目。1951年到1952年，先后两次参加赴朝鲜慰问团，任曲艺服务大队副队长。20世纪50年代初，主持排演曲艺剧《柳树井》，培养了一批青年演员，奠定了北京曲剧的基础。1952年，担任新组建的北京市曲艺团二团的团长和前门小剧场经理。

北京市曲艺团二团以曲剧演出为主。曲剧，是建国初期由曹宝禄、尹福来、魏喜奎、孙砚琴等老艺术家以发展拆八角鼓的形式，并以单弦牌子曲为基调创作产生的新剧种，是北京特有的地方戏。北京曲剧一经创作产生，就受到了群众的欢迎。当时正值新婚姻法颁布，这部婚姻法可以说让人们的思想起到了翻天覆地的变化。1952年，为了歌颂新婚姻法，人民艺术家老舍特地编写了剧作《柳树井》，上演后，受到各方面的重视，并得到群众的认可与好评。在老舍的提议下，此种演出形式被定名为“北京曲剧”。北京曲剧以擅演“清装戏”和“现代戏”而著称，风格新颖，表演朴实，演唱清晰易懂，生活气息浓郁。唱腔以单弦牌子曲为主，兼收北方鼓曲和民间说唱，因而韵味独特。老舍认为：“这是用北京土生土长的曲艺来演的戏，填补了北京地方戏的空白。”当时的北京市市长彭真也认为，应该给这个新剧种一个固定的演出场所，以利其发展。但因曲剧刚刚问世，不宜在大型剧场演出，便决定在广德楼旧址上修建一家仅容400名观众的小型戏院演出曲剧，戏院定名为“前门小剧场”。1955年，前门小剧场建成，经理由曹宝禄担任。广德楼在大栅栏街西口路北，清末民初，是当时京城经营最火、人气最旺的戏园子。戏园舞台坐东朝西，宽深均为六米，高五米，十分气派。当时很多名角都纷纷到这里演出。京剧名家荀慧生就是在广德楼戏园成名的。1909年，百代公司为杨小楼先生拍的《金钱豹》黑白电影，也是在这里取景的。20世纪40年代，一场大火将广德楼化为灰烬。前门小剧场建成后，因曲剧《杨乃武与小白菜》以及接续排演的《啼笑因缘》越演越火，小剧场的名气也越来越大。“文革”后，前门小剧场改称北京曲艺厅。最近几年，广德楼重修，剧场内设有200多个茶座，已远不如昔日的恢宏。

1950年代，是曹宝禄在艺术和事业上最为辉煌的时期。他在完成繁重的演出与整理传统曲目之余，还热衷于社会公益事业，并担任北京曲艺杂技联合会理事长，还曾任中国曲艺研究会理事。在我收藏的资料中，有一份1956年11月5日，北京京（剧）、评（剧）、曲（曲艺）联席会常务委员会紧急会议的记录，会议的内容是北京戏曲界抗议英法侵略埃及。会议地点就在曹宝禄任经理的前门小剧场，由曹宝禄先生主持。会议通过了关于英法侵略埃及的抗议书及向埃及人民的慰问书。

就在曹宝禄充满了激情，快乐地工作着的时候，他因在1957年的“鸣放”中放了不少“炮”，被划为“右派”，停止演出。他被安排在前门小剧场门口卖糖葫芦，以示羞辱。

曲艺界开展的“鸣放运动”，是中共中央1957年在《人民日报》4月27日发出《关于整风运动的指示》之后开始的。《关于整风运动的指示》决定在全党开展以反对官僚主义、宗派主义和主观主义为内容的整风运动，号召党外人士“鸣放”，鼓励群众提出自己的想法、意见，也可以给共产党和政府提意见，帮助共产党整风。在此一年前，文艺界已学习贯彻了中宣部部长陆定一向知识分子作的题为《百花齐放，百家争鸣》的讲话，“提倡在文学艺术工作和科学研究工作中有独立思考的自由，有辩论的自由，有创作和批评的自由，有发表自己的意见、坚持自己的意见和保留自己的意见的自由。”在这个背景下，各界人士，主要是知识分子开始向党和政府表达意见或改进建议。

作为北京曲艺界联合会主委、全国曲艺研究会理事、北京市曲艺二团的团长和北京市人民代表的曹宝禄，经过了党和政府的培养帮助，自然不愿在这次的运动中落后，他平时就以敢说、敢做、敢担当在曲艺界闻名。在此次的“鸣放”中，他动员、组织全团人员学习讨论，带头“鸣放”，积极投入帮助党整风的运动中，对于曲艺界出现的某些领导的瞎指挥、有些党员起不到典型引路的作用等不尽人意的问题，一股脑“放”了出来。他确实感到了痛快，也期望通过这次的整风改变曲艺界的乱象。或许是他说得过头了，或许是有泄私愤的情绪，结果是引火烧身，他被划为“右派”，先是被撤销了“曲剧团团长、前门小剧场经理”的职务，演出也被停止了。之后又被撤销“北京市曲艺协会主委、全国曲研会理事及人民代表、政协委员”等职务。

那么，曹宝禄究竟说了些什么？为什么给他戴上了“右派分子”的帽子呢？我在一册北京市文化局保存的 1957 年 8 月起至 1958 年 5 月的“右派分子”材料中，找到了曹宝禄《主要右派言行》和《右派分子曹宝禄反党反社会主义言行》两份材料。据曹宝禄《主要右派言行》，他的“右派”言论共四个方面：

一、污蔑新社会不如旧社会。他认为艺人的生活比解放前降低了，并在农工民主党召开的放火座谈会上说：“过去挨了打还能骂，今天挨了打都不能骂。”

二、鸣放时曾说：“憋了十来年不能不放，就是拿我当反革命分子，我也要放，解放几年来政府一直拿我当贼防。”

三、煽动艺人向党进攻。说：“什么牢骚都可以发，再要不诉苦，机会就错过了。”

四、恶性地发展民盟盟员九人，借此与党对抗。他说：“工农入党，知识分子只有入盟。”

根据以上言行，群众讨论一致认为曹宝禄是“右派分子”。

另一份 1958 年 8 月 28 日北京市文化局整理的《右派分子曹宝禄反党反社会主义言行》，共七页，罗列曹宝禄的主要右派言行有四条：一、一贯仇视党，仇视共产党员。二、煽动曲艺演员向党进攻。三、挑拨离间，造谣生事。四、排挤干部，破坏工作。这四条，都有同仁揭发的“口供”。如第一条中有，“据白凤鸣反映，当白为了与曹搞好团结时对曹说：‘我们若因搞不好团结而使曲艺搞不好的话，我们就成了罪人了。’曹当即回答说：‘罪人是您，搞垮曲艺的是共产党。’”在第二条“煽动曲艺演员向党进攻”中，证据也来源于同仁的揭发，“据刘司昌、关学曾反映，鸣放开始后，曹就动员群众向政府发牢骚，说：‘什么牢骚都可以发。’又说：‘我要大鸣大放，我憋了十来年了，不能不放了，就是拿我当反革命分子我也要放。’……又据顾荣甫、乔戈星反映：在大鸣大放期间曲研会召开的座谈会上，顾荣甫发言不多，会后曹对顾说：‘兄弟，怎么搞的呀，怎么到了放炮的时候你就没有炮药了呢！你都快把我急死了。’又据关学曾反映，曹曾恶意地把文艺工作者分为四等：一、电影话剧演员；二、京剧演员；三、评剧演员；四、曲艺演员。企图让曲艺演员对政府不满……”第三条是说曹宝禄“挑拨离间，造谣生事”。具体的例子不多，最重要的是曹在一次曲研会上挑拨曲艺艺人对政府的不满，说：“京剧老艺人金仲仁死后，政府给了 3000 元，而曲艺老艺人王祯禄死后政府就不管了。”最后一条是“排挤干部，破坏工作”。这一条主要反映曹宝禄不希望政府干预曲艺团的工作，他对文化局派去的不懂业务的党员干部“采取讽刺、挖苦和排挤的方法”。其实，只要认真分析，以《关于整风运动的指示》和《百花齐放，百家争鸣》的讲话来对照曹宝禄那时的言论，尽管有的过于刻薄，但总体还是符合文件精神的。他所举的例子，有的也是符合实际的。比如他把文艺工作者分为四等，就很符合实际。以 1954 年北京市文化局对京剧、评剧和曲艺、杂技演员的评级为例，京剧演员中的一等旦有：梅兰芳、程砚秋、尚小云、荀慧生、张君秋、吴素秋、赵燕侠、筱翠花（于连泉）、李多奎、孙甫亭；一等生有：马连良、谭富英、杨宝森、奚啸伯、李万春、姜妙香；一等净有：郝寿臣、裘盛戎、侯喜瑞；一等丑有：马富禄；音乐一等有：杨宝忠、杭子和、李慕良、王少卿、裴世长、谭世秀、徐兰沅。总计 27 位。曲艺一等演员有：连阔如、荣剑尘、侯宝林、白凤鸣、曹宝禄、魏喜奎、高凤山、孙艳琴、谭凤元、顾荣甫、韩德福；武术、杂技一等有：张宝忠（武术）、訾吉发（杂技）、宝善林（掼跤）、孟宪有（艺名快手刘，戏法）、曹鹏飞（杂技）、彭云起（马术）。各行当共 17 位。从工资待遇上，京剧演员要高于曲艺演员。以马连良先生与侯宝林先生为例，同为文艺一等演员，1957 年前后，马先生月薪 1020 元，侯先生则为 335 元。同为京剧演员的谭富英是 900 元，张君秋是 870 元，裘盛戎是 840 元，均高于侯宝林。在政治待遇、社会地位上，也有区别，当然这里有历史的原因。

自从被戴上“右派分子”的帽子后，曹宝禄是“见人矮三分”，有的曲艺演员以前曾被他讥讽过，现在和他打照面时，曹先生总是先笑脸相迎，然后说声对不起。大多数与曹宝禄共事过的艺人了解他，知道他的脾气，还像往常一样来往。像连阔如先生还为他说话，因而受到牵连。几年后，曹宝禄成了“摘帽右派”，恢复演出，与弦师韩德福合作，致力于改革梅花大鼓的曲调与表演，创立男女对唱新梅花调，与青年演员刘淑慧合作演出《韩湘子上寿》《玉玲珑》等，取得显著成就。1966 年，“文化大革命”开始，曹宝禄先生再次受到冲击，还被作为专政对象送到南口农场和天堂河农场劳动改造。1978 年后，曹宝禄重获政治生命，作为曲艺代表参加了第四次全国文艺工作者代表大会。他有了“枯木逢春”的感觉，虽然已是七十多岁的老人了，且时常患病住院，但仍坚持与学生、徒弟和票界朋友切磋技艺，直到 1988 年离世。

架冬瓜：滑稽大鼓与贫穷的一生

架冬瓜（1888 或 1889—？），北京人，满族。本名叶德霖，艺名架冬瓜，民国时期著名的滑稽大鼓艺人，与老倭瓜（崔子明）、大茄子（杜玉衡）、山药蛋（富少舫）齐名。太平公司曾灌制他的《丑妞出阁》唱片两面流传后世。

1947 年，架冬瓜加入北平曲艺公会时的照片，时年 57 岁

架冬瓜是民国时期天桥著名滑稽大鼓艺人叶德霖的艺名。在许多有关民国期间天桥艺人的书籍资料中，总会提到他的艺名架冬瓜和他表演的绝技滑稽大鼓。

旧社会在天桥卖艺的，照侯宝林大师的话说，都是些穷人，只有穷人才去学艺卖艺。故而有许多艺人，即使有了些名气，社会地位也不高。有的连真名实姓都没留下来，只留下个艺名，籍贯、生卒年也不见记载。架冬瓜的情况大体如此。我在《北平市曲艺公会 1947 年会员名册》上，查看到架冬瓜的一张小照片和一行简单的履历。从照片上看，他的头脸不大，却是很喜兴的一个老头儿。履历所注，他的籍贯是北京，那个时候，叫北平。那一年他 57 岁，住在崇外南岗子五号。按此推断，架冬瓜大约出生于1888年或1889年，因旧时有的人出生日，或按阴历，或按阳历，有所不同，但虚岁不能大于实际年龄两岁。他姓叶，又是北京人，还是博古通今、演技超凡的艺人，由此亦可推断，他应是满族旗籍。清入关前，满族人没有汉姓，也不起汉名。入关和汉族人杂居后，满族人的名字还勉强能用。满族人的姓，汉族人听不懂也记不住，双方都感到别扭。清康熙初年，在北京设一个临时机构，名“译姓馆”，把满族人的姓全部改成汉姓。如“章佳”为“张”（又为“尹”），“完颜”为“王”，“纳兰”为“李”，“依尔根觉罗”为“赵”，“瓜尔佳”为“关”，“佟佳”为“佟”，“索齐勒”为“索”，“爱新觉罗”为“金”，“叶赫那拉”为“叶”“那”，等等。辛亥革命后，满族人一度受歧视，许多满族人已改汉姓，干脆登记“民族”时也说自己是汉族了，乃至到了后辈儿孙，连自家的老姓也不知道了。

架冬瓜所表演的滑稽大鼓是京韵大鼓的一个支派，约于1920年前后形成。滑稽大鼓一派的创始人是张云舫，又名张允芳。

这位张云舫先生，出生于1877年，北京的满族旗籍，大概是满洲镶黄旗章佳氏后裔。他家住北京三旗营，是“皇粮张”的后裔，在皇粮仓中当差有年。正当他壮年拉家带口的时候，清朝垮了，进入了民国。和众多的八旗子弟一样，他要靠自己挣钱养家了，可养尊处优、玩耍惯了，没有其他的本事，但也不能喝西北风去呀。好在他读过书，有一定的文学功底，心性灵敏，早年还是八角鼓票友，于是一跺脚，下海作艺，在北京天桥等各杂耍园子演唱京韵大鼓。那时候，在北京唱京韵大鼓已有很大名声的有刘宝全和白云鹏等。张云舫嗓音虽窄却绰有余韵，且善于表演，自知天赋不如同时唱京韵大鼓的刘宝全等人，难以与他们抗衡，便根据自己的条件对京韵大鼓进行了别开生面的艺术创造。他发挥自己有文化、读书多、阅历广的特点，以北京市井风俗、社会新闻为题材，自编自演，其音乐唱腔基本上与京韵大鼓相同，但曲目内容全为滑稽可笑和寓意讽刺的故事。他还整理了许多流传下来的鼓词，故事内容大体不变，增加了一些诙谐幽默、俗不伤雅的词语，自己称为“改良大鼓”。他在创编和表演时，特别考虑到自己的嗓音条件而扬长避短，躲开高音区，设计出字多腔少、说多于唱、小巧俏皮的新唱腔，把吐字、发声、表情融为一体，给人以亲切风趣、灵活幽默之感。他在所演曲目的开场白上也别开生面，多用自编的自嘲诗或现挂，以抓包袱，不落套。因其在表演上注重表情动作，刻意模拟，并且怪声怪调，滑稽百出，被人称为滑稽大鼓。

张云舫改编的传统鼓曲，他的弟子们传唱的很多，最有影响的有《蓝桥会》《蒋干盗书》等曲目。《蓝桥会》是张云舫根据民间传说改编的。剧情是：韦郎保和贾玉珍是集贤庄上的邻居，青梅竹马时即已情投意合。后来遭逢兵乱，两个人离散了。贾玉珍给强人卖给蓝家，改名蓝玉莲，被迫做了童养媳，丈夫只有 13 岁，公婆把她当奴隶。贾玉珍日夜想念韦郎保，却始终没有他的音讯。一天，贾玉珍挑水来到蓝桥上，遇到了她朝思暮想的爱人韦郎保。久别重逢，他们约定当晚三更时分在蓝桥相会，一起远走高飞。夜晚，韦郎保应约来到蓝桥时，想不到山洪暴发，为了坚守信约，他死抱着蓝桥不肯离去。等玉珍摆脱了公婆的监视赶到蓝桥时，韦郎保早被淹死了。贾玉珍满怀悲愤也纵身跃入水中，兑现了两人忠诚不渝的信约。下面是张云舫改编的《蓝桥会》中的二段：

晚饭没吃他愣说不饿，口中干渴懒把茶喝。叽叽咕咕的蚁转磨，嘟嘟囔囔的把鬼话说。昏昏沉沉和衣而卧，却翻来覆去把饼来折。一心尽想了佳人待我情义她怎么那么热，她言投语对说话透透柔合。人实儿俊巧模样儿真出特，头脑脚梢利利落落。未曾说话先跟我乐，待我的情儿她总算不薄。她叫我蓝桥相会早早儿去，别等到黑天没火话儿不好说。这么好的机会我怎么能够教他错过，今夜晚会一会美貌的女娇娥总算没有白活。为何今天太阳你还不落，单等之我手拿竹竿子把你拨落。他把太阳爷魂魄都给吓破，晃晃悠悠直把脖儿缩。好容易阿弥陀佛红日落，金乌西坠滚滚落在山坡。韦公子出离古洞山环绕过，猛抬头瞧一瞧阴云照月月照蓝河。蒙蒙暗暗蓝桥一座，这个公子在蓝桥左右细看明白，桥南边找遍了桥北边没，不见佳人蓝氏女娇娥。

滑稽大鼓如同京剧中的丑行，滑稽诙谐，可又不能过火，过火了使观者觉得你矫揉造作，还不能太过庸俗粗鄙。纵观京剧自徽班进京起，生、旦两行名家辈出，远的不说了，以民国后期为例，生行有前后四大须生，他们分别是：余叔岩、言菊朋、高庆奎、马连良、谭富英、杨宝森、奚啸伯。而在前四大须生和后四大须生中，马连良均榜上有名；四大名旦有梅兰芳、尚小云、程砚秋、荀慧生；与四大名旦同期的还有筱翠花和李多奎；之后又有四小名旦李世芳、毛世来、张君秋、宋德珠。而丑行有一定造诣者则不多见，清代最著名的也就一个刘赶三。他演丑婆戏，誉满京师，各戏园争相邀聘。为生活计，刘赶三曾赶场至城外三庆班、东四牌楼景泰园及隆福寺街泰华园三处演出，梨园同行因此为他起绰号“赶三”，以嘲讽之。刘非但不介意，索性改艺名为刘赶三。民国以来，人们记得住名字的京剧丑行名家也就是萧长华了。

滑稽大鼓出现的历史不长，因演唱滑稽大鼓不仅要具备大鼓艺人的基本素质、娴熟的台上经验，此外还要有能言善辩的本事，和引人发笑的形体语言。难度之大，不言而喻，因此数十年来跻身于滑稽大鼓之列并有成就者，屈指不过四人，都是张氏弟子，他们是老倭瓜（崔子明）、大茄子（杜玉衡）、山药蛋（富少舫）和架冬瓜（叶德霖）四人。这四个师兄弟，只有富少舫和叶德霖留下了影像，杜玉衡的生平资料，存世甚少，生卒年不详；富少舫本名富德山，号少舫，艺名山药蛋，满族。1896 年出生，1952 年逝世。

张云舫的几位高徒中，老倭瓜、架冬瓜的表演更受观众欢迎，影响也大。

老倭瓜姓崔，名子明，北京顺义人，据传为人安分耿直，以卖艺为生。受新思潮的影响，老倭瓜曾演唱过《大劝国民》《灯下劝夫》等新曲目，多为醒世劝人、充满正能量的段子，而且紧密联系时事，很受听众的欢迎，最具代表的有《醒世金铎》《蓝桥会》《灯下劝夫》(改良版)。这三个曲目，曾在20世纪20年代由蓓开公司灌录唱片。以下是蓓开公司灌录老倭瓜《醒世金铎》头段：

中华一统大民国，实行三民主义南北全部共和，依旧还原民主把江山坐，温良恭俭克让贤德，变法更张一心要除旧恶，修文讲武立志强国。青天白日旗同胞全多庆贺，商民齐唱太平歌。俺们喜只喜总统有福万民同安乐。怒只怒最奸诈不过他日本国，哀只哀前清的皇族软又弱，乐只乐财过了北斗叫自在佛，悲只悲革命的阴魂义胆侠肝热，恐只恐阳奉阴违心口难合，惊只惊蒙藏协约暗连了英俄，喜怒哀乐悲恐惊，把那七情六欲满全搁没有事儿把大鼓书说，只苦的又怕冒烟火。

还有二段《灯下劝夫》(改良版)，以妻子良言苦口地规劝不争气的丈夫，影射清朝覆灭、进入民国后的社会阴暗面：

(头段)小佳人坐在牙床哭哭啼啼，闻言有语叫一声大丈夫你听之。咱二人自由结合同心合意，到而今你吃喝嫖赌花钱不叫提。你不要外边装窑皮，你不读四书也不知什么礼义。未曾要行人情，净讲究坐上席。划拳行令好赛叫街的，酒后无德把人欺。穿衣裳时行样要分四季，小花裤缎章绒绮呢讲究皂鞋要响底。自行车你不会蹬，摔了你一嘴泥。烟花柳巷时常你净去，要不是打牌就是要饭局。挑了个姑娘叫红喜，一天到晚你不能离。掌班的知道你是个花钱的，勾串之姑娘米汤面汤把你迷。银钱花完她就不理你，长了一身杨梅疖，后悔你多么着急。大烟抽的，你脸上多绿，后续上吗啡针，净扎你的肉皮。

（二段）不叫你出门你就跟我生气，知心的话儿我不能提。生意买卖你也做不下去，一天到晚净叫我着急。现今民国已经成立，三民主义悬挂大旗。你不想国家现实无主义，你不想国家困难要刮地皮。你不想老天爷降下大雨，你不想耕种锄刨多么着急。你不想清大局内要打地，你不想房捐车捐骡马驴。你不想花钱容易挣钱多么费力，你不想煤米柴炭无钱真着急。三炮台吕宋烟抽着多么满意，银钱花完不叫提。吃饭就在天和玉元兴堂致美斋，再不然东海居。喝洋酒你讲究白兰地，中国酒你爱喝五加皮。交了些狐朋狗友你兄吾弟，净讲究吃穿不懂得着急。时兴改良把发剪去，洋帽子一戴不用作揖。出离了饭馆子一心要去讲戏，梆子腔二黄调还有西皮，讲到名角京都第一。

架冬瓜是继老倭瓜之后的又一个很有特点的滑稽大鼓艺人。

架冬瓜在天桥唱大鼓的时候，正值鼓曲强手如云的时候，尤其是自打有了坤书馆，说唱大鼓的女艺人大多年轻漂亮，说唱美妙，吸引了大量的听众。男性艺人若没有高超的演技和诙谐的语言支撑，在天桥这地界儿是难以生存下来的。滑稽大鼓艺人就更难了。

20世纪30年代至40年代末，是架冬瓜艺术生命最旺盛的时期。1939年初夏，鼓界大王刘宝全从天津载誉返京，应曲艺界大管事全国华、王文瑞和曲艺公会会长曹宝禄等人邀请，与北京曲艺同行在前门外鲜鱼口内的华乐园（今大众剧场）联合演出，为期三天。在第一天演出中，架冬瓜在刘宝全前边垫场演唱滑稽大鼓传统曲目《蒋干盗书》，其幽默滑稽的艺术风格和娴熟的演唱技巧博得了广大观众的热烈掌声。

新中国成立后，已经年过花甲的架冬瓜参加北京市曲艺团，曾被下放到新艺曲艺团，后经文化局批准又调回北京曲艺团。回团后，参加过多次鼓曲专场演出。架冬瓜还是北京曲剧团的开拓者之一，曾演过根据赵树理同名短篇小说改编的《罗汉钱》一剧，在剧中饰演张木匠。

查阅1958年10月的《北京曲艺团人员登记表》，架冬瓜在册。这一年，他填写的是68岁。按此估算，他应该出生于1889年。他的名字前边是快手刘，73岁，是古彩戏法大师。令人不解的是，架冬瓜是北京曲剧团的开拓者之一，但是在后来有关北京曲剧团的资料中鲜有提及他的。

至于架冬瓜晚年的情况，没有资料可以查询。只见过有艺人回忆说，在三年自然灾害刚过时见到过他。当时大家的生活都很窘迫，而这位滑稽艺人的形象更是难堪。一次演出时，老先生出现了，只见他老人家一身大青布的裤褂，破袖口上都是光又亮的油渍，几颗稀疏的牙齿，歪着嘴，反衬出一脸的青黄苦相。可等到他演唱起来，那一脸的青黄苦相顿然全无，他操着那滑稽可笑的唱腔，唱的仍然是幽默的曲词儿。

马连登：破陈规，创马派西河大鼓

1945 年马连登在京津一带演出时的照片，时年 48 岁

马连登（1897—1976），北京人。西河大鼓演员，西河大鼓伴奏的名手。出生于北京南苑镇一个菜农家庭。13 岁（一说 15 岁）拜西河大鼓艺人耿起树为师，学会了《大隋唐》《包公案》《杨家将》《明英烈传》《三国演义》《呼家将》等十几部大书。长期在京津一带演出。新中国成立后，加入中央广播说唱团。

对于北京的大鼓书，我并不生疏，很小的时候就跟着祖父到天桥听过，可那时候太小，不知道听的是哪一种大鼓，记不住听过的曲目了。只记得一个老头坐着弹弦子，一个年轻女子面前有个圆圆的扁扁的小鼓放在一个架子上，唱几句，打几下鼓，很有韵味。等到长大了，知道大鼓种类繁多，有京韵、西河、奉调、铁片、单弦、琴书等。遗憾的是，这时候想听一场大鼓书已经是很难的事儿了。

对于马派西河大鼓，我是先知道著名西河大鼓演员马增芬和单弦名家马增蕙的，因为听过马增芬的《玲珑塔》。而对她们的父亲马连登先生的了解，是在我收存了马连登在1969年1月2日写的一份《证明材料》之后。经研究，这份材料是“文革”期间，马连登应天津文化系统的红卫兵来调查陈亚南时所写。通过这份材料，亦可窥20世纪三四十年代日伪时期京津曲艺界的一些情况以及马连登的行踪脉络，不妨照录于兹：

陈亚南，艺人（变魔术）。1937年冬季，由天津市讲口的王桐聚勾结日本红帽衙门的特务，到娱乐场所强迫艺人登记，我当时在旧日租界中原公司曲艺场演出，由后台负责人带着全体演员到南市牌坊一个场内登记，我和常宝堃、陈亚南等人登过记。

1938年，日本帝国主义侵略我国武汉后，我听说，常宝堃、陈亚南曾为敌伪到街头庆祝宣传演出活动。

1941年前后陈亚南和常宝堃、赵佩茹等人组织成立兄弟剧团，听说常宝堃当团长，副团长是陈亚南，演出在南京庆云戏院，是大汉奸恶霸、青帮头子袁文会和杨俊开的园子。陈、常他们所演出的剧目有：《前台与后台》《前因与后果》《化蜡扦儿》《反串法门寺》等节目。他们是袁、杨的红人。1942年春天，由相声艺人侯一尘提出，将原“新民会天津游艺协会”重新改组，当时我和陈亚南、蒋轸庭、王新槐等人讨论筹备大会成立，还讨论为大会成立筹款义务演出一场。演出时有我和常宝堃、陈亚南等人参加。日子不多，就在南市燕乐、升平戏院召开成立大会。由侯一尘、王明福主持会场，由侯宝林司仪。同时有敌伪新民会天津组织部长、汉奸头子张笠炎出席大会并讲话，庆祝大会成立，还宣扬“大东亚共荣圈”“日华亲善”等反动口号。并在敌伪报纸《庸报》登载大会成立情况。这个会改组名称是“新民会天津市联合游艺协会”。地址设在南市华林后五道庙公所内东座，所有理事成员等人摄影留念。

会长：侯一尘，副会长：王明福。有常务理事、理事、监察。常务理事：马连登、陈亚南、刘仁山、王宝银。理事：马三立、侯宝林、王新槐、陈亚华、秦佩贤、张连仲。下分七个支会：曲艺、相声、评书、西河、坠子、杂技、后台管理。曲艺支会长：王宝银；相声支会长：马三立；评书支会长：蒋轸庭；西河支会长：张连仲；杂技支会长：陈亚南；后台管理支会长：王新槐；监察：张寿臣、徐田禄。

这个会曾组织为敌伪慰问演出：武田制药厂、炼钢厂、皮革厂。我和常宝堃、赵佩茹、陈亚南、陈亚华、马三立、侯宝林、佟树旺、宋慧玲等人演出。这个组织是个反动的汉奸组织。

1944年，由评书艺人蒋轸庭提出，侯一尘账目不清，并且不辞而别，会务没人管了，需进行二次改组，名称“新民会天津市联合游艺大会”。会址：南市东兴市场王记书场内。会长：蒋轸庭；副会长：王明福、陈亚南；理事：马连登、常宝堃、赵佩茹、佟浩如、陈亚华、王新槐、尹寿山。下分五个组，评书组长：陈士和；相声：尹寿山；曲艺：陈亚南；西河组：张连仲。所有理事成员等人摄影留念。

以上是关于陈亚南在敌伪时期参加过两次敌伪反动的汉奸组织，并为敌伪慰问演出等反动的活动情况证明。

马连登

1969.1.2

因这份材料是谈陈亚南的情况，现在对陈亚南了解的人不多了，以下对他做些简要介绍：

陈亚南，1908年出生于天津，是我国现代著名的魔术大师。他14岁拜魔术大师穆文庆为师，17岁登台演出。1927年参加天津国艺魔术团。1932年组织东亚魔术团。1938年组织天津兄弟话剧团，演出魔术和话剧。擅长手彩魔术《苗子》《顶针》及“抛活”。常演的节目有《刀箱》《砸表》《老将点兵》《水晶箱》《空中悬人》《木箱换人》等。表演风度潇洒，手法严谨，节奏鲜明，形成了自己的表演风格，为北派魔术代表之一。在表演中善于“使口”，与兄陈亚华的对口严谨，简练生动，诙谐幽默，配合默契。新中国成立后，陈氏兄弟参加天津曲艺工作团，后来改组为天津杂技团，任副团长和魔术主演。

马连登的证明材料中涉及的曲艺界名家很多，不一一介绍。这份材料和材料最后给陈亚南下的定论——“陈亚南在敌伪时期参加过两次敌伪反动的汉奸组织，并为敌伪慰问演出等反动的活动”如果成立的话，那么材料中涉及的其他曲艺演员，包括马先生自己不都成了“汉奸”吗？实际上这只是“文革”时期的环境需要，不得不上纲上线而已。如果一个曲艺演员曾经为日本人演过节目，参加过日伪时期汉奸组织的某个游艺社团，就按汉奸论，那“汉奸”可就太多了。说穿了，演出也好，加入日伪组织名下的娱乐社团也好，还不是为了养家糊口，混口饭吃，保个平安而已。

马连登原名马国良，1897年出生在北京南苑的一户贫苦的菜农家庭。他逝世于1976年，享年79岁。

马连登幼年时，最喜欢的是到“地上”听书。“地上”就是鼓曲演员和评书演员开的露天书场。这里的“书”指的是评书和鼓曲。鼓曲，民间称为大鼓书，起因是鼓曲演唱的是大部头的书，简称大书，如《三侠五义》《隋唐演义》等。西河大鼓是鼓曲的一种，起源于河北，是清道光年间一位名叫马三峰的人和同时期唱说鼓曲的艺人在木板大鼓和弦子书的基础上，吸收戏曲、民歌等曲调和唱腔，配上三弦与铁板等伴奏发展起来的。表演的方式是，表演者自击鼓板，边说边唱。当时西河大鼓演员耿起树在南苑开了个书场说大书。为了能够吸引听众接着听书，评书和鼓曲演员每次的书结束前，要留个“扣子”，好把听众的心拢住。马国良听了耿先生说的书，一下子就被迷住了。于是，马国良每日都要去听耿先生的书。耿起树见这个孩子如此着迷鼓书，人长得又机灵，就收他为徒。那年，马国良13岁。按门里的字排，耿先生为他起了个新名叫连登。据后来马连登说，他学艺时吃了不少的苦，受了同龄的孩子想象不出的罪。按照学徒的规矩，冬练三九，夏练三伏，马连登腊月天学弹弦子，愣是把大拇指伸到雪堆里，冻得像小胡萝卜，然后接着弹，直弹到手指发热为止。就这样，马连登学会了《大隋唐》《包公案》《杨家将》《明英烈传》《三国演义》《呼家将》等十几部大书。少年时期练的基本功使他受用一生，直到晚年马老先生为女儿马增芬伴奏，大冬天在广场演出，别人都冻麻了无法操琴，可马老弹指自如。马连登出师后，在南苑一带撂地儿，演唱《杨家将》《三侠五义》《隋唐演义》等大书。不久，他和师父离开南苑，到了天桥一个叫茶汤吴的茶馆说书。老板叫吴振山，他有个女儿叫吴书善，比马连登大两三岁，喜欢听马连登说书，时间久了两个人产生了恋情。马连登和吴书善喜结良缘后，马连登白天照常到书场说书，晚上则教吴书善弹弦。

在长期的艺术实践中，马连登不断进行艺术改革，用京字京白演唱西河大鼓，吸收京剧的唱、念、做、打的艺术手段，丰富了说唱形式；在当时，他与鼓书名家黄福才、张起荣、赵玉峰、王书祥齐名。

新中国成立前，马连登一家生活在天津，1953 年，由天津回到北京，住在宣外香炉营六条八号一个不大的小院里。这个小院原来的主人是著名相声大师侯宝林，卖给了马家。自打住进了这个小院，马连登就未搬离过此，直到去世。

马连登夫妇育有三儿三女，都跟着他们两口子学习鼓曲，成了名副其实的马家班，在京津两地很有影响。在这六个儿女中成就最大的是他们的二女儿马增芬，十一二岁就跟父亲登台演出，她的嗓音圆润，鼓板打得连贯轻盈，加上人出落得俊俏，一出场就受到天津听众的好评。马增芬 15 岁那年，因在电台唱的绕口令《玲珑塔》播出，她的名字在津门家喻户晓。1940 年后，马连登、马增芬父女专攻短篇曲目，以只唱不说、唱腔丰富、板式多变闻名于鼓曲界。

1953年，马连登和马增芬都加入了中国广播艺术说唱团。马老先生为女儿伴奏，一起创造了西河大鼓的新流派——马派，演出了《闹天宫》《刘云打母》《白蛇传》《花唱绕口令》《绣鞋帮》等一批经过整理的优秀传统曲目。马连登还帮助马增芬创造了一套完整的西河大鼓女声唱腔，突破了男女“一道汤”的陈规，不少人向他们学习并传唱，使这一具有鲜明时代特色的西河大鼓流派艺术很快得以推广。同一时期，马连登还整理、演出过《杨家将》《隋唐演义》等长篇评书。中央人民广播电台存有他所演播的一百五十段《杨家将》全部录音资料。

马连登的其他几个子女，艺术上也都很有成就。长女马增芳继承了西河大鼓演唱的衣钵，为发展西河大鼓做出了出色的贡献。三女马增蕙是中国广播文工团说唱团单弦牌子曲演员，在单弦牌子曲演唱方面久负盛名。长子马增昆、次子马增奎、三子马增祥（马歧）也都是伴奏能手。

白凤鸣：少白派京韵大鼓的创始者

白凤鸣任中央广播说唱团团长时的留影

白凤鸣（1909—1980），北京人，满族。著名京韵大鼓演员。自幼跟从父亲白晓山学艺。后来又向鼓王刘宝全及其弦师韩永禄、长兄白凤岩等名家学艺。他汲取其他艺术的长处，丰富自己的艺术，经过革新创造后，逐渐形成了京韵大鼓一个新流派——少白派。中华人民共和国成立后，曾出任中央广播说唱团团长。

白凤鸣先生是“鼓曲大王”刘宝全先生的弟子，著名的京韵大鼓演员。京韵大鼓是中国北方曲艺的一个重要曲种，至今已有一百多年的历史。京韵大鼓，一名小口大鼓，系由木板大鼓发展而来，经几位有名艺人改革，变京口上韵，腔调翻新，于是更名为京音大鼓。加上刀枪架儿，有唱有作，又名文武大鼓，最后才定名为京韵大鼓。在20世纪30年代之前，这一曲种的名称很多，尚有：天津大鼓、京调大鼓、京音大鼓、文武大鼓、文明大鼓、改良大鼓、京韵大鼓等等。40年代末，京韵大鼓的称谓始为大多数人所接受，也是从那个时候起，经过一代代艺人的改革推进，京韵大鼓最终成为曲坛上占首要地位的曲种。有人曾这样评价京韵大鼓在曲坛的地位，如京剧中的生角、旦角行当一样，没有它，就不能成为一台曲艺，就没有压场的，堪称“曲艺之冠”。

推究京韵大鼓的演进与发展，绕不开民国初年。当时尚未定名的“京韵大鼓”有三大流派，其领军人物有刘宝全、白云鹏和张小轩。其中，成就最大的是刘宝全，他集前人改革之大成，把京韵大鼓推向一个前所未有的高度，使其成为天津曲艺的第一曲种。大小曲艺场所，皆以京韵大鼓“攒底”。京韵大鼓在流行和发展的过程中，刘宝全是这一艺术形式的改革者，也可被誉为奠基者。

刘宝全先生是河北深县人，1869 年生于北京。9 岁学唱木板大鼓，后在天津改习京剧，唱老生。再后拜木板大鼓演员胡十为师，重唱大鼓，并得前辈宋五、霍明亮的教益。他继承前人的特点，根据个人嗓音条件，吸收京剧、梆子等不同艺术形式的唱法加以发展、创造，再易直隶河间方音为北京语音，使木板大鼓演变为京韵大鼓。刘派京韵大鼓最为明显的标志之一，是以京音为基础设计唱腔，改平起为使腔、高唱，并借鉴京剧的演唱艺术，使用了立音、假声、韵白和上口字。他对他演唱的每个曲目中的每个字、每个腔都精益求精地进行了反复推敲，做到了字字挂位，腔腔讲究。既刚劲，又华美；既庄重，又巧俏。他唱腔的华美、巧俏与他善于要着板唱有着直接的关系，在《百山图》《华容道》等不少曲目的唱腔中，都有不少偷、闪等要着板唱的例子。刘派京韵大鼓的另一大特点，是他借鉴京剧的表演程式，善于运用身段、功架、走边等舞台表演形式，在表现人物方面更加生动、传神。随着刘派京韵大鼓的形成与发展，京韵大鼓的艺术影响力日益扩大。日后众多的京韵大鼓艺人尤其是女艺人，宗刘派者甚多。

白云鹏先生是河北霸县人，生于 1874 年，比刘宝全先生小 5 岁。他是继刘宝全之后另创新腔的优秀的京韵大鼓表演艺术家。白云鹏早年曾拜史振林为师，学习木板大鼓及三弦。他在学唱的过程中，配合自己的演唱条件，对于早期京韵大鼓的粗犷、奔放的唱腔、唱法进行了改革。在20世纪的20年代初，又从早期京韵大鼓中遴选出适合自己演唱的唱腔，扬长避短，对京韵大鼓进行了突破性的艺术创造。独特的润腔技巧，低回柔婉的唱腔，唱中有说的演唱方式，相互统一，相互融合，构成了与刘派京韵大鼓各有千秋的白派京韵大鼓。他擅长演唱大段的排比句和对偶句，演唱中有较多的诵说成分，而且善于通过描绘景物气氛生苍凉之慨叹，通过描绘人物形状发哀怨之悲鸣。这也是刘宝全等人所不能及之处。由于他的唱腔低回委婉，特别适宜表现柔顺、纤弱的古代妇女形象，因此，他演唱《红楼梦》的故事居多，而且特别拿手。《林黛玉归天》是白云鹏的得意之作：

> 季秋霜重雁声哀，菊占东篱逞雅怀。潇湘馆病倒林黛玉，门儿寂静就掩苍苔。有贾母在那边料理宝玉迎亲的事，各样的张罗也忙不开。忽一日间黛玉的病体到垂危后，老人家不放心亲来看望她的外孙女儿。只见她气息奄奄身不动，说你一病因何就这等衰。这黛玉她把杏核眼微睁定了一定，勉强支持略把头抬。低声儿说老人家你可白疼了我，我死后千万休将我挂怀。两句话未完气又噎住，连心儿中有万语千言说不上来。贾母说你好好的养着吧，想人生哪个无有病和灾。老人家痛急伤心忍不住这个扑簌簌她那泪滚珍珠落满腮。被众人好劝歹劝才回房去，贾母说把她的后事赶早安排。

这是《林黛玉归天》的头段，每逢白云鹏演唱此段，全场唏嘘流泪者不计其数。白先生还有《贾宝玉探晴雯》《孟姜女》《白帝城托孤》等极具特点的唱段。

与刘派和白派鼎立的张小轩，其特点是演唱粗犷沉着、气力充沛，如长江之水一泻千里。他的拿手杰作有《三国》诸折，再有新编《改良劝夫》《打杨村》《打昆山》《十六愁绕口令》《劝嫖交友》诸段，为刘、白所无。在唱法上还有与刘、白不同的一点，就是在书尾收腔处戛然而止。如唱《战长沙》，在“杀上阵去”后面本来还有几句，但他独不继续唱下去，一下子打住，让听者自己去寻味，更显得余韵不尽，可谓别具一格。

继刘宝全、白云鹏之后，白凤鸣以他独具特色的艺术表现力，而被曲艺界誉为少白派。

作为少白派京韵大鼓创始者的白凤鸣先生，8 岁从父白晓山学艺，后又从弦师韩永禄及长兄白凤岩学艺，12 岁参加刘宝全创办的宝全堂曲艺改良杂技社，登台演唱，为鼓曲大王刘宝全先生赏识而收为弟子。至 17 岁时，已掌握刘派大鼓的演唱真谛。他深知老师造诣之深，不仅在于汲取前辈之长，还贵在融会贯通、富于独创精神。他不仅博采兄弟曲种和姊妹艺术中的表现手段与技法，同时还与京剧界的王少卿、陈富年、杨宝忠几位益友切磋，尝试在演唱《击鼓骂曹》时，以单键击出双键鼓点的技法，配合《夜深沉》古曲，使演唱效果声情并美，形成了腔低而婉转、醇厚而曲折的少白派唱腔，一时被誉为创举，广为仿效。白凤鸣先生对自己演唱的作品，力求深入理解作品的历史背景，人物的思想及性格特征。如他中年时期演唱子弟书《方孝孺骂殿》之前，从考据与体验着手，力求做到一个唱腔、一个眼神、一个手势、一个身段都能注之以情，贯之以神，当时受到老伶工王瑶卿、陈彦衡、言菊朋的器重。白凤鸣演唱的京韵大鼓曲目共有五十多段，《三国》故事是他常演的曲目，有《打鼓骂曹》《三本战长沙》《七星灯》《三本战岱州》等。其中经他与白凤岩等发展、创新的传统曲目有《建文帝出家》《方孝孺骂殿》等。

到了 20 世纪 40 年代，白凤鸣先生已经不在天桥演出了，他组班凤鸣社在茗园茶社长期演出。茗园茶社建于民国二十九年（1940），位于西单商场二楼南端，主人是董子元。该茶社原为金子风创办于民国二十三年

（1934）的静轩茶社，后归董氏，可容纳110人，座位为折叠式木椅，椅背有搁板，可置放茶具。凤鸣社组班演出，日夜两场，因给商场内的生意壮了声势，每日由众铺户聚敛25元给该园。白凤岩为后台老板，于凤池为前台老板。经常上演的节目有：白云鹏、白凤鸣、小岚云、小黑姑娘、联幼茹、孙书筠的京韵大鼓，常澍田、谭凤元的单弦牌子曲，金万昌的梅花大鼓，韩永先、郭荣山、杜贞福、果万林的拆唱八角鼓，董桂芝的河南坠子，常宝堃、高德明、王世臣、王长友的相声等。民国三十二年（1943），该茶社停业。

新中国成立后，白凤鸣先生多次受到毛主席、周总理的接见，并即席献艺。1951年还曾率曲艺代表团赴朝慰问，归国后主持中央广播文工团说唱团工作，1961年加入中国共产党。曾任北京市人大代表、政协委员、北京文联及全国曲协理事。电台录制过他演唱的《单刀会》。解放前胜利唱片公司录制出版过他的《建文帝出家》，丽歌公司录制过《二本战岱州》等。遗憾的是，现今活跃在舞台的京韵大鼓演员大多学的是骆玉笙先生的"骆派"，少白派几乎失传了。

作为旧社会艺人的白凤鸣先生，虽然与曹宝禄、连阔如同样在曲坛很有影响，但他在反右以及"文革"的历次运动中，却几乎没有受到太大的冲击。不过，接受一般性的审查和外调还是有的。我手中收藏的曲艺界人士的手迹中，就有几份白凤鸣先生亲笔写下的材料，其中一份是说北京解放前"东单世界游艺社"的情况的，来龙去脉叙述得很清楚，而且涉及当时许多形形色色的人物、事件，对于研究民国时期北京娱乐界的内幕，是不可多得的珍贵资料。以下原文照录：

东单世界游艺社是在1947年的冬季开演的，到1948年的春节以后停演的，总共干了三个来月。开幕时主要的演员有侯宝林、荣剑尘、花小宝、王佩臣等。

为什么停演不干了呢？因为开幕以后，当时的国民党反动派的伤兵，他们看演出不但不花钱并且是蛮横不讲理，连打带闹，常常是座客满堂，但是卖不了几十张票。由于老赔钱没法干了，所以才停演的。

世界游艺社是由金蕊禅拿的钱。白凤林搞的，总的负责是白凤林。后台有我一个舅舅叫王祯禄（已经死了）帮助他。前台是由白凤林找来的一个堂头叫阿德寿，还有一个管账的先生姓马，我想不起来他叫什么名字了。阿德寿下边还有三四个看座的人，当时的情况就是这样。到 1948 年过春节停演以后，也是由白凤林联系的，把世界游艺社所有的椅子和家具卖给周和桐了，由他们干去了。以后周和桐、白凤林等他们又干了多长的时间，我就不知道了。

下边揭发当时阿德寿的一些情况：

阿德寿这个人在当时他不但是世界游艺社的堂头，我听说他是当时东城所有的娱乐场所的堂头的总头头。像当时的吉祥戏院、凤凰厅茶社，还有其他等娱乐场所，所有的卖座的都得听他的，由他来分配。

阿德寿这个人的眼皮很杂，认识的人也很多。像当时的伪警察局、侦缉队、大大小小的各官面上的人，他都很熟。他能知道来看演出的人什么人是花钱的，什么人是不能收钱的。例如当时官面上的人来看演出，你要收了他的钱，那你这个娱乐场是自找亏吃。并且有些小的地痞流氓，由于不敢惹阿德寿，所以也就不敢到这个娱乐所来捣乱。因此娱乐所也是需要阿德寿这行人，所以他们在娱乐所里也很有说话的权力，他们如果说这几个观众是不能收钱的，那就一定不能收。这种看演出不买票的人，但是也不一定都是一个钱不花的。由于阿德寿他们会一套阿谀奉承，好座好茶殷勤招待，完了也得给点小费，甭管给一块或是几角，这个钱就归阿德寿自己所有了。

娱乐场所的堂头和卖座的都没有工资，全是靠挣小费，有的挣一份小费，有的挣两份，像阿德寿这样的人当然就要挣的更多了。但是这样的钱，都不是阿德寿这样人的主要来源。他们的主要来源，是在演出前，把这个娱乐场的最好的座位的票，他先拿到手里几十张（这种好票一般的观众是买不到的），他们专门是为给那些有钱的人留着，有钱的人看演出来得晚，只要是座位好他们是不怕多花钱的。因此这种票，票价假如是三角或是四角，但是到了阿德寿手里这样的一卖最少要卖到一块或是八角的。因此演出一场他要卖出二三十张这样的票，他最少能挣到十几块钱。

一般卖座的一场演出最多也不过挣上一块来钱，可是阿德寿他们好就可以挣十头廿块的，不好也要挣到十块八块的。

过去由于我和阿德寿接触不多，所以我知道阿德寿的情况就这么些。

白凤鸣

68.2.23

这份材料总共一千一百多字，但涉及的人物有侯宝林、荣剑尘、花小宝、王佩臣、金蕊禅、白凤林、王祯禄、阿德寿、周和桐等十个人。这里的人，荣剑尘、侯宝林先生本书有专文，不多说了。其他几位简要做一下介绍。

先说金蕊禅。她是白凤鸣先生的夫人，她还有个显赫的身份：末代皇帝溥仪六叔载洵的女儿，也就是清末曾任海军部大臣兼弼德院顾问大臣的洵贝勒府的格格。白凤鸣先生也是满族旗籍，不过金蕊禅下嫁给一个唱大鼓的还是很有勇气的。正是因为金蕊禅有个显赫的身世背景，才有钱投资并有胆量在北平开办游艺社。新中国成立后，金蕊禅参加了街道工作，“文革”前还当上了中央广播说唱团职工宿舍大院的居委会主任。

白家与侯宝林先生是楼上楼下的邻居。据说“文革”初期，金蕊禅怕被抄家，于是把家里保存的与清皇室有关的一些旧照片全部丢到厕所抽水马桶里想冲走，结果把整个单元的下水道都给堵塞了，污水从四楼一直流到一楼。“文革”来临，金蕊禅的亲友大多受到了冲击，家也被抄了，她非常害怕，悄悄地把从娘家带来的陪嫁一条一两重的金龙扔进抽水马桶，结果再次造成整个宿舍楼下水道堵塞。在那种氛围下，金蕊禅的出身背景足以被批斗游街，又连续发生“销毁罪证”的事，气急败坏的造反派对她进行了严酷的批判斗争，出身贫苦的白凤鸣先生跪着向红卫兵为老伴求情，才幸免于难。连惊带吓，不久这位晚清的格格就去世了。

白凤林，也称白凤霖。他是白凤鸣的五弟，也是鼓书艺人。

花小宝，本名史文秀，是著名的卢派梅花大鼓表演艺术家。

王祯禄是著名的曲艺老艺人，他久占北京，以说唱乐亭大鼓长书为业；除此以外，他也能唱别的曲艺，又能弹弦子。内行管这叫做“肚子里阔”（就是会的玩意儿多），向他投师学艺的人很多。

周和桐是京剧净角。北京人。出生于1920年，9岁师从陈月山学老生，11岁考入中华戏曲专科学校，从鲍吉祥学老生，后改花脸。1936年因变声，从丁永利改学架子花脸，毕业后留校助教，后搭宋德珠的颖光社、王和霖的麟鸣社演出。新中国成立后，又拜郝寿臣为师，参加马连良剧团（后转为北京京剧团），长期与马连良、谭富英、裘盛戎等合作演出。他功底深厚，表演传神，注重刻画人物性格。他常演的剧目有《四进士》《火牛阵》《赵氏孤儿》《大红袍》《串龙珠》《甘露寺》《淮河营》等，在京剧样板戏《芦荡火种》（后改为《沙家浜》）中扮演胡传魁，塑造了鲜明的人物形象，受到观众称许。

白凤岩：改革京韵大鼓唱腔的“三弦圣手”

1955年白凤岩为胞弟白凤鸣伴奏，时年56岁

白凤岩（1899—1975），北京人，满族。著名曲艺弦师、作曲家、著名的三弦和北派琵琶演奏家。8岁跟随父亲白晓山学习三弦。15岁，向韩永先与韩永禄拜师学艺。曾为京韵大鼓名家刘宝全伴奏五年。后来，帮助胞弟白凤鸣改革京韵大鼓的唱腔，并且编了《击鼓骂曹》《七星灯》《罗成叫关》等二十多段崭新曲目，自此创立了京韵大鼓的“少白派”。1954年，他担任中央广播说唱团艺术指导的时候，创立“新梅花调”。

说到“少白派”京韵大鼓的始创者，大多的人会说是白凤鸣先生，这也不算错，他的确是这个派别的创始人之一。只是这个回答不完整，里面缺了一个非常重要的人物，或者说是“少白派”创立中不可缺少的关键人物，他就是白凤鸣的大哥白凤岩。

白凤岩自8岁那年即跟随父亲白晓山先生学习三弦。到了15岁，正式拜韩永先与韩永禄二位先生为师学艺。白凤岩几十年后回忆：“三弦，可不是一件容易掌握的乐器，学徒几年，历尽辛苦也只是学了些皮毛，打个基础而已。要想驾驭好它，要花费一生的精力才成。”白凤岩学徒的时候，每天天刚蒙蒙亮，就要爬起来披上衣服到屋外去练早功，至少是两个小时。三弦的弹拨靠两手的协调配合，右手的弹拨主要靠食指和拇指，因此，先要将两个指头的力量练匀。人的五指中，拇指粗短而无力，而三弦的基本功就是要练习以拇指反复弹挑，让拇指变得强健有力。民国前的三弦艺人学徒时，常在弦子把上拴根麻绳，下面坠一块砖头，仅用右手肘的压劲儿就能让弦子翘起 45 度，这手功夫练出来，小臂就会生出一层茧。为了练手指的适应力，艺人们在冬天常把手插到雪堆里练习“打搓儿”。按白先生的说法，“指头底下坠着饭碗呢”。

白凤岩出徒后，继续问学于三弦名手、单弦名家全月如、德寿山，梅花大鼓名家金万昌等诸位先生。他不拘于所学，从自学之日起，就具有创新意识，因而同老艺人们比较，他演奏的三弦、琵琶、四胡、扬琴有着独到的技巧和韵味。也因此，受到了时为京韵大鼓名家刘宝全先生的赏识，请其伴奏。其间，他还参与了刘（宝全）派京韵大鼓的艺术创造。

那个时候，刘宝全所唱的鼓曲并不叫“京韵大鼓”。它是由木板大鼓即“怯大鼓”演变而来的，在北京曾称“京调大鼓”“小口大鼓”“音韵大鼓”“文明大鼓”“平韵大鼓”在天津曾称“卫调”“卫调大鼓”“文武大鼓”“京音大鼓”，直到 1946 年北平成立曲艺公会后，才正式统一名称为“京韵大鼓”。京韵大鼓唱词的基本句式是七字句，有的加入了嵌字、衬字及垛句。每篇唱词约一百四五十句。用韵以北京十三辙为准，一个唱段大都一韵到底。经过刘宝全和弦师韩永禄、白凤岩、韩德福等人的革新创造，京韵大鼓的唱腔变得丰富多彩。基本唱腔包括慢板和紧慢板。此时的京韵大鼓的特点是唱中有说，说中有唱，韵白（包括在板眼节奏之内的韵白和没有板眼节奏的韵白）已然在演唱中占有重要的位置。韵白讲究语气韵味，要半说半唱，与唱腔自然衔接。京韵大鼓的表演形式是一人站唱。演员自击鼓板掌握节奏；主要伴奏一般为三人，所操乐器为大三弦、四胡、琵琶，有时佐以低胡。

也正是在参与京韵大鼓改革的过程中，一次白凤岩与跟随刘宝全先生多年的胞弟白凤鸣聊天时，白凤鸣向哥哥吐露了要“唱出自己特色”的想法。正是源于胞弟这种锐意图新、独辟蹊径的志向，白凤岩毅然决然辞去了令鼓界羡慕的刘宝全大师琴师的职位，并谢绝了对外演出活动，与胞弟白凤鸣全身心地投入到闯出一条京韵大鼓新路的研究之中。他从白凤鸣演唱的自身特点出发，在刘派京韵大鼓的基础上，广采博收，先是在《白帝城》《单刀会》等曲目中设计了一些适合白凤鸣嗓音特点的唱腔。后来与葛振清合作，帮助移植了《击鼓骂曹》《罗成叫关》《七星灯》《红梅阁》《怀德别女》《方孝孺骂殿》等十多段子弟书曲目。在这些曲目的唱腔设计和伴奏技法上，他着重使用低腔，且使行腔婉转、徐缓，伴奏的托腔保调也细致严密。特别是在《击鼓骂曹》中引进京剧曲牌《夜深沉》，由演员击鼓，用单鼓箭击出双鼓箭的效果，配合三弦、四胡的旋律伴奏，令人耳目一新。就是这样，兄弟二人志同道合，终日潜心钻研、刻苦推敲，三易寒暑，终于创造出“声情感人”的“少白派”京韵大鼓 。

在白氏兄弟锐意革新的三年中，先后创新出《击鼓骂曹》《七星灯》《红梅阁》《狸猫换太子》《哭祖庙》《罗成叫关》《斩华雄》《马失前蹄》《怀德别女》《洞房别女》《考童荣归》《建文帝出家》《方孝孺骂殿》《樊金定骂城》等十余个唱段，1929 年首赴天津演出，便赢得天津观众的赞许和称道，因当时已有刘（宝全）、白（云鹏）两派京韵大鼓，观众便誉此耳目一新的风格为“少白派”。从天津又到上海，也引起轰动，光是受到各界赠送的银盾就有七十余座，锦帐一百余副，盛况可见一斑。20 世纪 30 年代由蓓开、百代两公司录制了大部分唱段的唱片。白氏兄弟所创的“少白派”对后来天津“骆派”（骆玉笙）的形成产生了影响。

这个时期的白凤岩的三弦技艺已达到炉火纯青的境界。当年弹奏曲艺伴奏三弦的人很多，但是能从事三弦、琵琶器乐独奏及曲创作的只有白凤岩一人。白凤岩的艺术才能和艺术创造的最高体现也正是在器乐曲的演奏和创作方面，他将“艺是术之本，术是艺之光”的艺术追求倾注于他的创作中。三弦曲《风雨铁马》的创作来自于他的市井生活，表达了他的思想情感，琵琶曲《剑阁闻铃》亦是如此。他的三弦伴奏讲究扳、拈、揉、扣、扫等技法，被誉为“三弦圣手”。他不仅精通京韵大鼓，也精通梅花大鼓、马头调、北京时调小曲等的音乐伴奏，具有多方面的音乐素养。

中华人民共和国成立后，1952年，白凤岩应邀到中央广播说唱团担任艺术指导。这期间，他协助单弦牌子曲演员荣剑尘录制了一批岔曲和单弦牌子曲资料。

20世纪30年代至50年代，白凤岩对梅花大鼓的传统板式、唱腔、唱法和伴奏也进行了革新，改变了原来节奏缓慢、唱腔重复的程式，丰富了变调的艺术手法，灵活地插入曲牌和小曲曲调，被称为“新梅花调”。1956年，经他创编谱曲的“新梅花调”曲目《龙女听琴》参加了文化部和中国音乐家协会举办的“第一届全国音乐周”，受到各方赞誉。1962年，中国广播艺术团合唱团还将《龙女听琴》改编成大合唱，由管弦乐队伴奏，中央人民广播电台曾向全国播放。

经白凤岩创新、改编的“新梅花调”曲目还有《别紫鹃》《拷红》《张羽煮海》《怀德别女》《钗头凤》等。他对马头调、联珠快书、单弦牌子曲、时调小曲等曲种音乐也进行过很有成效的改革。与此同时，他还创作了三弦独奏曲《八音盒》《风雨铁马》《反柳青娘》《万年欢》和琵琶独奏曲《鸾凤和鸣》《剑阁闻铃》《花鼓声声》。

白凤岩根据自己多年的演奏经验著有《三弦弹奏指法及伴奏方法》一书，全面介绍曲艺伴奏者应有的基本技法的修养，还著有《简介北方琵琶演奏法》《北京三种曲艺吐字发音法》，都作为中央广播说唱团的内部资料得到保存。

总之，像白凤岩这样一位穷苦出身的民间艺人，虽没有受过学校教育，但经过几十年的刻苦钻研，成为一个登上大雅之堂、并得到各界认可的艺术大师，是非常不易的。2013年冬，我去姜德明先生家，他老人家送了我一册《查阜西琴学文萃》，我翻阅时竟然发现一篇查阜西先生撰的《白凤岩谈“六合力量，六合板身”》的短文，记述了白凤岩与古琴演奏大家论琴艺的经过。现抄录于兹：

月前偶遇白君凤岩论琴艺，提及蒋风之谓余抚琴下指间可以看出力出自肩臂，凤岩谓功力深者不仅肩臂，臀力亦不可少，余兹惑焉。久之，始悟琴在案，故主力必自肩臂，三弦在手，则不得不借力于臀，此可解也。不然，将谓吹箫亦须臀力，有是理耶？

余又论绝音奥妙，在于轻重疾徐，古琴多出吟猱绰注之胜，或即琴自古称胜之故。凤岩谓三弦有刚柔迟急之说，即琴之轻重疾徐，更有所谓顿垛，皆在功深中求之。

今日白来，复互相讨论，余问顿垛之意，始知即顿挫也，为之哑然，因得琴与三弦对应各点如次：

三弦：刚、柔、阴、阳，加“缩力”“寸劲”，谓之“六合力量”；迟、急、顿，加“三眼”“一眼”，谓之“六合板身”；以上十二无形技法属于深功。

琴：轻、重、抑、扬，加“紧慢”“跌宕”，相当于其“六合力量”；疾、徐、顿、挫，加“缓作”“急联”，亦即其“六合板身”。

至于无形技法，则不止十二，盖琴声十六法演至二十四况，何止千言万语；琴左手各法非三弦所能尽，琴实胜焉。

凤岩之三弦称国手，余之琴亦不弱。然而凤岩操弦四十年，饥寒之压力迫之，韩、刘之演唱挟之，群众之爱憎鞭之，故功深有自。余之于琴，适性、求乐、好奇、逞能，徒号识多，无障（裨）艺事，更有为人为己之别。方之凤岩，何足道耶？至于三弦之于琴则反是，以其历史久暂不同，群众智慧加于琴者过三弦奚止十倍？而琴之精累有文献足征，皆三弦所不及。谓琴胜三弦乃辩证所得，非自诩也。

1958 年 2 月 5 日

楣注：经一年之深入体会，又觉凤岩此说于琴甚合。弹琴之力须有三个支点，一曰腕，一曰肩臂，一曰臀。处理不同技法入指支点不在此范围。臀部为支点，其理甚明，良以肩臂腕指，均是悬空，如云使力必赖有支点，则支点不得不在臀也。

1959 年 2 月 19 日

为京韵大鼓伴奏的三弦与古琴相比，如果说古琴艺术是“阳春白雪”，那么，“三弦”则是“下里巴人”。但这里的比喻，并不是地位孰高孰低的比较，而是从它们的听众的成分而言，与艺术深浅无关。不过，最终白凤鸣的理论得到了古琴艺术家的肯定，足可见其于三弦艺术的理解确有高深独到之处。

中华人民共和国成立后，白凤岩的胞弟白凤鸣先生如鱼得水，他多次受到毛主席、周总理的接见，并即席献艺。1951 年，白凤鸣率曲艺代表团赴朝鲜慰问，归国后主持中央广播文工团说唱团工作。

也就是在这个时期，曾经志同道合、患难与共、创造出独具一格的京韵大鼓新流派“少白派”的亲兄弟，因为艺术见解发生了分歧而致反目，到了老死不相往来的地步。

就白氏兄弟反目的深层次的原因，多年来所见报刊其说不一。2013 年秋，我得到了白凤岩于 1958 年 1 月 8 日写的长达 8000 字的《整风宝鉴　家庭训弟》共十三篇长文和写给五弟白凤林（又名白凤霖）的信，信后还附有《整风宝鉴　家庭训弟》十三篇的主要问题。从这些材料里，大致能弄明白兄弟间的矛盾所在。限于篇幅，仅录致五弟信和请五弟代问之文字：

凤林胞弟：

关于我和你三哥有许多为艺术内部矛盾，非你调解不可。因为我们团对于领导怎样提高艺术还不够十成认识，故有鱼目混珠之可能。

你既出头调解，第一要一秉大公，为党服务，千万不可袒护我，要一碗水往平处端，必须大力支持说唱团，三种曲艺，弹唱提高，你才对得起党。因为我今年已六十岁，禁不住再生气，也不愿意和他面谈，故此我给你三哥写成十三篇（整风宝鉴　家庭训弟）叫他去看，哪一篇有错说他之处，你可以就取消哪一篇。如果他说我全说的不对，你就把这十三篇全扯了，我去到五条（白凤鸣住宅。——作者注）给他赔罪，或是到团赔罪全可。可以叫他写一张大字报贴在团里去，叫大家看看他对他的亲胞兄这种绕着弯压迫的行为，也算我为党的整风运动作一点贡献。

兄　凤岩委托

最末，无论如何以下这四样，你要替我辩出个水落石出。如下：

1. 新梅花调为什么现在不演了，原因何在？

2. 小蕙子（马增蕙。——作者注）要来跟我学，为什么不让他（她）来？怎么赵玉明就能花钱到外面学去呢？

3.《草船借箭》什么地方不好，为什么不唱，把它否了？

4. 你三哥教京韵，谭凤元教单弦，新梅花调不否而否，让我干什么？到底这三场艺术提高怎样，怎样提高法？

请他说明。凤霖胞弟，你这个霖字，如同天降一碗甘霖。俗话说，一碗水往平处端，现在党是一个领导，你给说唱团整理艺术内部矛盾，即是为党服务，我绝不愿意和每一个人对面争论，请五弟你替我全权代表，我愿多活些年给曲艺界留下点吃饭的道路，发扬成名的老先生的传统艺术。

归根到底，哥俩儿的矛盾主要是艺术见解不同，又缺乏很好的交流和沟通造成的。如果像几十年前，哥俩儿亲密无间，切磋技艺，劲儿往一处使，最终创出个“少白派”的合作精神来，也就没有了矛盾。读了几遍白凤岩所撰《整风宝鉴 家庭训弟》，说句公道话，主持中央广播说唱团工作的弟弟白凤鸣这时候在文艺改革、创作，乃至宣传等方面确有冷落兄长之处。哥哥白凤岩在他的《整风宝鉴 家庭训弟》结尾处有似“大喊的声调”说：“说我主观，个人英雄主义，我说我要不主观，没有你白凤鸣三个字，没有新梅花调！”究其根源，没有当初哥哥毅然辞掉鼓曲大王刘宝全的琴师职位，一心辅佐弟弟，也许鼓界不会有“少白派”，或许弟弟也没有了日后的风光。当然这只是推测而已，更何况白家兄弟之间的恩怨是家务事，外人不可多言也。

卢成科：创立卢派梅花大鼓的瞽者

1947 年参加北平曲艺公会时的照片，时年 44 岁

卢成科（1903—1953），天津人。民国时期的著名曲艺弦师，卢派梅花大鼓创始人。卢成科是盲人，幼年学弹三弦，16 岁开始登台伴奏。1930 年前后开始精研梅花大鼓，最终形成一种新的风格，世称“卢派”。

梅花大鼓的曲调由清末一位别号“梅花居士”的庄亲王所创，曲词古雅、字少腔长而委婉动听，是清末流行于京津地区的大鼓曲种，用北京语音演唱，演唱的曲目均为短篇，著名唱段有《鸿雁捎书》《黛玉葬花》等。

民国早期最为著名的梅花大鼓流派有金派和卢派。金派早于卢派，其创始人名金万昌，北京人，旗籍。他最初学唱八角鼓，多才多艺，在八角鼓演出中，说、学、逗、唱都很出色。拆唱时“打里”（男扮女丑）、“打外”（男扮男丑）俱佳，还会唱“琴腔”“鼓子曲”“一串铃”等，并能兼演双簧的“前脸儿”。后拜韩万群（韩五爷）为师学唱鼓曲，并学习“清口大鼓”。“南韵清口大鼓”亦名“南板”，又名“卫调”，唱时弦子上中下三把互用，而歌者多往上翻。后来，金万昌得到京韵大鼓艺人刘宝全的指点，自创新腔，唱腔较前人更为徐缓、舒展，具有低回、缠绵的独特风格。1926 年，金万昌在北京四海升平演唱《二度梅》，为使所唱与原有的北板梅花调即清口大鼓相区别，即标示出“梅花大鼓”的字样，是为梅花大鼓定名之始。金万昌作艺态度严肃。他的嗓音宽厚洪亮，吐字发音深沉有力，功底坚实；演唱字少腔多，善于以声带情。他的打鼓技巧也堪称一绝。在梅花大鼓上中下三番过板音乐的演奏中，他运用多种技法，从一面鼓上打出多种不同的声音，为此也常能赢得满堂喝彩。当弦师们演奏技巧性的“五音联弹”音乐时，他也能为之击鼓掌板。由于在梅花大鼓上的改革创新和达到的艺术成就，他在鼓曲界享有很高的声誉，被誉为“梅花鼓王”；他所创的梅花大鼓演唱流派被称为金派，是南板梅花调中影响最大的一派。金万昌最为擅长和喜唱的曲目以《红楼梦》题材居多，有《大观园》《黛玉思亲》《黛玉葬花》《宝玉劝黛玉》《宝玉探病》《探晴雯》《黛玉归天》《宝玉悲秋》等，还有《昭君出塞》《王二姐思夫》《妓女悲秋》《目莲救母》《拆西厢》《层层见喜》等。

卢成科是继金万昌之后的又一梅花大鼓的革新者。他是天津人，出生于 1903 年。他幼年师从著名弦师韩永禄学弹三弦。卢成科是盲人，旧时的三弦艺人，盲人不少，且多出身于穷困家庭，他们肚子里的鼓曲、戏词靠的是师父的口传。16 岁，卢成科开始登台。曾为梅花大鼓演员金万昌、天津时调演员赵小福及乐亭大鼓演员王佩臣等伴奏。因其基本功扎实，能依据不同曲种和音乐唱腔的不同特点伴奏，很为演员所倚重。卢成科在而立之年时，曾对天津时调进行了一些创新。此后，他开始精心研究和改革梅花大鼓的曲调、唱腔、唱法及伴奏音乐。他还将三弦改制为四轴四弦，并开创了“弹戏学唱”“装弦合奏”和仿动物鸣叫，这一技能被誉为“巧变弦丝”。在伴奏上，增加了活泼新颖的过门，其“三番”式间奏热烈、优美动听。

清末民初以来，天桥唱鼓曲的艺人很多，如京韵大鼓刘宝全、白云鹏、良小楼、白凤鸣、孙书筠等，梅花大鼓金派创始人金万昌和花四宝、花五宝，单弦创始人随缘乐及德寿山、荣剑尘、常澍田、谭凤元、曹宝禄等，西河大鼓马增芬、孙呈海、刘田利、彭素海、蔡金波等，奉调大鼓魏喜奎，北京琴书创始者关学曾。

京津地区的老百姓习惯称鼓曲为“落子”。《辞海》解释“落子”是演唱“莲花落”也叫“莲花乐”的一种民间曲艺。故而，说唱鼓曲的场所被称为“落子馆”。起初的鼓曲艺人多为男性；民国以后，鼓曲女艺人开始出现在正式舞台上。1914 年以后，天桥先后设立安乐轩等几家落子馆，各家都有数名女鼓曲艺人演唱，俗称“大鼓妞”，雅称“鼓姬”，所以落子馆也叫坤书馆。因古代中国人受《易经》的影响，称男人为“乾”，女人为“坤”，于是“坤”便成了对妇女的代称。因而唱戏的女角儿也叫“坤角儿”，女人唱大鼓书被称为“坤书”，演唱的场地为“坤书馆”。坤书馆都是清一色的鼓曲女艺人，内有二三十个茶座，不卖票，只卖茶，听众边喝茶边听大鼓书。除点曲子的人付一定的曲资外，另有杂役持小笸箩下场收钱。坤书馆门外挂有“水牌”，书写演员的艺名，也有的贴戏报。坤书馆内有管事儿的伙计，俗称“得活的”，由他们介绍演员所唱的节目，有钱人点五或十几个段子，但只听一二段就走，照样给钱，这叫“捧角儿”。那时女鼓曲艺人中的多数人要靠卖弄风情来吸引客人捧场，因此也有人把落子馆叫作“吊膀馆”。实际上这种被称为落子馆或坤书馆的场所，就是北京文化人称呼的“书茶馆”。书茶馆大都是上午接待饮茶的客人，下午和晚上则约请说评书、唱鼓词的艺人来说唱。

卢成科曾长期为天津时调女艺人赵小福及乐亭大鼓女艺人王佩臣等伴奏，因此对女艺人的演唱特点了如指掌。他在对梅花大鼓进行改造革新的时候，特别注重发挥女声演唱之所长，开辟了梅花大鼓的高腔音域，形成了悲凉、柔媚、委婉的风格，被时人称为卢派。在改革和丰富梅花

旧社会卖艺的盲人

大鼓曲调、唱腔、唱法和伴奏音乐的同时，卢成科对于培养梅花大鼓女演员也是不遗余力，使以往鼓曲女艺人靠色相招揽听众的局面有所改观。拜在卢氏门下的女弟子很多，但真正在艺术上出类拔萃的是花四宝、花五宝和花筱宝姐妹。而“花氏三姐妹”中，最有成就的是花四宝，是卢派有名的传人。

花四宝本姓张，是花五宝的四姐，出生于 1915 年。1941 年，花四宝才 26 岁便离开了人世。有关她的身世的记录不多，本名叫什么也没有人提起过。至于她离世的原因，更是没有资料记述。关于她的艺术生涯的记载也是支离破碎。她打小学唱梅花大鼓，开始时学的是金派。14 岁的时候跟随弦师卢成科学艺。在师父的帮助下，花四宝首创女声新腔，开辟了高腔音域，达到了高低相衬、刚柔相济的艺术效果，表达思想感情细腻而精致。时人总结其唱法特色为“悲、媚、脆”，成为梅花大鼓中花派的创始人（注：花派与卢派并称）。梅花大鼓曲目大部分以《红楼梦》为题材，花四宝最擅演的亦是《红楼梦》曲段，如《探晴雯》《黛玉焚稿》《黛玉葬花》《红楼二尤》等。还编演有《青楼遗恨》《杏元和番》等曲目。可惜的是，正当她的艺术炉火纯青的时候，却离开了人世。

花五宝比姐姐小 8 岁，出生于 1923 年，原名张书筠。五宝幼年随孙玉仙学唱京剧。9 岁拜邱玉山为师学唱靠山调。12 岁时受其四姐花四宝的影响，改学梅花调，并经常随花四宝到演出场所观看演出，揣摩姐姐的演唱技艺，为她自己以后的艺术道路奠定了基础。也是在 14 岁时，花五宝拜卢成科为师，并在当年正式登台演唱。和姐姐一样，五宝亦擅演

《红楼梦》的曲目。多年的艺术实践，加之善于博采众长，花五宝的表演形成了独特的风格。1950年后，花五宝加入天津曲艺团，热心演唱新曲目，如《绣红旗》《第二次握手》《骨肉情深》等。1984年，花五宝受聘于中国北方曲艺学校，从事梅花大鼓的教学工作。

花筱宝又名花小宝，原名史文秀，1926年出生于天津。她自幼聪明好学，11岁在天津学唱老鸳鸯调和时调小曲。12岁时改学梅花大鼓，与花四宝一同师从于邱玉山，故取艺名小宝。次年（1939），小宝正式在燕乐登台演出。1942年，天津广播电台成立，小宝应约在电台录制节目。她那甜润的歌喉、婉转的声调立即受到了听众的喜爱。1944年，花小宝进京，那一年，她18岁，年轻漂亮。在卢成科先生的调教下，她的表演更趋完美。花小宝的嗓音甜美，沙而不哑，脆而不干，特别是低音区，宽广厚实，用气均匀，因此，她在唱腔方面较多发挥低音的长处，行腔迂回婉转，如泣如诉，善于表达悲切、哀愁的情绪。此后，花小宝一直往来于京津两地。1996年离世，享年70岁。

这里再说个题外话。《北平市曲艺公会1947年会员名册》里保存有卢成科及花小宝的简历和照片。卢成科的会员编号为129号，花小宝为130号，王佩臣是131号。而原本他们就是有渊源的——王佩臣的丈夫是卢成科的内弟，而卢成科又曾经是王佩臣的琴师，花小宝则是卢成科的徒弟。

八角鼓

【八角鼓】

榼鼓足鼓制不一，此鼓如何八角鼓？闻说雷鼗曾八面，天神可复降南郊？（形八角，手击之以节歌。都门有之。）

——（清）李声振《百戏竹枝词》

骆玉笙：艺术生命最长的女鼓书家

骆玉笙（1914—2002），天津人，出生于上海。著名京韵大鼓表演艺术家。1936 年在天津获得“金嗓歌王”的美誉。1917 年，4 岁的骆玉笙开始在上海大世界登台表演，到 2001 年 7 月 1 日最后一次登上舞台，其演艺生涯长达 84 年。

骆玉笙晚年剧照

同许多旧时代的艺人一样，骆玉笙先生的身世很苦。她生于上海，出生 6 个月时被卖给天津艺人骆彩武，改姓骆，小彩舞这个艺名就是由此而来的。骆玉笙从小跟着养父母漂泊于上海、南京、武汉等地，从 4 岁开始配合养父演出杂耍。常常是骆彩武在变魔术的时候把骆玉笙变出来，让她给围观的人唱上一段二黄。7 岁那年，骆玉笙开始学京剧，9 岁拜苏焕亭为师学唱京剧老生。14 岁在南京登台清唱，17 岁正式改唱京韵大鼓。1934 年拜鼓王刘宝全的弦师韩永禄为师学唱刘派大鼓曲目。骆玉笙与白凤鸣先生乃同门。从 20 世纪 30 年代起，白凤岩、白凤鸣兄弟就与骆玉笙共同切磋京韵大鼓的演唱技巧。少白派的唱腔特点常常启发骆玉笙，她常说：“没有少白派就没有骆派。”她在几十年的艺术实践中，在刘派基础上，又集白派、少白派之长，充分运用和发挥她那甜美的嗓音、宽广的音域，尤其是带有一种自然悦耳的颤音，形成了令人喜爱的骆派京韵大鼓。她长于歌唱，尤以激越、挺拔的“嘎调”最为动人，被誉为“金嗓歌王”。1939 年首次在北京演出。另有一说是：“1936 年 6 月，骆玉笙赴北平演出，夜场场场爆满，并惊动了北平梨园界，马连良、谭富英、言菊朋等都来观看演出。余叔岩、李少春等更是场场必到。”此时骆玉笙已然是鼓界当红艺人，天桥演出只是应同人之邀偶尔为之而已，她在北平的演出多为内城剧场和堂会。据《北平市曲艺公会 1947 年会员名册》，那年她 28 岁，正是艺术炉火纯青的时候。骆玉笙在名册上登记的在京住所是王府井凤凰厅。这是一家名声很响的茶社，地处商业集中的王府井，每天都有戏曲界的“明星大腕”在此演出，外地来京演出的艺人，多住在茶社。来凤凰厅茶社的观众也不是平民百姓，都是有些身份和来头的人。曲艺杂耍在这里盛行一时。著名相声大师侯宝林、马三立都曾在此演出过。

民国时期，骆玉笙先生主要在天津活动。骆派京韵大鼓的早期代表作是 1938 年前后创作的《剑阁闻铃》《红梅阁》《击鼓骂曹》等，其行腔悲凉哀婉，演唱细腻精致，感人至深，骆派艺术的颤音、装饰音等演唱特点在当时就得到了广大观众和内行的赞许。新中国成立后，骆玉笙又创作了《珠峰红旗》《光荣的航行》等歌颂时代的新作品，还有《正气歌》《卧薪尝胆》等新编历史唱段。这些新作品充分表达了骆玉笙作为旧艺人，走入新社会后翻身当家的喜悦心情和思想感情的巨大变化。此时的骆派艺术风格高亢激昂，富于强烈的抒情性和歌唱性，这也是骆玉笙最大限度发挥自己嗓音特点的演唱时期。正值骆玉笙盛年时，“文化大革命”发生了，她不仅被迫离开了舞台，而且遭受到前所未有的人格侮辱和迫害。1976 年后，骆玉笙获得了艺术新生，她把满腔的热情和全部的精力都投入到了舞台演出和新节目创作之中。

1980年初，骆玉笙67岁时拿到了天津市曲艺团石世昌同志创作的新编历史题材唱词《和氏璧》。八十多句的唱词虽不多，但对一个年迈古稀的老人来说，要动脑筋配上符合自己特点的唱腔，还要背熟唱词，的确有难度。为此，在1980年这一年，骆玉笙呕心沥血，不论何时何处，满脑子里都是《和氏璧》的唱腔。经过精雕细琢和反复推敲，《和氏璧》这一饱含着骆玉笙对艺术的真诚热爱和不尽追求、集骆派演唱艺术之大成的唱段，终于在1980年12月于京津两地"庆祝骆玉笙曲艺艺术生活50周年"活动中正式演出。

此后，骆玉笙更是焕发青春般地辛勤耕耘。她在1982年写给言少朋、张少楼夫妇的信中，叙述了她1981年的忙忙碌碌的工作情况和1982年的新情况：

> 我在1981年，这一年当中穷忙……在津京两地各级领导们给我举办纪念舞台生活50周年，这是党和人民关怀和重视我们的曲艺事业，我是很受感动。但是要不辜负党和人民的期望，以实际行动来回报党和人民。再有个喜讯，文化部批下来在天津市成立一所曲艺学校，抢救老演员遗产，也培养一代新人，这是叫曲艺老师们肩负重任。中国曲协要给我拍纪录片。不久要到农村为农民服务。党中央号召文艺界下乡为八亿农民服务，我也不能落后。……这两天天津市开文代会，我还要排练节目去农村演出，所以很忙，教课、学习。不过我的精神很好。

言少朋是京剧言派艺术创始人言菊朋的长子，为言派第二代传人。张少楼是言少朋的妻子，也是言派老生。1982年，骆玉笙已经是68岁的老人了，如此精力充沛，非常不易。

在之后的日子里，骆玉笙如老树逢春。与她同期的女艺人，如魏喜奎、孙书筠、赵玉明等红极一时的鼓曲名家，晚年时均已如巨星陨落，无声无息了，而骆玉笙却因为电视连续剧《四世同堂》演唱主题曲《重整河山待后生》再度家喻户晓。

京韵大鼓《重整河山待后生》，是根据老舍先生同名长篇小说改编的电视连续剧《四世同堂》的主题歌，其旋律是采用京韵大鼓的音调素材写成的。根据小说改编的电视剧《四世同堂》秉承严格的现实主义手法，力求再现原著，其艺术感染力不是来自投合时尚，更不是以离奇情节取胜，而是始终以一种朴实无华的叙述手法，展示了北平沦陷区一群普通人特别是祁家四代人的生活。通过祁老人、瑞丰、瑞宣、韵梅、钱诗人、小文夫妇、李四爷、白巡长、孙七、小崔、马老太太、常二爷、小妞妞以及大赤包、招弟等性格迥异、有血有肉的人物形象，表现出民族存亡之际真善美与假恶丑的斗争。《重整河山待后生》的词作者是这部电视剧的总导演林汝为，作曲则由著名作曲家雷振邦和他的女儿雷蕾、学生温中甲合作完成，其旋律激昂、高亢、悲壮。

1985年8月16日，电视连续剧《四世同堂》在中央电视台播出。因其深刻的思想性和高度的文学性引起强烈反响，一时成为社会舆论的中心话题，而用京韵大鼓的音调素材写成的主题曲《重整河山待后生》也成为人们议论的焦点。骆玉笙用凄凉悲壮、铿锵有力的音调进行了完美演绎，一时间，京韵大鼓被人们迅速地熟知起来。

据说当年该剧总导演林汝为请雷振邦担任《四世同堂》的音乐总策划，负责这部电视剧中所有音乐的创作。而确定这部电视连续剧汲取京韵大鼓中的韵律精华作为主题曲的基本曲调，就是雷振邦提出的。他说，《四世同堂》是老舍先生的经典作品之一，最好是选择最具老北京韵味的曲调，而京韵大鼓的韵律恰恰最接近这一表现形式，且通俗、自然，易于被百姓接受；而且老舍先生非常喜欢京韵大鼓，他曾创作过《鼓书艺人》《方珍珠》等作品。确定了创作思路后，雷振邦便指导中央歌剧舞剧院的温中甲和刚刚从沈阳音乐学院作曲系毕业的女儿雷蕾一起创作《四世同堂》的音乐。雷蕾很快便完成了主题歌的初稿，并得到了剧组创作人员的首肯。作品出来后，在确定谁来演唱时也是费了些周折。请不会京韵大鼓的歌手模仿京韵大鼓的唱腔，势必荒腔走板、不伦不类，而请京韵大鼓演员来唱，又恐偏离歌曲的原意，最终决定请一位造诣深厚的京韵大鼓演员来演唱这首主题歌。此时雷振邦想起了骆玉笙，此前骆玉笙曾到长春进行过一次演出。是年，骆玉笙虽年逾古稀，但音色依然苍润、浑厚、开阔。原本雷振邦要到场看骆玉笙演出的，因身体不适未去，于是女儿雷蕾带着录音机到现场，将骆玉笙的演唱全部录下来并带回家放给他听。雷老先生听到骆玉笙的演唱后非常激动。那曲韵味浓郁的《剑阁闻铃》总是回响在他的耳畔。雷振邦先生当即拍案决定，一定要请骆玉笙演唱这首歌曲！

受父亲的委托，雷蕾专程到天津市曲艺团拜见了骆玉笙，道明来意，并将雷振邦的信和《重整河山待后生》曲谱交给骆。骆先生认真地看完雷振邦的信和《重整河山待后生》的曲谱后，爽快地答应了演唱这首歌曲。雷蕾在回忆骆玉笙录制《重整河山待后生》的经历时说：“骆先生果然是功力深厚的老艺术家，她在管弦乐队的伴奏下，从头至尾一气呵成。当乐曲结束后，整个录音棚非常静，过了几十秒以后，录音棚内外爆发出热烈的掌声，我和总导演林汝为都激动得掉下了眼泪。骆玉笙先生高深的艺术功力征服了在场的每一个人！”

随着电视连续剧《四世同堂》的播放，骆玉笙演唱的《重整河山待后生》迅速成为家喻户晓的经典歌曲，老先生的出色演绎使更多的人领略了京韵大鼓的艺术魅力。雷蕾说：“骆玉笙先生对这首歌曲进行的二度创作不仅完全体现了我当时的创作意图，而且超越了我最初的创作高度，所以这首歌才会如此成功。”骆玉笙演唱的《重整河山待后生》被评选为“建国40周年最令人难忘的歌曲”一等奖。

在纪念抗日战争胜利55周年时，骆玉笙不顾年迈，冒着酷暑从天津驱车赶到北京卢沟桥，在抗日战争的爆发地再次演唱了《重整河山待后生》，以警世人莫忘国耻。

作为京韵大鼓艺术家，骆玉笙在70余年的京韵大鼓艺术生涯中，研习继承前辈的艺术成就，博采众家之长，以孜孜不倦的探索和努力，创立了以字正腔圆、委婉抒情、韵味醇厚为特色的骆派京韵大鼓。从艺几十年，兢兢业业，在台上从没出过差错，可在生活中，她却经常出错。一次骆先生从朋友家出来，要到缸瓦市去。一上车，售票员问她："您到哪儿？"她记不清了，只想着一个"瓦"字，因而脱口说出"瓦岗寨"。售票员瞠目结舌。骆先生看售票员神情不对，恍然大悟，连忙纠正刚才的话，她说："那什么，我……去日内瓦。"她不说还好，一说把全车的人都逗乐了。还有一次，骆玉笙到京剧名家吴素秋家去串门。吴素秋和丈夫姜铁麟正陪尚小云先生聊天，骆玉笙原本和尚先生很熟，就也参加进来，聊了一会儿，她想拉门进另一间屋子，可刚进去就出来了。原来，她拉的不是屋门，而是大立柜的门。

魏喜奎："奉调"魏派大鼓创始人

魏喜奎（1926—1996），河北蓟县人。著名曲艺、曲剧女演员。自小随父学艺。13岁登台演出，原唱唐山大鼓，后改唱奉调大鼓。1949年后曾与曹宝禄等人在曲艺的基础上始创北京曲剧，是北京曲剧主要创始人之一。新中国成立后，历任北京曲艺团副团长、北京曲剧团副团长等职。1957年获第六届世界青年联欢节东方歌唱比赛金质奖章。擅演曲目有奉调大鼓《黛玉归天》、北京曲剧《杨乃武与小白菜》等。著有《曲海扬波》。

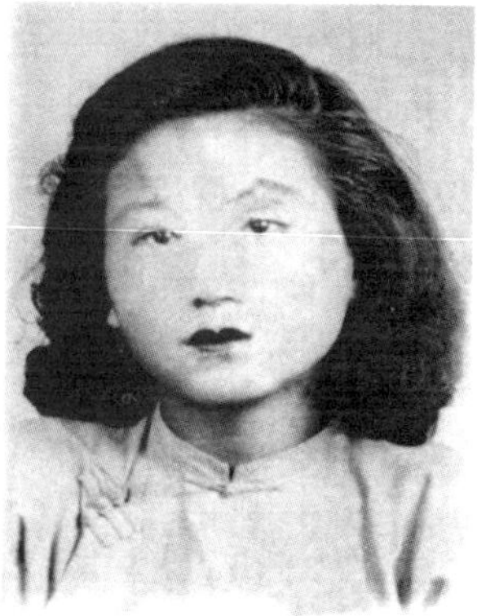

1947年，魏喜奎加入北平曲艺公会时的照片，时年21岁

老北京人喜欢土生土长的玩意儿，譬如说喝豆汁儿。老北京人还喜欢京剧，但旧时北京正规的戏园子，并不是平民百姓消费得起的。更多的平民老百姓喜欢在天桥撂地儿的土玩意儿，诸如京韵大鼓、西河大鼓、梅花大鼓、乐亭大鼓、评书、相声、莲花落、掼跤、杂技、变戏法儿、拉洋片等等，那时，这些登不了大雅之堂的土得掉渣儿但又京味儿十足的玩意儿，老百姓喜欢得不得了。

鼓曲类尤其让北京人喜欢，像京韵大鼓、梅花大鼓、西河大鼓等。这类曲艺演出中，多为漂亮的年轻女艺人，唱腔优雅绵长，韵味足，雅俗共赏。

新中国成立后，影响力较大的鼓曲女艺人有魏喜奎。

魏喜奎原籍河北省蓟县。1925年8月出生在唐山一个说书唱曲的穷苦艺人家庭。父亲魏永富是著名老艺人王祯禄的徒弟，以游走江湖说唱乐亭大鼓为业。魏喜奎降生的时候，魏永富正定居在唐山演唱。

魏家在唐山定居的地方叫“小山”，是唐山的中心区，也是最热闹的地方。据传，原来这里并没有人家，只有一座小山。后来有个姓唐的人逃荒到这儿，见地上的土都是黑的，抓起一把觉得发沉，拿水搅和搅和，团一个团儿，晾干了用火一点能烧着，觉得这是块宝地，就在这儿住了下来。往后，到这儿来住的人越来越多，逐渐形成一个小城镇了，于是人们就以那个最先定居的姓唐的人的姓和那座小山联结起来，取名为唐山。唐山产煤，很快有人在这儿开了煤矿，矿工也开始多了起来。那会儿，唐山没什么好玩的地方，也只能看看皮影，听听说书。魏永富是说长书的，一部书每天连续说，最短也能说几个月，长的能说一两年。虽然挣钱不多，但养家糊口还可以，因此魏家在唐山一住就是好几年。魏喜奎从小接触的便是父亲所唱的乐亭大鼓，因此三四岁的时候就会唱曲儿了。但是父母不想让她学艺，想让她上学读书。

就在魏家想在唐山再挣些钱，买间房子，真正定居下来的时候，来唐山的艺人越来越多，而矿工被资本家剥削，挣得越来越少，魏家连饭钱都快挣不出来了，无奈之下，魏永富做出决定，离开唐山另谋生路。几个月后，边沿途卖唱，边行走，终于到了营口。在营口待了不到一年，经魏永富的师弟周永富的介绍，赴天津作艺。1930年，魏永富带上魏喜奎和他的堂弟来到天津，在谦德庄的一家书馆说书，上座儿一直挺好。不久先是魏喜奎的母亲病故，然后是她的爷爷和刚落生的小妹妹相继去世。魏永富面对几天之内先后死去三个亲人的变故，精神恍惚，只好辞了谦德庄书场的事，回到老家蓟县，在盘山庙会演唱挣口饭吃。

盘山是京东一座较大的山，它虽然在蓟县境内，但离魏家所住的村庄还有百十里的路程。盘山脚下有个娘娘庙，一年一度的娘娘庙庙会，方圆一二百里的善男信女都赶来进香、求子，香客、游人很多。为了能在庙会期间演出，挣些钱度日，魏永富和弟弟带上小喜奎，借了一个独轮小推车，一边说书卖艺，一边往盘山赶。等到赶到盘山，搭好了棚子，准备第二天清早开张说书。谁料想，下起了大雨，雨水灌进了棚子，魏永富因淋雨着凉，呕吐不止，病倒了。庙会开始了，魏永富却唱不了了，可棚子得缴地皮税呀。这时候，魏永富的弟弟提醒说，丫头好歹会几个段子，要不，让她试试。没辙了，病在床上的老魏只好答应了。这年，魏喜奎八岁。

魏喜奎和叔叔整理好棚子，叔叔弹起弦子，小喜奎开始替父说唱。她唱的是《刘瑞莲借米》，没想到竟赢得了阵阵喝彩声。从此，小喜奎走上了卖艺的道路。

当父亲病体渐好后，父女俩便轮换作艺。到了转年开春，魏喜奎同父异母的哥哥魏宝华和嫂子金兰英来到了蓟县。他们是在天津应了买卖，来找父亲和妹妹一同赴津卖艺的。

来到津门，魏喜奎先是在"燕乐升平"听高五姑唱天津时调，并跟着学了些日子，不幸高五姑病重，不能作艺了，之后又跟着鲜灵霞学了些日子的评戏。这时，魏宝华发现妹妹的嗓子好，能在她身上赚钱，于是开始教她学唐山大鼓，这是乐亭大鼓的一个支派。魏家本来是唱乐亭大鼓的，为什么哥哥让她学唐山大鼓呢？原来，此时的唐山大鼓已濒于失传，让魏喜奎唱冷门，能赚钱。而能弹唐山大鼓弦子的又只有他魏宝华一个，离开他不行。这样，如果魏喜奎唱红了，他就有了饭碗儿，妹妹就被他拴住了。

于是，13 岁的魏喜奎随父亲和兄嫂来到北京的天桥学唱唐山大鼓，不久便赶上曲艺同业为纪念祖师爷周庄王生日（阴历四月廿八日）举行的联合义演。当时曲艺公会会长曹宝禄与魏宝华算是同门师兄弟，经曹宝禄策划，魏喜奎得以在这次义演中登台。当时魏喜奎的艺名叫“丫头”，这次曹宝禄特意为小师妹起了个响亮的艺名“喜奎”。

阴历四月廿八日这一天到了。曲艺界的同行都像过节一样。这次联合义演是在前门外大栅栏的庆乐园举行的。据后来魏喜奎叙述，那天庆乐园门口儿悬灯结彩，门口两旁的柱子上挂着红底白字的大水牌，地上也戳有这样的大水牌。曹宝禄为“丫头”起的“魏喜奎”的艺名赫然写在水牌上。这次的演出一共十二个节目，魏喜奎被放在了第四个，后边是汤金城（艺名汤瞎子）的口技、快手刘的古彩戏法、架冬瓜的滑稽大鼓以及“华北三绝”：京韵大鼓方红宝、梅花大鼓郭筱霞、河南坠子姚俊英。她们三位女艺人也被合称为“天桥三绝”。再后面是曹宝禄和高德明，这两位也是当时享有盛名的艺人。

现如今，这几位高手的演技都已成为绝唱了，限于篇幅，以下对本书未曾提及的二位作简要介绍。

汤金城（1890—1980），亦作汤金澄，北京人。艺名汤瞎子，因他近视眼而有此称。他是焦德海先生的徒弟。汤金城还曾拜张昆山（百鸟张）习口技。他运用口腔发声的技巧很高超，凡是虫、鸟、走兽、器械的声音和人们日常生活的各种声音均能模仿得细腻入微，惟妙惟肖。尤擅长模仿飞禽走兽的鸣叫，比如模仿蟋蟀之声，能根据《诗经》中《七月》所载“七月在野，八月在宇，九月在户，十月蟋蟀入我床下”的诗句，一面介绍，一面将蟋蟀在不同月份的叫声特点模仿得极为逼真，令人称赏不已。还能学抖空竹声、磨刀人吹喇叭声等。他的口技是以对口相声的形式表演的，是口技与相声的结合，演来轻松活泼，不时穿插“包袱儿”。中央人民广播电台存有汤金城的节目录音《韩信击缸》《学口技》等。

有关“快手刘”的资料极少。《北平市曲艺公会1947年会员名册》上仅存他的一张照片和一条文字简历。通过这几十字的简历，才得知他原名叫孟宪有，艺名“快手刘”。1947年，他62岁，以此测算他约出生于1885年，据说，“快手刘”卖艺时随身背着一个绿色的小木箱，在哪儿摆摊就把木箱放在哪儿。箱上架一条满是洞眼的横木板，洞眼插着一排排廉价而赤黄的棒糖。快手刘卖的糖叫“药糖”，又称“茶膏糖”，是近代天津的风味小吃，由白砂糖熬制而成，其中加入了茶膏和中药成分，俗称“药糖”。“快手刘”变戏法是为了吸引孩子们来买糖，戏法十分简单，俗称“小碗扣球”。先把一块黄布铺在地上，然后把两只白瓷小茶碗、四个大红玻璃球儿放在黄布上。只见他两只手各拿一只茶碗，明明看见每只碗下边扣着两只红球儿，连眼皮都没眨动一下，四只球儿竟然全都跑到一只茶碗下边去了。这种戏法比舞台上的魔术难变，舞台只有一边对着观众，而街头上的土戏法，前后左右围一圈人，人们的视线从四面八方望过来，容易看出破绽。除了撂地儿摆摊，“快手刘”也常到剧场表演古彩戏法。古彩戏法历史久远，自南宋以来杭州的瓦舍、街头以及喜庆堂会都有此演出。变戏法都遵循传统，一直穿大褂表演，表演前必须上、下、反、正都要亮相，把盖布里外让观众看过。讲究“八字真言”：“捆、绑、藏、掖、撕、携、摘、解”。

魏喜奎这个刚见世面的小丫头，和这些大腕儿们同台演出，按理说应该有压力的。因上台前得到了诸位同台演出的前辈鼓励，上台后，小喜奎竟然沉稳地把一段唐山大鼓《黛玉悲秋》圆圆满满地演唱下来。

自此，在师哥曹宝禄的支持和帮助下，魏喜奎上了电台说唱。那时候，能上电台说唱，就像今天上电视台演出一样，虽然无线电也还不普及，不过有些身份的家里和生活较富裕的市民家里都有，影响还是很大的。

由于电台经常播唱魏喜奎的曲目，一段时间后，果然名声逐渐增大了，还经常有本市和外地的听众来信，点喜奎唱段子。小喜奎聪明好学，在这段时期，还跟着师兄曹宝禄苦练八角鼓，很快学会几段，还把曹的拿手唱段《五圣朝天》学会了。《五圣朝天》是曹宝禄先生最拿手的段子，据说，只要曹先生出场，一报这个段子的名，听众就会鼓掌叫好。一次，电台约曹宝禄、高德明、绪德贵和魏喜奎到电台演唱，结果曹宝禄半路上出了交通事故，来不了了，这次听众点播的正是曹先生的《五圣朝天》。这可急坏了电台人员，这时魏喜奎说："我替我师哥唱吧。"没法子，电台决定让小喜奎替唱。结果第二天，电台接到好多听众来信，都说魏喜奎唱的《五圣朝天》好。过后，曹宝禄半开玩笑地说："这孩子，了不得，教会徒弟，饿死师傅，瞧这样，往后她非得压下我去，我可得留神啦！"

为了提高自己的综合素质，魏喜奎得空就去开明戏院听评戏，结识了小白玉霜母女。在小白玉霜的引荐下，又结识了京剧演员吴素秋，从此她们三人结成京评曲三姐妹。

结束了开明戏院的演出，又经曹宝禄先生推荐，魏喜奎来到哈尔飞剧院。从这个时候起，魏喜奎算是正式进了剧场，成为当时曲艺界里高一等的演员。也是在哈尔飞演出期间，魏喜奎经曹宝禄师哥的引荐，认识了唱乐亭大鼓的王佩臣，并得到了她的指教。

王佩臣，30年代初享誉京津曲坛，与京韵大鼓鼓王刘宝全、梅花大鼓鼓王金万昌同台，被誉为"鼓界三绝"。因她的唱法语调独特，善于在唱腔尾字用滑音，以独有的诙谐俏皮自成一派，被人们谑称为"醋溜大鼓"。她擅演的曲目近百段，《太公卖面》《刘伶醉酒》《花魁》《王二姐思夫》等是她的常演剧目。她来北京演出就住在"哈尔飞"园子旁边的一个小跨院里，外地到这儿演唱的艺人，多住在这个跨院里。据魏喜奎回忆说，她刚到哈尔飞的第一天，就跟父亲到跨院拜见王佩臣，她管王佩臣叫师婶。他们一进院，见王师婶在院子里漱口，原来王佩臣染有吸鸦片的嗜好，每天除去早晚两场之外，大都躺在床上吸鸦片，或者睡觉，很少有别的活动。当时王佩臣已三十出头，不算年轻，长得也不大漂亮，身材比较矮。上场的时候，穿着也很朴素，头发平梳，在后边梳个圆头，脸上不施粉黛，向来不穿花穿红，给人以淡雅的感觉。观众喜欢她，因为她确有独到之处。她在台上没有什么风度，可是只要她一张嘴，她的音色、行腔，加上她的神态，立刻就把听众的神抓住了。王佩臣见了魏喜奎，还真的很喜欢这个小姑娘。当魏喜奎说想和王师婶学"醋溜大鼓"时，王佩臣说："我不是不愿意收你这个徒弟，的确觉着你这个唐山大鼓是个冷门，祖辈创个玩意儿不易，可不能失传，你别把它扔了！"魏喜奎向王佩臣表示，不扔唐山大鼓，但一定和她学！王佩臣见孩子很坚决，也表示："来吧，来了就教。"从此，王佩臣真的按照自己说的那样，只要喜奎一到，她立刻放下别的事情，赶紧教学，教得十分认真。照魏喜奎的说法，"王师婶真的把掏心窝子的技艺一一传给了我"。新中国成立后，王佩臣参加了天津曲艺团，积极从事整旧创新工作。王佩臣只活了 63 岁，1964 年就离世了。

就是在王佩臣开始教魏喜奎"乐亭大鼓"不久，曹宝禄筹办鼓界大王刘宝全演唱会，魏喜奎荣幸地拜见了刘宝全，并深得他的指点，更有长进。因唐山大鼓是个冷门，北京只此一家，天津并无分号，加上魏喜奎又在北京唱响了，这时天津来人约她父女去天津南市庆云戏院演唱。这一年，魏喜奎 15 岁。

天津，素称曲艺之乡。那里的曲艺一直比北京昌盛。那时候，北京的艺人在北京唱红了，有了名气之后，总得到天津去，注个册，挂个号。这成了曲艺界约定俗成的规矩。有些演员在北京名气不大，可到了天津却唱红了，便久居不归了。当时常在天津献艺的有唱京韵的小彩舞、小黑姑娘、林红玉、小岚云、闫秋霞；唱梅花大鼓的花四宝、花五宝；唱单弦的常澍田；唱河南坠子的王元堂；说相声的张寿臣、马三立、郭荣启、小蘑菇等。像刘宝全、白云鹏、金万昌、荣剑尘等名角，也常到天津演出。陪着魏喜奎去天津的有父亲、哥哥，还有孙书筠、于兰凤两位艺人。

演出地多在庆云戏院，庆云戏院在天津南市，是外国租界之外的几个穷僻地带之一。

天津地区凡来新角儿，头天上场要摆放花篮，花篮越多说明角儿越红，魏喜奎的父亲借钱买花篮摆上台面。喜奎就用《鞭打芦花》鼓曲唱段“打炮”。当喜奎出台亮相，头一句唱下来即获得满堂好。一炮打响，在津门一唱即红。谁承想，就在魏喜奎和父亲沉浸在兴奋之中的时候，“天津教父”袁文会在第二天的晚上来看魏喜奎的演出，这晚唱的还是《鞭打芦花》，得到了观众的再次捧场。袁文会也传话说，小魏老板唱得好。第二天一早，袁文会送来了帖子，晌午要在鸿宾楼请魏喜奎吃饭。不去是不行的，去了饭吃得顺顺当当的，但袁文会提出晚上非要让魏喜奎到他的别墅打八圈麻将不可。他威胁说：“你要是不肯赏光，咱可就‘僵’了。”袁文会的别墅在日租界，那是出了名的虎口，凡是去了那儿的女艺人，没有一个不遭到他蹂躏的。怎么办呢？最后，经反复斟酌，魏喜奎父女决定想办法请出袁文会的三姨太来看当晚的演出。结果三姨太还真的喜欢上了喜奎的演唱，并认了喜奎做干女儿。散场后，袁文会派人来接魏喜奎，三姨太闻听，问来人：“上哪儿？都这么晚了！”来人说：“上别墅去打牌。”三姨太说：“这是他又没安好心哪！告诉他，喜奎是我刚认的干闺女，谁也别想从她身上找便宜！打牌，我去，这就拉我去别墅！”在三姨太的帮助下，喜奎这一关算是过了。

这次在庆云的演出，魏喜奎还结识了梅花大鼓名琴师金万昌，她又学唱梅花大鼓。之后她又在天津的群英戏园和小梨园曲艺厅演唱。她与京韵大鼓名家小彩舞同台演唱，小彩舞对她要改进唐山大鼓的设想十分赞成与鼓励。喜奎又在大观园曲艺厅与京韵大鼓名家白云鹏同台演唱，深得“白派“的启迪。她在津门演唱到 1945 年抗战胜利后，返回北平。魏喜奎歌喉纯美、技艺娴熟、韵味隽永、情感真挚，把各流派唱腔逐步融进唐山大鼓内，经过多年的艺术实践，最终形成风格独特的“奉调”

魏派大鼓。

除了唱鼓曲，魏喜奎还擅丹青。她师从齐白石，尤精水墨写意虾蟹。按照魏喜奎自己的说法，她与齐白石老人的结缘是因为她主演的曲剧《柳树井》。

新中国成立之初，二十多岁的魏喜奎和曹宝禄等艺术家为搬演从老解放区传来的歌舞剧，配合劳动光荣、婚姻自主、破除迷信等宣传，以“单弦牌子曲”为基调，在拆唱“八角鼓”的形式上有所发展，按戏曲的样子演出《四劝》《新探亲》《大家喜欢》《新打灶王》等，受到各方面的欢迎。大家管这种演出叫做“新曲艺”，老舍对这种按戏曲形式的演出，给予高度的评价，说：“这是曲艺唱腔演的戏，干脆就叫‘曲剧’吧！”老舍还说：“曲艺是北京的土产。各个地方都有自己的地方戏，北京这么大的地方反而一直没有自己的地方戏。曲剧填补了这个空白，往后曲剧就是北京的地方戏了。”“曲剧”剧种由此而得名。“为曲剧正式问世，老舍先生特地写了一部宣传婚姻法的戏《柳树井》，1951 年 3 月，《柳树井》在北京长安街西口路南的进康游艺社演出，魏喜奎在剧中扮演招弟。招弟是个童养媳，因受虐待，险些自杀。后来在婚姻法的保护下挣脱枷锁，与挚爱她的青年建立了新家庭。在剧中，魏喜奎塑造了一个可怜、可爱又有些可气的少女形象。

因曲剧说唱相间，通俗易懂，魏喜奎的演唱又极有功力，加上老舍的剧本幽默风趣、雅俗共赏，公演时盛况空前，观众反应强烈，轰动一时，连演连满，影响颇大。国画大师齐白石先生的亲戚告诉魏喜奎：白石老人想看这出戏。原本就特别喜欢齐白石先生画的魏喜奎听了之后，亲自到白石老人的寓所西单文昌胡同送戏票，正值老人画完一帧《群蟹图》置于案上。老人见她喜欢，当即将画成的《群蟹图》题款相赠，并当场示范教她画蟹和牵牛花。此前，魏喜奎就喜欢临摹齐老的墨蟹，这次总算得到了老人的真传。从此，她不时去齐宅向老人请教，画艺渐进。

继《柳树井》之后，魏喜奎又连续主演了《罗汉钱》《张桂蓉》《杨乃武与小白菜》《啼笑因缘》《方珍珠》《箭杆河边》《苦菜花》《阎家滩》《回春记》等十几出大戏。《杨乃武与小白菜》是魏喜奎的代表作，也是曲剧的代表剧目。魏喜奎的唱腔和表演艺术在这出戏中达到了一个新的高度。当此剧首演于前门小剧场的时候，周总理步行来到剧场，自己买票观看了演出，戏散后，周总理和全体演职人员亲切座谈了两个多小时并对这出戏高度评价。1962 年，为了扩大曲剧在国内外的影响，魏喜奎主演的北京曲剧《杨乃武与小白菜》，由凌子风导演，拍成彩色影片。

1984 年 2 月，魏喜奎在她近花甲之年，创演戏曲独唱会，一人演唱梅花、京韵、乐亭、奉调四种大鼓，单弦及曲剧选段，开戏曲演员办独唱会之先河。

蔡金波：天桥鼓界的“女中丈夫”

1947 年，蔡金波加入北平曲艺公会时的照片，时年 27 岁

蔡金波（1920—？），河北保定人。著名西河大鼓女艺人。11 岁开始学习西河大鼓。1935 年在北京天桥首次演出，因其响亮的嗓子和精神抖擞的台风，并能较好地刻画人物，表演传神，成为天桥一带撂地儿受欢迎的鼓曲女艺人。1950 年参加北京宣武说唱团，同年参加北京市第一次文代会，被选为候补理事。

旧时活跃在北京天桥的鼓曲女艺人很多，但享有盛誉的很少。蔡金波是和孙书筠、赵玉明、骆玉笙、魏喜奎、焦秀兰姐妹、王艳茹姐妹等齐名的女鼓曲演员。蔡金波是西河大鼓艺人，比起和她同时在天桥走红的女鼓曲艺人，蔡金波得天独厚的是有副好嗓子，在鼓乐的伴奏下一甩长腔能使半个天桥都听得见。很多老北京被她优美高昂的腔调所吸引，成为她的忠实“粉丝”。

蔡金波 1920 年出生于河北保定清苑县一个非常贫困的农民家庭，11 岁那年，因家里的生活无以为计，父母忍痛将她卖给了西河大鼓艺人蔡宝兴的儿子当童养媳。蔡宝兴的儿子蔡连贵出生于 1927 年，两个人相差

7岁。那个时候，有钱人家都喜欢给自己的儿子找个大媳妇，好照顾自己的儿子。也是从这一年，她开始跟着公公蔡宝兴学习西河大鼓。

1935年，蔡金波15岁，已经出落得清秀美丽，并有一副响亮的嗓子，练就了精神抖擞的台风，首次在天桥演出就一炮打响，成为天桥一带撂地儿受欢迎的曲艺女演员。与同在天桥卖艺的女鼓曲演员不同的是，蔡金波颇有男演员风度，平时和演出时不太讲究服饰打扮，爱表演武段子，时时展现刀马工架，演唱的内容有《说唐》《杨家将》一类故事。蔡金波的西河大鼓曾红遍天桥，可她一个字儿也不认得。到了五六十年代，戏曲界要求演员说唱新书，这可难坏了蔡金波。无奈之下，她就请有文化的同事给她念新书，凭着好记性和刻苦精神，她愣是能说唱《烈火金刚》等大部头的小说。有时上午听读，下午就要演出，除去道白，还要编出词儿来唱，板眼、腔调都不能错，还得合辙押韵。这些，蔡金波都做到了。

蔡金波虽然是卖给蔡家做童养媳的，但她与丈夫蔡连贵夫唱妇随相处得很好，而且夫妇二人与曲艺界同仁的关系也处得不错。1950年，蔡家父子和蔡金波同时参加了宣武说唱团。因其纯熟的技艺和精彩的表演越来越受到群众的欢迎。她的事迹曾被《北京日报》报道，并参加北京市第一次文代会，被选为候补理事。1953年，她被选为曲艺界的代表，在中南海开了半个月会，受到周总理的接见。之后，在新中国成立后的历次运动中，蔡金波因出身贫苦，又曾有童养媳的经历，成为组织上信任和依靠的对象；特别是在1957年的“反右”斗争和之后的一系列运动中，蔡家沾了昔日童养媳的光，没有受到大的冲击。蔡金波为人朴实诚恳，与公公蔡宝兴、丈夫蔡连贵配合默契，对人对事均保持中立的态度，更不随意攻击他人。对已被打倒的同事不歧视，一如既往地与之走动；对于那些运动积极分子，不惧怕，更不同流合污。翻阅1958年说唱团评鼓组的揭批记录、红专讨论等资料，蔡金波和丈夫蔡连贵的表现是积极的，蔡连贵还担任了组长。

我在写本文的时候，把涉及蔡家的资料仔细看了一遍，尽管有的资料实属于揭发批判性质的，但字里行间却反映出蔡金波与蔡连贵夫妇与人为善、息事宁人、不招灾惹祸的处世之道，以及与同仁和睦相处的一面。其中一份是“三反”“五反”和反右运动后，1958年9月1日北京市文化局在曲艺界开展的“向党交心”活动中，评鼓四组的发言记录。所谓“评鼓”是指评书和鼓书艺人，当时把他们分为四个组，第四组的组长是蔡金波的丈夫蔡连贵。发言记录所记的第一个发言者，即是蔡金波。蔡金波的发言很诚恳，像是有备而来。她发言说：

> 我的金钱主义思想太重，我不应该与爷们（丈夫，指蔡连贵）对立，为我自己多挣钱，把别人挤垮的思想是严重的。我开会要代价，我是不对的。我对大家的帮助不够，也是我的错误。我对于土地改革又满意，又不满意，是我的思想错误，土地改革完全是正确的，我不应该有不满意的地方。我经过交心运动以后，我觉悟了。党对我们教育，对我们关心。我永远跟党走，和党一条心。

这个发言，有三个“点”，都是被他人揭批出来的问题：她是市文联候补理事，丈夫蔡连贵又是说唱团的核心人物之一，而她依然像旧艺人那样，只要能有演出，能挣到钱即可，其他的与自己无关；甚至对于参加文代会、文联会议等活动耽误了演出，也提出要“误工费”，这自然是不合潮流的。更重要的是，她对于土地改革时期，自家辛辛苦苦靠卖艺攒钱置的百十亩地被政府收回不是很情愿，但又很无奈。她的这个发言，算得上是灵魂深处闹革命，自然会得到组织上的肯定。

有关蔡金波家的土地及她的公公蔡宝兴、丈夫蔡连贵的有关问题，也是在揭批运动中被人抓住的几个关键问题。西河大鼓演员王艳茹的哥哥王同乐在其所写的几份揭批材料中，都涉及了。以下不妨照录两份。

第一份：重要材料

关于蔡金波、蔡连贵在交心会上谈对土改有些不彻底、不老实。蔡宝兴是蔡连贵的父亲，蔡宝兴自己就说过有一顷多地，他全家在外面说书，并没有参加劳动的时候，他们回去收租。可是交心会上，蔡金波说有七十来亩，她还受地主的压迫。（他们的地在南苑王乐庄，我了解有一顷多地。）请问领导，她不参加劳动，到时收租，我不明白，蔡家是什么成分。蔡连贵说，他对土改没意见，我的看法，蔡连贵没把真心交与党。蔡连贵的叔叔蔡宝光在保定市是大右派分子，蔡连贵经常去保定，他叔婶时常来北京住在他家。他婶母过去是国民党反动派的不是团长就是营长的太太，常来北京住他家，不知搞什么鬼。河北省保定大右派头子李国春与蔡宝光、蔡连贵他们都是很好的朋友，李国春也到蔡连贵家，不知他（们）有什么事情。在交心会上，他没有说出来，这样交心，不老实。他争取连阔如、段兴云，我为（此）都有连带。

王同乐

在这份揭批材料中，主要是两个问题，一是隐瞒了在南苑的土地数；二是阶级界限不清，与他的“右派”分子叔叔，也就是保定市曲艺会会长蔡宝光和当过国民党军官太太的婶子以及朋友、大“右派”李国春依然保持联系。

关于第一个问题，蔡金波做了答复：

我答复：我在交心时，我说我有七十五亩地，卖了三十八亩，还剩三十余亩。余下这地我们自动上交了。我谈的是事实。

我说过我受地主压迫，就是因当地乡长压迫过我们，他盖房子挖我们地里的土，我们不敢对抗他，所以我说受他们压迫。

蔡金波

语言不多，回答了王同乐揭批的问题。如果蔡金波讲的是事实，完全是可以过关的。

第二份揭批材料：

我（王同乐）与刘田利、蔡连贵、蔡金波、王艳茹一同到朝阳门外凤记茶社演出《铁道（游击队）》，是第一次试演，有王尊三，还有一位我不认得。我一个人弹了四场弦。王艳茹唱了一个小段，（然后）又唱的《铁道（游击队）》。刘田利、蔡连贵都唱的新的《铁道（游击队）》。蔡金波唱《白蛇传》。（为了这次演出）我牺牲了我的早场（演出），又牺牲了我的中场，（为他们）弹弦自己赔车钱，结果我一文没得（演出费），可是为刘田利弹琴的吕素坤，刘田利给了二十元钱，吕素坤没有演出，为嘛他得二十元。刘田利这思想要交代，他看政府的钱太意（太容易）啦。我找刘田利、蔡连贵问他们，他们说，你不指着，别要啦。可是蔡、刘他们全家都分了钱，我从（来）与他们说过，不给我钱没关系，把我应当的钱交给政府，我买公债要救济难民。可是他们没有，全为了自肥，他们得了这些钱，给国家给人民办了哪些有利的事情，叫他们答复。有没有贪污行为，叫他们好好交代。这是我的意见。

（刘田利的徒弟也得了钱。）

（蔡连贵在南苑有一百多亩土地，他是地主，他这问题怎么交代的，不知道？花针胡同有房产。）

王同乐

这份材料揭批的问题，一是刘田利和他的琴师吕素坤及徒弟刘小宝、蔡连贵、蔡金波等改编的新书《铁道游击队》试演时，作为评书演员的王同乐，本来是为他的妹妹伴奏来的，但是刘田利的琴师因故没来，结果伴奏任务落在了他一个人身上。王同乐为了这场演出，牺牲了自己的正常演出。演出成功后，大概是编演费，刘田利分给了参与编演人员，而仅为此次试演临时作为伴奏员的王同乐和参与本场演出的妹妹王艳茹却一分钱也没有。王同乐认为，既然参加了演出，就应该得到报酬。这一点显然是刘田利、蔡连贵他们有缺礼的地方。

同时，王同乐再次揭发了蔡家在南苑有一百多亩地和花针胡同有房产的事情。

此外，王同乐对于蔡连贵在工会（公会）负责时，凡是有外出晚会等演出就派蔡金波去的做法有意见。

曲艺界艺人的关系错综复杂，“同行是冤家”的问题在曲艺界更加突出。实际上，王同乐的两个妹妹王艳芬、王艳茹与蔡连贵、蔡金波以及刘田利、吕素坤都是唱西河大鼓的，且都在天桥三角市场演出，后来宣武说唱团成立，仍然在一起，时常同台演出，而且他们这几位在当时来说，都是很有名气的。但到了运动时期，就互相揭发起来。好在最终都没有反党、反社会主义的行为，揭批出来的都是些鸡毛蒜皮的小事情，都在运动中过了关。

李雪芳：承前启后的河南坠子艺人

李雪芳（1905—？），山东人。河南坠子和西河大鼓艺人。10岁学艺，15岁出师。15岁后，她曾先后在天津和溪口演唱。20岁时，来京演唱，在天桥各游艺场演出。从此，主要在天桥地区演出。1952年，47岁的李雪芳创办雅轩社，主要演出河南坠子和西河大鼓。

1947年，李雪芳参加北平曲艺公会时的照片，时年42岁

河南坠子源于河南，是由流行在河南和皖北的曲艺道情、莺歌柳、三弦书等结合形成的一种曲艺形式，至今已有一百多年的历史了。它的主要伴奏乐器为“坠子弦”（现在称“坠胡”），且用河南语音演唱，故称为河南坠子。大多为一人表演，左手打檀木或枣木简板，边打边唱。也有两人对唱的，一人打简板，一人打单钹或书鼓。还有少数是自拉自唱的。唱词基本为七字句。伴奏者拉坠琴，有的并踩打脚梆子。大多演唱短篇，也有部分演员演唱长篇。起初，河南坠子的艺人均为男性，辛亥革命后，随着男女平等思想的不断深入人心，河南坠子的表演开始出现了女性艺人。

北京天桥最早出现撂地儿演唱河南坠子的艺人，大概是在1923年前后。这个艺人姓车，因脸上有麻子，人称“车大麻子”。他演唱用的是纯正的河南话，北京人听不懂，觉得有点土，但他有滋有味地自拉自唱，还是吸引了不少眼球。

河南坠子融于北京曲坛，唱坠子的男女班纷纷来京，是20世纪20年代末、30年代初的事。缘由就是那位车大麻子。当车大麻子在天桥站住了脚，挣到钱的消息传到唱坠子的艺人耳朵里后，许多坠子艺人按捺不住了——大麻脸都能在天桥立足挣钱，咱小白脸，那年轻漂亮的坤角到了天桥岂不更受欢迎。于是唱坠子的男女班纷纷来到北京。

果不出预料，坠子班到京后，天桥的爽心园、天华园等杂耍园子，孙家、贾家等茶馆和露天棚场都相继约了坠子班。据连阔如先生的《江湖杂谈》所述，在天桥最早出名的是鸳鸯档（夫妻二人搭档表演），卢永爱、大老黑夫妻俩尤受欢迎。“卢永爱唱做俱佳，身段好看，表情细腻。大老黑（他名叫任永泰）专会抓哏，形容态度，使人解颐。”随之成名的是姚俊英。姚长得“眉目如画，长辫委地”，她的演唱被称为“是地道的河南滋味，唱一句弦儿跟一句的音韵，令人听了真有绕耳三日不断的妙趣”。她拿手的段子有《小黑牛》《刘二姐拴娃娃》《许仙游湖》《黛玉悲秋》《剑阁闻铃》等。姚俊英的成功还有赖于她在装扮方面的改革。她紧随时尚，身上穿的是雅致的旗袍，头上梳条大辫子，看起来让人赏心悦目。1934年北京《箴报》举办过一次鼓选，姚俊英与当时最火的梅花大鼓、铁片大鼓女演员郭小霞，京韵大鼓女演员方红宝一起被选为“华北三艳”。要知道，京韵大鼓、梅花大鼓都是北方的地方曲种，在北京的长期流传使它们拥有众多“粉丝”，姚俊英能成为“三艳”之一，这是她个人的成功，也是河南坠子在北京取得的成功。男女拼档的赵勤堂、赵金兰（后易名李玉芳）生意同样很火，也能叫满堂座。1933年前后，河南坠子女演员董桂芝、宗玉兰姑嫂，程玉兰、周玉花及擅唱“武坠子”的男演员王永安等进入北京，除天桥外，也于城内各处杂耍园子演出，以各自独具特色的艺术魅力征服了北京观众。程玉兰以曲调朴实明朗、音色圆润柔美见长，人称“大口”坠子；董桂芝以唱腔含蓄深沉、板眼规整有致见长，人称“老口”坠子。她二人与当时往返于京津，被称为“小口”坠子的乔清秀成鼎足之势，分别创立河南坠子三大唱腔流派。程玉兰的代表曲目有《王二姐思夫》《小黑驴儿》《小寡妇上坟》等；董桂芝的代表性曲目有《宝玉探病》《游西湖》《俞伯牙摔琴》《徐母骂曹》《九字图》《哭祖庙》等；程、董二人对唱的段子有《蓝桥会》《相府借银》《玉堂春》等。1936 年到 1938 年间，“坠子皇后”乔清秀两度进京，在西单游艺社短期演出，同样大受欢迎。

20 世纪 30 年代初，年轻的河南坠子女艺人乔清秀（1910—1944）和她的师傅乔利元（后来成为夫妻）从河南到天津行艺。其间，她和乔利元一起充分借鉴和吸收戏曲和曲艺诸曲种的精华，丰富发展了河南坠子的演唱艺术，创造出一套清新优美、别具一格的河南坠子的唱腔音乐，成为 30 年代雅俗共赏的一个流派，即“乔派”。在天津乔清秀获得了“坠子皇后”的桂冠。她的嗓音纯美甜脆，吐字清晰俏丽，以行腔明快、节奏流畅、音区变换自如而被时人称之为“巧口”或“俏口”。乔清秀擅演长篇鼓书《杨家将》《包公案》等，而短篇之《王二姐思夫》《玉堂春》《蓝桥会》《宝玉探病》则更受世人喜爱，并有唱片录制传世。

20 世纪 30 年代至 50 年代，在北京天桥演出的著名河南坠子演员主要有李雪芳、马忠翠等。

马忠翠是与姚俊英齐名的河南坠子演员。她是河南封丘人，父亲马文元是豫剧演员。马忠翠 12 岁开始在开封演出，曲目有：《蓝桥会》《小黑驴》。后来往返演出于郑州、洛阳、开封、太原等地。那时她叫马小珍，时已成名且影响颇大。后又去天津并于 1941 年到北京演出。她在北京演出的地方是天桥玉明轩茶社，琴师是王元堂。后来也曾在春华园演出，并建有“忠翠社”。其时，她以擅演“三国段”如《华容道》《斩华雄》《汜水关》而闻名。她嗓音高亢，韵味浓厚，与徒弟马筱荣、马桂荣、马爱荣常在一起演出，颇受广大听众欢迎。

李雪芳10岁学艺，5年后出师。15岁后，她先在天津演唱3年，然后去溪口演唱2年。20岁时，李雪芳已出落成漂亮的大姑娘，也是在这一年她来京演唱，在天桥各游艺场演出。也就是说，除了在外地的5年，她基本上是在天桥地区演出。

1952年，已经47岁的李雪芳创办雅轩社，主要演出河南坠子和西河大鼓。1952年，北京曲艺公会向北京市人民政府文教局戏改科提交了关于同意李雪芳组织雅轩社的报告：

本会会员李雪芳等组织雅轩社，每日演出曲艺，共计演员13名。该13名演员内之张宝柱、刘湘君、张彩云、董砚舫、李元东5名尚未正式入会。

本会今开给介绍证明函由李雪芳等备齐应办文件前赴贵处登记。请查核，加以指导是荷。

此致

敬礼

北京市曲艺公会启

公元1952年元月24日

函中说的“备齐应办文件”，计有：剧艺团社申请书、职演员经历表、本社规章、常演曲目表。

北京市文化局对雅轩社的审批意见是：“新节目不太多，演员阵容不够强。”这是不足之处，但也有长处，“演员固定，演员的舞台作风尚较严肃”。时任文化局负责人的张梦庚批示同意。

据剧艺团社申请书，雅轩社社址在天桥西市场西街丙廿四号。社长李雪芳 47 岁，山东济南人，住在北京市外五区华安市场门牌十号。北京市文化局对于各文艺团体专业演员定级，李雪芳定为曲艺三等，这是坠子演员中唯一的一个三级演员。

李雪芳组织的雅轩社，实际是几个家庭、师徒搭的班子。这些演员都是苦出身，大都不识字，且都居住在当时的外五区，也就是后来的崇文区一带。北京原来只有四个区，旧时按照地区居民的成分，有个顺口溜：东城贵，西城阔；宣武穷，崇文破。东城住的多为达官贵人，西城住的多为富贾资本家，清末的遗老遗少多居住在东城。宣武为文人聚集处，又有不少清代重臣，如纪晓岚、沈家本等在此居住过；此处还多会馆，鲁迅曾住在绍兴会馆。民国后，在此居住的多为地位不高的小职员和生活基本过得去的小市民，也有个别的具有一定社会地位的艺人。后来成名的荀慧生等京剧名家也住在宣武。在崇文住的大都是社会最底层的苦力、艺人和盲流等，也就是棚户区，老舍笔下脏、乱、差的龙须沟就在崇文区。

雅轩社演职员不多，但演出的剧目不少，大概有六十多出，而且还有近一半是参加用新曲目宣传新思想、歌颂新生活的“说新唱新”活动中创作的新剧目，例如《大小英雄捉特务》、《老大娘劳军》、《美国兵叹五更》、《关大娘捉特务》、《姚大娘捉特务》、《妇女翻身》、《雪夜修工程》、《模范军属康原祥》、《白毛女》（共 13 段）、《钱秀清劝夫参军》等。

1966 年，“文革”开始后，与其他曲种一样，河南坠子的演出也被取缔。雅轩社解散了，李雪芳也到了退休年龄。自此，这位在曲坛上打拼了四十多年的老艺人也就毫无声息了。

孙书筠："女声大鼓"的典范

1947 年，孙书筠参加北平曲艺公会时的照片，时年 25 岁

孙书筠（1922—2011），北京人。京韵大鼓著名女演员。11 岁学艺，12 岁起即登台演唱，长期在北京、天津演出。唱法以"刘（宝全）派"为基础，兼学白云鹏的"白派"和白凤鸣的"少白派"腔调，融会贯通，形成新的风格。1953 年参加中央广播文工团说唱团。曾任文化部艺术委员会委员、中国曲艺家协会理事、政协北京市西城区委员会委员。

清末民国时期，天桥艺人说演的鼓书，现如今北京人是很难再听到了。鼓书有许多种，有渔鼓、大鼓等。渔鼓由一人说唱，伴奏的渔鼓为长两尺许、用皮子蒙住的毛竹筒；大鼓分为梅花大鼓、西河大鼓等，伴奏的扁形鼓用三脚架支撑，演唱者一手执鼓箭子，一手执铜或铁的半月板，另有艺人用三弦和四胡伴奏。

民国乃至新中国成立初，在天桥卖艺的著名鼓书艺人中，西河大鼓有马连登、马增芬父女，梅花大鼓有金万昌、花莲宝，奉调大鼓有魏喜奎，乐亭大鼓有王佩臣，山东大鼓有李雪舫，京韵大鼓有刘宝全。那时候，鼓书女艺人很多，其中名气较大的有马增芬、孙书筠、赵玉明、新丽英（本名龙洁萍）等人。

马增芬成就最大，她和父亲马连登创造了以女演员为代表的新的艺术流派——"马派"西河大鼓。

谈孙书筠之前，先介绍两位此行业中著名演员，即赵玉明与新丽英。

赵玉明，1929年出生于北京的一个曲艺世家。自幼学唱京韵、梅花大鼓。1952年参加中央广播说唱团，改唱单弦。她的嗓音甜美，字正腔圆，表演细腻，刻画人物准确，演唱全面，既擅长单弦，又能唱梅花、西河、乐亭大鼓和评弹。20世纪五六十年代，电台里经常播放她演唱的《倒拔垂杨柳》《打渔杀家》《中山狼》等曲目。1973年后，她被调到天津市曲艺团。

新丽英也就是龙洁萍，她和当时演唱新梅花调的赵玉明、钟舜华（艺名新岚云）、孙书筠、马增蕙等并驾齐驱。她们几位唱功底子都很硬，表现"白派"的新梅花调的内涵都很充沛；在唱牌子方面，她们都有时调小曲的功底，所以把梅花调从旋律上提升到了一个新台阶。有关新丽英的情况无太多资料可查，好在孙书筠和赵玉明在1969年3月写的一份《关于龙洁萍的情况》还算详细，以下照录：

在1943年，我和她（龙洁萍）在天桥小茶馆里一起唱过，当时她只有十三四岁，她叫花桂云，她的三姐花艳云，当时是很风流的，她培养龙洁萍学过京戏，后来因戏装太贵，培养不起，就不唱了。1945年或1946年，当时知道她当过舞女，具体多长时间不知道。关于"吉普赛女郎"我们没听说她有这样的外号，我们对这个名称的理解是，当时的舞女、歌女被美国人玩弄的或坐过美国人吉普车的，被成（称）为"吉普赛女郎"。

1948年，龙洁萍曾在原王府井凤凰厅曲艺社和孙书筠一起唱过，当时她与后台管事人兼伴奏员白风（凤）霖接触较多。

解放后1954年参加说唱团工作一直到1956年，每天下午龙洁萍和其他演员到香炉营五条11号白风（凤）鸣（说唱团团长）家上班，由白凤岩（反动教徒）上课，学新梅花大鼓。白风（凤）岩思想很反动，经常向演员传教，龙洁萍跟白凤岩进过天主教堂，是否入教，不知道。

1956年龙洁萍曾坚决与爱人冯达龙离婚，冯达龙很迁就她才没离了。据说是龙洁萍的母亲、三姐从中挑拨，给她的影响很坏。

赵玉明

孙书筠

1969.3.27

这份材料中提到的龙洁萍和她的三姐花艳云，在天桥小茶馆卖艺，以及后来龙洁萍当过舞女的事儿，这里稍作说明。在20世纪三四十年代，女鼓书艺人为了生活，白天唱大鼓，晚上当舞女，甚至女艺人因生活无奈或被逼迫卖艺也卖身的并不鲜见。在天桥的茶馆或在其他茶馆里唱戏、唱曲的女艺人很多，有的女孩子才十来岁，就开始卖艺了。这些女艺人，年轻貌美时要忍受黑社会流氓地痞的欺辱；人老珠黄了，常常会流落街头，无人怜悯。新中国成立后，女艺人获得新生，她们中有的成了知名度很高的艺术家。

现在来谈孙书筠。1922年，孙书筠出生于北京。她的父亲是京剧老生。孙书筠小的时候，曾跟父亲学唱京剧老生，12岁拜王文禄为师学唱京韵大鼓。14岁时便在舞台上初露锋芒。她以“刘派”大鼓为基础，兼学“白（云鹏）派”、“少白（白凤鸣）派”腔调，融会贯通，形成新的唱腔风格。她嗓音圆润宽亮，吐字清晰，行腔含蓄，柔而不弱，轻而不虚，韵味醇厚；在唱腔上注意发挥女声长处，细腻、优美，从而推动了京韵大鼓艺术的发展，被公认为“女声大鼓”的典范。她台风潇洒，表演细腻而自成一家，既擅长唱金戈铁马的曲目，也精于演唱儿女情长的曲目，最具代表性的是她演唱的《大西厢》。为使读者体会经过几代艺人创作的鼓词与戏曲唱词俗和雅的区别与妙处，我把民国时期流行的鼓书《大西厢》头段和二段唱词抄录于下：

《大西厢》头段

二八的俏佳人懒梳妆，崔莺莺得了这么的病，躺在了牙床。她是半斜半卧。这位姑娘她是腻呆呆闷忧忧，茶不思，饭不想，孤孤单单冷冷清清空空劳劳凄凄凉凉，独自一个人闷坐香闺低头不语，寂寞无言，腰儿瘦损，斜睨她的杏眼，手儿托住她的香腮帮。您要问这位莺莺得的本是什么样的病，忽然间想起了那位秀才叫张郎。想得我一顿也吃不下去半碗饭，盼张郎我是两天亦喝不下一碗汤。汤不汤来那是奴家我的饭，您瞧饿得我前心贴在了后墙。你们谁见过十七八的大姑娘走道拄着拐棍。这个姐儿要是离开了拐棍手儿就得扶墙。强提着精神我就走走两步。哎哟可不好了，大红缎子绣花鞋底儿就会绽了帮。

《大西厢》二段

我低言巧语就把我的红娘叫，小丫鬟就答应一声，走进了绣房。"哟，"说是，"我的姑娘，若非是您呐喝点儿酒，要不然您就用饭。您要是不爱吃烧饼，我给您做上一碗汤。您要是爱吃酸的，咱们多多地加上一点醋，好吃辣的，咱们多些姜。哎哟，我的姑娘，您要嫌咱们家的厨子做的菜不大得味，小丫鬟我挽挽袖子系上围裙下趟厨房。我是给姑娘做上一碗甜滋滋儿、辣丝丝儿、酸不叽儿、又不咸又不淡八宝一碗油酥茶，端上了绣房，我的姑娘你尝尝。"这位莺莺说："你要想什么吃的喝的使的用的瞧的看的数的摸的争的斗的玩的乐的耍的，你的姑娘吾是全都不顾，我的傻丫头，我命你到西厢给我聘请来那位张郎。说是咱们姑娘从他那一不叫饥荒，二不借上一票当，借他的纸墨砚瓦开个药方。他要问姑娘我得的本是什么病，你就与他说白天受了一点暑，夜晚又着了一点凉。他若是来跟他搭着伴的走，他若不来跟他闹遭殃。有气假带着三分气，拧着眉瞪着眼鼓着你的小腮帮。他若讲打，你就跟他先动手，别忘了先下手为强，后下手的遭殃。”

这段《大西厢》本是“刘派”传统段子。孙书筠演唱的《大西厢》，在唱腔上忠实于“刘派”风格，高亢、俏丽，垛句唱得清晰、活泼。

因孙书筠学过京剧，她在演唱京韵大鼓《大西厢》的时候，吸收京剧的某些因素，结合自身特点，以戏曲的表演程式形成了自己独有的唱法。她在《大西厢》的演唱中，以通俗、诙谐的唱词，紧紧抓住崔莺莺让红娘去请张君瑞这个简单情节，运用风趣、富有生活气息的语言，巧妙地发挥了夸张的说唱技巧，完成了对红娘这个人物性格的塑造。由于孙书筠在继承发扬传统唱法的基础上，还结合自身的优势，因而她塑造出的红娘，与昆曲《西厢记》的红娘以及京剧里的《红娘》都不同，是一个更具有民间气质的红娘。

孙书筠对京韵大鼓的一大贡献，是她将原来只能在落子馆里演唱的《连环计》推上了大舞台。因为早期的京韵大鼓、京音大鼓、二黄大鼓之间都以其中反串京剧为招揽观众的一种手段，所以和《南阳关》《子期听琴》等一些夹带京剧的段子经常上演于各大坤书馆。孙书筠的《连环计》有自己的艺术特点。尤其在京韵大鼓转换京剧和京剧四平调转换大鼓时的两处过门，以往演唱，都是京韵唱罢，换弦另起京剧的过门，这样听起来容易给人一种不完整的印象；而经过孙书筠的艺术加工，即不用更换伴奏乐器，而采用自然转调进入的方法，使京韵与京剧唱腔二者的结合自然和谐。《连环计》成为孙书筠数十年来的保留节目，并灌制了唱片。

孙书筠不仅擅长“刘派”传统段子，演唱的新曲目《黄继光》《向秀丽》《韩英见娘》等已成为京韵大鼓的保留节目。1984年岁末，62岁的孙书筠随中国说唱艺术团出访美国、加拿大等地，她说唱的《连环计》《大西厢》等曲目给华人及外国朋友留下了极为深刻的印象。

马增芬：《证实材料》中的天桥往事

马增芬（1921—1987），北京南苑镇人。西河大鼓演员。出身于京城著名的鼓曲世家。20世纪40年代，马增芬和父亲马连登创立专攻演唱短段落的马派西河大鼓，在京津两地名噪一时，为民间的鼓曲艺术能登上大雅之堂立下了头功，至今仍被曲坛传为佳话。

1979年，马增芬出席第四次全国文代会时的照片，时年58岁

马增芬出生于1921年。她5岁时学艺，7岁那年，全家搬到天津以卖艺为生。8岁时开始到地场说书，9岁到茶馆说《杨家将》，11岁在天津谦德庄茶舍与老艺人唱对口书《薛刚反唐》《盗马金枪》，13岁时已与乔清秀、王佩臣、段德贵等老艺人同台演出。她的嗓音圆润，鼓板打得连贯轻盈，加上人出落得俊俏，深得听众的喜爱。而真正使马增芬红遍津门的是电台播出的她演唱的一段绕口令《玲珑塔》。据说《玲珑塔》描写的是北京西郊恩济庄一座高13层的玲珑宝塔的景致。唱词像北京的绕口令，演唱以活泼、伶俐的贯口引人入胜。"玲珑塔来塔玲珑，玲珑宝塔第一层……""全篇多出现这种垛句，马增芬唱得如同小溪流水，湍急而

清澈，在极快的节奏中吐字干净利落，旋律起伏有致。她那华丽甜脆的声音，给观众以余音绕梁三日而不绝之感。”（《中国曲艺·杂技·木偶戏·皮影戏》，陈义敏、刘峻骧主编）

15岁时，马增芬不仅技艺高超，人也出落得美丽俊俏。她已经与著名京韵大鼓表演艺术家刘宝全、白云鹏、孙小轩、骆玉笙及相声表演艺术家常宝堃、张寿臣等同台演出。一家有名的剧场也把马增芬请去演出，此前大鼓书只能是撂地儿说唱，而马增芬却以自己的魅力把大鼓书带上了大剧场，登上了大雅之堂。

旧社会，女艺人经常会遭到地痞流氓的欺辱，成为官僚恶霸们涉猎的目标，特别是天桥这个地方，流氓、地痞、恶霸、土匪横行无忌。在天桥黑社会中最有势力的是号称“四霸天”的四个恶霸。“东霸天”，外号“张八”，本名张德泉，在天桥东侧菜市一带称霸。天桥曾有一首歌谣：“天桥菜市两头洼，不怕别人怕张八。”张八会武术，原本在天桥卖艺，后来长期在天桥欺行霸市，对菜农及商贩敲骨吸髓，奸污妇女，无恶不作。“西霸天”，外号“富六”，本名富德成，长期把持天桥西侧的地皮，对艺人租地卖艺无不敲诈勒索，惯于奸淫女艺人。“南霸天”小名孙五，本名孙振山，是天桥丹桂戏院老板，曾任天桥公平市场的里长，仗势榨取钱财，强奸女艺人，后又开鸿兴饭馆，素有“活阎王”之称。“北霸天”叫刘祥亭，为天桥吉祥戏院老板，对穷苦艺人百般刁难，勒索财物，并猥亵、奸淫女艺人，在吉祥戏院唱京剧或梆子的坤角儿大多深受其害。

马增芬红了，日子也就不好过了，无论是在天津，还是在北京的天桥及京城的书茶馆、剧场演出时，时时有流氓地痞骚扰，有的坏人在台下大声说下流话，甚至到那些达官贵人家里唱堂会时也遭受过羞辱。马增芬在舞台上饱受凌辱，产生了放弃艺术转而上学读书的念头。就在这当口，唐山一个叫刘泽生的有钱人看上了马增芬，他答应可以满足马增芬上学读书的愿望。因刘泽生的岁数跟马连登先生差不多，而且已有家室，他想娶马增芬做妾，自然马的父母不会答应，可此时的马增芬决心已定，竟与刘泽生私奔了。她的母亲吴书善气得生了重病，不久便撒手人寰。马增芬与刘泽生结婚后，便告别了舞台。

天津解放以后，刘家败落，已经生育五个子女的马增芬为维持全家生计考虑，加之新社会艺人的生存环境已经改善，于是重新走上了舞台。除演唱传统书目外，马增芬还编演了新书唱段，如《运粮路上》《叙家常》《邱少云》《江竹筠》等。1951 年在中央人民广播电台说唱新书《新儿女英雄传》《石不烂赶车》。1952 年进入中国戏曲研究院研究曲艺。1953 年到中央广播文工团当演员，曾随团到全国各地巡回演出。在演出过程中，她对西河大鼓的内容、唱腔以及表演方法都做了大量革新。1956 年在全国文艺会演中获演员一等奖。同年在全国西河大鼓流派会议上被誉为独具风格的“马派”创始人之一。1959 年在全国曲艺会演中获演员一等奖。

1966 年，“文革”开始了，马增芬也遭受了冲击。这一个时期，马增芬很少有演出机会，由于她出道早，对京津曲艺界各路名家大多有过交往，因此“文革”期间，时有外调人员找她了解情况，遇到这种情况时，马增芬总是知道一说一，知道二说二，从不添油加醋、上纲上线。在我保存的一些曲艺家手迹中，有一件马增芬于 1968 年年底写的证明材料，这份材料不单因其是一代鼓曲名家遗存手迹而珍贵，更重要的是通过马增芬亲身回忆，记录了旧天桥艺人生活的一个侧面，尤其对“天桥八大怪”之一的“大金牙”晚年情景及其子女情况的回忆，极具史料价值。以下是这份《证实材料》的全文：

焦秀兰她们在 1925 年和 1926 年的时候，她家住北京天桥三角市场西南边一个花墙门楼里。她爷爷叫焦永泉，她爸爸叫焦金池，外号大金牙。焦秀兰和她妹妹焦秀云在天桥热闹场唱西河大鼓。那时焦秀兰十七八岁，我周岁 4 岁，就在焦秀兰地上唱过小段儿。她爸爸是拉洋片的天桥的八大怪之一。大金牙在天桥是很有名，吃的（得）开。她们家很赚钱，我周岁 6 岁就去天津了，我十三四岁上，在天津北海楼唱，和焦秀云同台，我仔细想，好像有秀兰，我想起焦秀兰是在天津唱过，仿佛在新中央和她同过台，还有哪，忘了。我记得她在北京和一个大学生干报馆事的叫什么，我不知道（后来知道他叫金时），她为姓金的和她家吵了架，那时候，我很忙，不关我的什么（事），我没记。谁和我说的这事？也许是她本人，也可能是她妹妹，具体想不起来了，对不上号，她表叔牛少卿给我弹弦子，他也了解焦秀兰。

我记得大金牙死。听说是吸白面死的。还听说他后来死之前净做坏事，这是我回忆的有这么些，具体说不上来。

我听我爸爸和弟弟说过，大金牙的儿子小金牙，小名小丑，吸白面偷东西，能把法国教堂的地毯卷着偷走，他还给国民党干过事，说后来被枪毙了，后来还说又有人看见他了，没死。

1955 年说唱团在天津演出，焦秀兰去后台了，我看见她，她说跟先那个离婚了，又嫁给一个跑合的老客（听说是资本家），她说又在这生了几个女儿，还抄写走了一个曲艺段子。

1959 年说唱团在山西演出和山西的杂技团合演，有个练杂技的是父子三个人，我爸爸马连登跟那说话，就给我介绍说，他是焦秀兰的离婚的男人（这个人就是金时），他还说，那俩青年就是秀兰生的那俩孩子，就听金时说秀兰还想和他复婚呢，并说焦秀兰还给他们来信，她两个孩子和焦秀兰还通信。我提供一个了解焦秀兰全家的人，这人姓罗，叫什么我忘了（马连登知道），是大金牙的徒弟，也叫小金牙，他和大金牙学徒在一块很久，后来还一直在天桥没动过地方，他跟焦家什么事他都知道，焦秀兰和金时搞，他也会知道，这个人很好找，他就在天桥剧场对面热闹场那儿唱拉洋片，现在可能还在那住，在天桥剧场对面那边一问，就会找到，问马连登他可能（知道）这人住址。

马增芬 1968.12.31

这份证明主要谈的是“大金牙”女儿焦秀兰的情况，而涉及的人物“大金牙”可是老北京天桥大名鼎鼎的人物。

“大金牙”本名焦金池，字文波，是老北京“天桥八大怪”之一，因口内镶有两颗金牙，人称“大金牙”。老北京天桥的“八大怪”在不同时期各有所指，按时间先后，早期为穷不怕、醋溺膏、韩麻子、盆秃子、田瘸子、孙丑子、鼻嗡子、常傻子 8 人，活动于清咸丰、同治、光绪年间；中期有耍蛤蟆的老头、老云里飞、花狗熊、耍金钟的、傻王、百鸟张、志真和尚、程傻子 8 人，活动于民国初年；晚期“八大怪”除了这位拉洋片的“大金牙”，还有小云里飞、焦德海、大兵黄、沈三、蹭油的崔巴儿、曹麻子、赛活驴共 8 人，活动于三四十年代。“老云里飞”是早期评书艺人的代表，本名白庆林，早年学戏，后从评书艺人亨永通学说评书，开场以敲渔鼓为号，先唱后说，以《西游记》段子最为拿手，兼卖一种名为“沉香佛手饼”的药糖。“小云里飞”能串演生、旦、净、末、丑，兼带武行跑龙套；练气功和摔跤的“沈三”，原名“沈友三”，最拿手的是“双风贯耳”和“胸前开石”；说唱数来宝的“曹麻子”，原名曹得奎，因满脸的麻子所以人叫“曹麻子”；“赛活驴”，原名关德俊，用驴行道具穿在身上，他妻子关金凤骑到他身上表演节目。

“大金牙”焦金池是河北省肃宁县人。1891 年，大金牙出生在一个艺人世家。他的父亲焦永顺是西河大鼓艺人。焦金池最初随父到各地卖艺，后来同别人一起做过“腥棚”（即摆个布棚圈，内放伪装的畸形动物招徕观众），他摆弄过“六腿牛”“小人国”等，借以谋生。他家在天津塘沽有一亲戚，专为拉洋片艺人画洋片画，由此发财。故此，焦永顺便让焦金池学演拉大片。“拉洋片”，老北京的玩意儿，问世于清朝末年，当时老北京人管这种民间艺术叫“水箱子”，也叫“西洋景”“拉大画”和“拉大片”。道具十分简单，有一米多宽、两丈高的一个大箱子、几幅画片、一面扁鼓、一副小钹。箱子用青皮席子围起，上面掏几个圆孔，里面放几张画片。画片也很简单，或为山水，或为人物，或为亭台楼阁，又称“西湖美景八大片”；观众们趴在席子上，由圆孔向里观看，拉洋片的艺人蹬在凳子上用长棍指点解说，拉大片的用锣鼓伴奏，看完一张换一张。故事内容、表演题材有的是讲历史传奇故事，有的是评述社会现实问题，针砭时弊、通俗易懂。

焦金池学成后，到北京天桥卖艺，因人长得气派，口齿伶俐，嗓子好，唱腔滑稽悦耳，善于“使相儿”（做喜怒哀乐各种表情动作），会的曲目多，还能结合时事编写新词，如编唱了《外国人挖金矿》《八国联军进北京》《炮打西什库》等，不久便小有名气。由于他镶两颗金牙，人送外号“大金牙”，大金牙便成为他的艺名。拉洋片带唱可以说是大金牙首创的，他所研究出的一套唱腔，别具一格。他的大片、道具也与众不同。一般大片箱子设四个镜头，他的箱子装八个放大镜头，可供八人同时观赏。唱时的伴奏也透着新鲜，不用丝竹，只需一面小鼓、一面小锣和一面钹，缚在木架上，用线绳连接着，用手一拽叮咚乱响，非常悦耳好听，唱时就以它来伴奏。所唱的段子也是自己编的，大都具有一定的现实意义。

在电影还没有普及的年代，拉洋片代替了电影，给老百姓带来了欢乐。每到庙会期，家长就会给孩子们一个铜子，让他们坐在一条长板凳上，通过放大镜向里看。拉洋片的人拉着绳子把一张张图片拉下时，嘴里唱着：“望吧里瞧，望吧里观，看了一片又一片。西湖景、无锡景，孟姜女哭长城，还有新添流行片。望吧里瞧，望吧里观，再看军民打武汉，大元帅就是孙中山。炮火连天欢声震，推翻满清又讨袁。”有时不拉大片，光是演唱，也能赢得听众喝彩。焦金池还常常应邀为喜庆宴会助兴演出，居家妇女们也喜欢听他俗不伤雅的演唱。他演唱的选段于1929年（民国十八年）曾由胜利公司灌成唱片发行，并由电台播放，名噪一时，被归为北京天桥后期“八大怪”之一。所唱代表曲目有《夸美人》《绣花鞋》《小寡妇上坟》等。《北平指南》里有这样的记载：“最著者，要推大金牙之拉洋片，声名远震，盖其惹人欢迎与赞誉之处，即其唱词之腔调令人解颐也。”

焦金池有两个女儿一个儿子，大女儿就是马增芬“证明材料”里提到的那个焦秀兰，二女儿名叫焦秀云，她们两个随祖父学演西河大鼓书，不但模样儿漂亮，而且嗓子好，演唱很能叫座，当时曾被人称为“二秀”。

焦秀兰和焦秀云的嗓音清脆，吐字清晰。她们演唱的路子很宽，既能演唱短篇和中篇的曲目，如《小姑贤》《蓝桥会》《太原府》《三全镇》等；又能演唱长篇曲目，如《杨家将》《呼家将》等。由于西河大鼓是一种说唱并重的曲艺曲种，所以焦家姐妹在说白和行腔两方面都刻意求精。她们说白时，往往根据人物的不同身份、不同性格和故事的情节变化掌握快慢和气口，轻、重、缓、急，错落有致，因此单是说白就能吸引听众。由于具有一副好嗓子，焦家姐妹在行腔时无论抑、扬、顿、挫，都能运用自如，而且韵味醇厚。她们还善于刻画和抒发不同曲目中的人物和情景，以情带声，声情并茂。故而，焦家姐妹上座率较高，很受广大听众欢迎，在天桥有很大的影响。

焦金池的儿子小名叫小丑，很小的时候就能上场打鼓套，或垫场说笑话，人称“小金牙”。正如马增芬所说，20世纪30年代那会儿，“大金牙”在天桥很有名、吃得开，再加上他的两个女儿也能赚钱，焦家在天桥卖艺，收入颇丰；后曾一度移至天津卖艺，很受津门观众喜欢。自民国初始，“大金牙”在天桥撂地儿表演约有三十年，后来焦家二女出嫁，焦金池在生活上和精神上渐渐潦倒，1943年，年仅52岁的“大金牙”离世。马增芬听说“大金牙”是吸白面死的。我看过一篇文章也说“大金牙”晚年吸毒，倒毙街头。由此印证这是事实。据说“大金牙”死后曾有人写了一首打油诗：“洋片拉唱是独门，锣鼓声中已自尊。幸有双花堪媲美，可怜瘾死葬黄昏。”

马增芬在《证实材料》中提到大金牙的儿子小丑吸白面偷东西，给国民党干过事，据说后来被枪毙了，可也有人看见他了，没死。我曾经看过一份资料，说焦金池之子焦若言（小丑）来京将此技艺传授给傅顺录之子傅文刚；后来傅文刚成立“北京傅氏天桥宝三民俗文化艺术团”，才将拉洋片重新拾起，在宣武区文化委员会的支持下编排了贴近时代、贴近生活、贴近群众的新段子。以此信息来看，小丑的确没死。

无风不起浪。传言中死了的“小金牙”另有其人，但死了的“小金牙”不是大金牙的儿子小丑，而是“大金牙”的徒弟，被称为天桥“小八大怪”之一的“小金牙”罗沛霖。

“小金牙”是北京人，本名罗沛霖，他是“大金牙”唯一的得意弟子。1925 年，29 岁的“小金牙”已经在天桥小有名气，凭着他那嘹亮的嗓子和唱腔中浓厚的韵味赢得了广大观众的好评。当年的天桥，拉洋片艺人约有六七位，在激烈的艺术竞争中，“大金牙”和“小金牙”师徒二人以一副好嗓子和高超的演唱技巧及丰富多彩的画片而出类拔萃。师徒二人还惯把当时发生的时事信口编成即景即情的词和浅白清明的唱段，打着锣鼓，做出种种滑稽动作，吸引过往人。后来焦金池一家去了安徽，“小金牙”则留在北京天桥，接替师傅拉洋片。“小金牙”的台风文雅，让座儿时总是客客气气，演唱时总是笑容可掬，对于只围观听唱而不肯坐下花钱观看的游客们，从不口出污言秽语，因而给大家留下了很好的印象。1939 年《新民报》曾对“小金牙”的演出特色如此报道：“他天然生成的一张利齿，把现代的时事，信口编成了即景即情的词儿，打着锣鼓，不慌不忙地唱下去，唱得有声有色，唱得津津有味。一样的片子，被他形容起来，便引诱得人们觉得非看一下子才肯放心，及至看了

拉洋片

片子，才领悟到了‘见景不如听景’的真意，“小金牙”永远有新鲜的词儿，永远换新鲜片，也永远为一般人所捧场，永远为一般人所欢迎，据说这是一件不可思议的事，小金牙由这不可思议上，遂被称为天桥小八怪之一分子了。”

罗沛霖（“小金牙”）20世纪50年代末仍在世，但已经没有了昔日的风光。为了适应社会形势，他特意绘制了中国工农红军二万五千里长征的历史画面和抗日战争、解放战争的历史画面，如《飞夺泸定桥》《淮海战役》等，配合画片，自编了成套的歌颂中国工农红军、八路军和中国人民解放军的新唱词，把拉洋片这种民间杂耍与政治宣传结合起来，以迎合时代的需要。

伴随着电影在北京市内的普及，来天桥看拉洋片的人越来越少了。1957年，天桥游艺场所被取消后，“小金牙”的拉洋片生涯从此结束。此时的“小金牙”的生活已陷入困境。据1958年8月21日鼓曲演员王艳茹写的一份揭批刘田利的材料记载：“在天桥盖大棚时，政府借给不能上地（演出）的演员一部（分）生活费，真有贫苦不能上地的罗沛霖，刘田利他没给（罗）借到……”“小金牙”去世后，拉洋片这种技艺濒于失传。

刘田利：春风得意唱“新书”

刘田利（1923—2009），出生于山东无棣县。西河大鼓表演艺术家。11 岁时，师从王庆田学唱西河大鼓。16 岁出师后，在北京、天津、唐山等地演出。演唱以高亢嘹亮、吐字清晰、刻画人物生动细腻著称。1949 年后，积极编演新书目。1959 年参加北京宣武说唱团。曾任北京市曲艺公会常委、长篇新书小组组长、北京市文联委员。

刘田利先生摄于 2003 年，时年 80 岁

在天桥，鼓书的场子特别多，仅三角市场就有三四家，都是演唱成本大套的历史故事的。在三角市场的南端，有一位演唱《大八义》《小八义》《包公案》《小五义》《杨家将》《水浒传》等曲目而出名的西河大鼓男演员，就是本文的主人公刘田利。

西河大鼓又叫“西河调”或“河间大鼓”，起源于河北省中部农村，流行于河北、山东、河南以及东北、西北部分地区。清代道光年间，民间艺人马三峰等在木板大鼓和弦子书的基础上，吸收戏曲、民歌曲调和民间叫卖声，对原有唱腔加以改革，并将伴奏乐器小三弦和木板改为大三弦和铁板，奠定了西河大鼓的唱腔基础。其后又不断发展，并出现多种流派，初名“梅花调”“犁铧片”，1900年前后进入天津，1920年改名为西河大鼓。这种大鼓的演唱方式和特点是：一人站唱，演员自击鼓、板，说唱并重，唱词基本是七字句和十字句，摹本曲调有头板、二板、三板等。后来艺人们汲取其他鼓曲的演唱技巧，改变了河北语音的“怯口”，逐步改以京音、京字行腔，曲目也有了净化，淘汰了一些庸俗的内容，增加了许多新书目。现代杰出的西河大鼓流派有著名艺人赵玉峰创立的“赵派”，马连登、马增芬父女创立的“马派”。再有就是新中国成立以后唱演新书的刘田利先生了。

刘田利，1923年出生于山东无棣县，原名刘繁华，又名刘习仁，字玉柱，号田利。他幼年随父母逃荒到天津。1934年师从王庆田学唱西河大鼓，1939年出师。曾随师兄王田成、王田栋、梁瑞俊等在天津、唐山、北京等地演出。

刘田利演唱的调子虽属西河调，但与一般艺人演唱的西河大鼓略有区别，其伴奏尤有特色。一般唱西河大鼓的只有一位弹三弦者伴奏，而刘田利又增加了一把四胡和一个大正琴。这种大正琴是日本人带来的，从20世纪30年代末到50年代初，这种琴在北京很是流行。那时每到傍晚，在大街小巷都可以听到锵锵的大正琴声，而现在已经绝迹了。按说大正琴只能算个大人玩具，比口琴还差着一等，正式乐队没有它的位置，但它用钢丝做弦，音色独特，刘田利用来为自己的西河调伴奏，听起来别有风味。那时候，刘田利在天桥演出，听众很多，有些人是天天都来听他的演唱。刘田利的嗓子高亢嘹亮，在演唱中搞过不少的花腔，以叙述故事为主；而且说的比唱的多，他又以表演见长，一根鼓槌子帮他做出许多描绘鼓书人物形象的动作，十分精彩。

新中国成立后，刘田利政治上要求上进，业务上积极编演新书目，1950年积极参加抗美援朝宣传活动。他创演的《刘洪、彭亮双杀敌》《小春下书》曾荣获全国第一届曲艺会演表演一等奖、创作奖和音乐改革奖，并获北京市文化局颁发的奖状。后来他创演的《铁道游击队》《青春之歌》《儿女风尘记》等，深受听众欢迎。也因此他被吸收为北京市曲艺公会常委和评鼓组长篇新书小组组长。在此时期，他刻苦钻研，大胆革新，在唱、念、表演和音乐上均形成了独特的风格。

此时的刘田利算是春风得意的人．他青年得志，三十几岁已担任北京市曲艺公会常委，还是当时的评书、鼓书艺人，自愿组织的天桥说新书小组的负责人，组织对上演的传统书目逐个进行讨论研究，并主动停演了《三侠剑》《雍正剑侠图》《清烈传》《永庆升平》等一批带有封建糟粕的书目，同时改编上演了《青化砭》《飞夺泸定桥》等一批革命历史题材的新书。

“木秀于林，风必摧之”，或许刘田利太能干了，招来了嫉妒，也许他太张扬了，对老艺人缺乏应有的尊重，总之，他在1958年曲艺界开展的交心和互相揭批的运动中，是遭到批评最多的一个。翻阅那些揭批他的条子，归纳起来主要集中在以下几个方面：

盛气凌人，经常对外炫耀“我是北京曲艺公会的委员，还是代表”。他自己编演新书，市场大，收入多，生活好，但有轻慢同行艺人的行为。王雨春揭批，作为曲艺公会常委的刘田利，在交心时，面对别人的批评，态度不好，拍桌子瞪眼，说了一堆别人的缺点。平时除去表功，就是扒别人。别的艺人学新书慢，依然靠说旧书养家糊口，可刘田利把人家贬得一文不值，说他们只会上地儿挣钱。大概是他伤人太重，激起众怒，竟然有刘云亭、关顺贵、彭素海、阿阔群、陈士通、杨阔庵、崔文和、常荫泉、张霈兴联名揭批刘田利，说他曾说过“旧传统节目的演员，挣了钱臭吃臭喝，这个饭怎么吃下去呀。我们说新书的才是一滴血一滴汗挣的呢”这样的话。

假公济私。政府为了改善艺人长年累月撂地儿的演艺生涯，在天桥盖了大棚。同时政府为了解决一些只靠在天桥演出的演员一时不能演出的生活困难，拿出一些资金借给那些演员；而据王艳茹揭批，刘田利并没有把钱借给贫苦不能上地儿的罗沛霖，而是借给了有地儿上、业务还不错的徒弟刘小保。可刘小保呢，拿了这笔钱给他父亲祝寿，大吃大喝，铺张浪费，刘田利也去祝寿。关于这件事，另有关顺贵的揭批，与王艳茹的说法不同。据关先生说，曲艺公会的救济金是为了演员在上场时没有礼服和家伙（乐器等）或遇到了困难而补助。可是有的演员家里遇到了困难，向曲艺公会常委刘田利哭诉要求补助，结果一分钱也没补，可是他的女徒弟为了给父亲办生日用钱，也“请了救急”，结果一请就请下来了。

拉帮结派。还是据王艳茹揭批，说刘田利一贯把拜把子作为拉拢人的手段，新中国成立后还以结拜兄弟的方式来笼络人心，王同乐、李庆珍、全国华、蔡连贵和他都是把兄弟。新书《铁道游击队》是集体创作，但稿费下来，只给每人八元钱，其余的钱就与把兄弟蔡连贵分了。

欺上瞒下。据杨阔庵揭批说，刘田利在王驸马胡同小集团内传达说，文化局的指示（在1954年时）在国庆节说新书，没有新书的艺人将被停止业务。直到现在，政府都没有禁（旧）书，都没有停止谁的业务。

此外，刘田利引众怒，还与给他弹琴的吕素坤有关。据王艳茹、富阔增、牛月波等揭批说，因刘田利那时是曲艺界的红人，有权有势，吕氏倚仗刘的势力，对曲艺演员总是要态度，威胁人。一次在门头沟工友轩台上当众耍笑富阔增说：“你穿的破衣裳是哪儿买的，你在百货大楼买来的吧，我吕素坤怎么买不着呢。赶明儿我也照你这破衣裳上百货大楼买去，真的好看就是没对儿。”牛月波也揭批吕素坤，平日里说话就瞪眼。关顺贵还揭批吕素坤说，刘田利母亲死的那年，关顺鹏告诉他明天出份子，一人三元。结果因那几天买卖不好，只拿了两元钱，当时遭到吕素坤的批评，吕素坤对他说：“没见别人都拿三块钱吗？你为什么拿两块钱，也不害臊……”

尽管刘田利确实有些毛病，但他编演新书，迎合了时代的要求，是功不可没的。一个旧时代过来的艺人，能够与时俱进，跟上时代的潮流，是不容易的事情。

王艳茹：昙花一现的西河大鼓女艺人

王艳茹（1922—　），河北任丘人。自幼随父王振芳学唱西河大鼓，并与姐姐演出垫场小段。12岁登台于天津。1937年随家人迁居北平，演唱于天桥先农坛市场书馆。1940年参加北平曲艺公会。1949年后，加入北京曲艺公会。

王艳茹1947年参加北平曲艺公会时的照片，时年25岁

旧时的天桥，鼓书艺人很多，而且多为女子。书茶馆常年有女艺人演唱京韵大鼓、西河大鼓、梅花大鼓等鼓曲。

天桥有家三角市场，那里有三四家鼓书场子，最大的一个在市场的最西头，西河大鼓女艺人王艳茹和王艳芬姐俩曾在此轮流演唱《三侠五义》一类的故事。

王家姐妹所在的天桥三角市场的书茶场子，条件是寒酸了些，但毕竟是自家固定的说唱演出场地，比起那些没有名气的姐妹们东奔西跑地"唱"无定所，还要受地痞流氓的欺辱，不知要好上多少倍呢。

那时，初学大鼓的女艺人出徒后，先多在天桥三角市场外一家叫二友轩的书茶馆实习演出，后再逐渐转向一些有名气的茶园，如东安市场新中国茶社、王府井凤凰厅、西单商场的茗园茶社和上海游艺社等。二友轩早晨不卖清茶，下午一两点开始说书，连续说到夜里十一时。它虽然经营茶水，但主要接待顾客听书，以听大鼓为主。鼓曲艺人都是坤角，轮流演唱小段。来这样的书茶馆演唱的大多是还没有出名的年轻女艺人，有的也就十二三岁，大一点儿的也不过十八九岁，由于都是女子来此演唱，因而叫“坤书馆”。茶座设备比较考究，有藤、木方桌椅，顾客可以边喝茶边听大鼓。室内还有小贩到桌前卖五香瓜子、干咸瓜子、甘草瓜子、白瓜子、五香咸栗子、煮小花生、焖蚕豆、冰糖葫芦等小食品。那时来坤书馆的年轻女艺人都是穷人家的孩子；有的甚至是很小的时候被人拐卖来的，连自己姓什么、是哪里人都不知道。来坤书馆演唱也是很不容易的事，来了要坐在那儿，等着客人点唱。堂倌在台下请顾客点唱，手持一把折扇，两面书写鼓词曲目。茶客指定某演员唱一曲目，要另付给演员一些钱，多少不等。唱完之后，按茶客给钱多寡与书馆分账。过去曲艺界有句术语叫“戳活儿”，就是指茶客捧女角的一种形式。当然，捧角儿的不一定是看上女艺人的技艺了，有些人捧角儿，是醉翁之意不在酒。长得还算好看的，唱得也不错，茶客点的多，可以多分钱。若无茶客点唱，挣不到钱，就要饿肚子，还要挨老板的打骂。有的被茶客看上了，也可约出去吃饭、喝酒、打牌，这是很幸运的事。还有的女艺人，为了生活，在说大鼓书之外，还兼做女招待，有的甚至卖笑卖身，做起妓女的营生。社会上将这些双兼的女艺人称为“鼓伎”。

在天桥的茶书场子，王氏姐妹说唱的《三侠五义》是很有名的。《三侠五义》说的是宋朝包拯在侠客与义士的帮助下，审奇案、平冤狱，以及侠客和义士帮助官府除暴安良、行侠仗义的故事。

王艳茹姐妹俩不仅书说唱得有声有色，且正值青春年少之际，又打扮得很时尚，姐妹俩在候场的时候，穿着皮斗篷，手里抱着热水袋，到演唱时，便脱了斗篷，露出紧身的彩缎旗袍。因此有不少观众奔着她们而来。说书的场子是用板凳围起来的露天场子，到了冬天特别寒冷，会用棉布天棚罩起来，挡风御寒，但到了三九天，四处透风，依然冻手冻脚的；尽管如此，仍会有不少忠实的观众。

王家姐妹俩不仅在天桥演出，有很多忠实观众；在电台上演唱，也有不少忠实的听众。

王家姐妹，论艺术和为人，大姐王艳芬更胜一筹。王艳芬出生于1919年，比老三艳茹大3岁。她还有个弟弟叫王同乐，比艳茹大1岁。作为大姐，王艳芬要照顾弟弟和妹妹的生活，还要向他们传授技艺。王艳芬出道很早，幼时随父亲王振芳学唱西河大鼓，并经常演出垫场小段。14岁在天津正式登台。同年拜西河大鼓艺人张庭瑞为师。她演唱的《韩湘子上寿》于1936年由百代唱片公司录制了唱片。1937年，姐弟三个随父亲迁居北平，演唱于天桥先农坛市场书馆。艳芬因演唱技艺娴熟，嗓音高亢嘹亮、刚柔相济、声情并茂，很快在天桥走红。1940年，她被吸收为北平曲艺公会会员。这年她还应邀到釜山百乐唱片公司录制唱片，并在釜山访问演出。1941年，她又在北平录制了唱片《赵武娘寻夫》《宝玉探病》。王艳芬最拿手的书目有《杨家将》《呼家将》《薛家将》等。

1950年代初期，王家三兄妹都在北京。大姐王艳芬和三妹王艳茹照旧说唱西河大鼓，老二王同乐则改说了评书。不久，艳芬回到老家保定，参加了当地的曲艺团，1956年参加河北省第一届曲艺会演，演唱的中篇鼓书《寻水记》获一等奖。1960年任河北曲艺学校副校长。1961年任河北省文化学院曲艺教研室主任。1974年任保定市曲艺团副团长。1979年出席全国第四届文代会，为曲协河北省分会副主席。

王同乐和王艳茹留在了北京，王同乐参加了北京曲艺公会，成为评鼓组会员，王艳茹先是四处演出，后来加入北京曲艺公会。从有关资料看，王同乐和王艳茹与同行们的关系相处得并不好。就在姐姐艳芬大红大紫的时候，艳茹却没有了声息。论年龄，王艳茹正值成熟期，论业务也是精湛的，在各项运动中她的表现是积极的。究竟什么原因，使王艳茹淡出了曲艺界的主流队伍，我在1957年反右至1958年北京市文化局旧档中保存的揭批运动材料中找到了答案。

王艳茹是北京曲艺公会评鼓四组的会员。1958年曲艺界开展的“交心会”材料中，有1958年9月1日评鼓四组的发言记录：组长蔡连贵，记录员丁增启，组员有蔡金波、王艳茹、高度恩、刘云亭、赵林生、牛月波、贾连芳、吕林章、蔡连贵、赵林有、黄存洲、康玉祥、刘鹤云。

第一个做思想检查的是蔡金波，紧跟其后的是王艳茹。王艳茹的发言如下：

我交心时，我交（代）的（是）我搞的对象，他是反革命分子。那时候我对于他，我认不清，我也不明白政策，这是我的严重错误。我对于统购统销不满，我是为了自己着想啦。我是犯了严重错误，现在我明白了，统购统销政策是好政策。我怀疑交心会是党耍花招，我没有认识到交心运动，经韩玉同志给我解释，我才明白。我对开会和各项运动不关心，是我对于政治认识模糊。

9月9日，评鼓四组在完成了“交心”运动后，开始讨论红专计划，王艳茹在9月9日的发言如下：

我不红不专，我打算红专，因为文化低，感觉到没有人帮助我，又因为我脑筋很乱。我愿意政治挂帅，我要求有人帮助我。我希望做个又红又专的演员。我在门头沟演新书小段，被吴阔惠打击，他说有国民党地下工作，说新书有危险，我就害怕不敢说新书。由于段兴云跟我说，他接到一封恫吓信，我害怕，说新书我就有了顾虑啦。我没有定红专规划的心，因为我到捻子山演出，我愿意参加会演，曲联没给我去信，我受了打击，我不满意曲联负责人李庆珍，我认为会里不关心。

在刘云亭、康玉祥、牛月波、黄存洲、杨吉瑞发过言后，王艳茹接着发言：

我的介绍信丢了，政府不管我，不关心我，我要上包头演出，介绍信找不到，包头园方催我，我也不能去，我也不能在北京演出，我就不愿意再演出啦，我受到种种打击，我无心定红专计划。要大家帮助我解决困难，安排我相当业务，我才能红，现在我只是专，不能红。

9月10日王艳茹的发言如下：

我要有了正当的安排，好好学习，我就可以成为又红又专的演员。

过去因为曹宝禄掌握曲艺，没把我们天桥演员放在眼里，罗沛霖同志掩盖我们的成绩，因为阻止我前进，打退了我的积极心。罗沛霖搞小圈子，把建立的天桥曲艺团闹垮，这也是障碍。

全国曲艺会演，负责人没给我去信通知，我很难过，不能参加会演和观摩。我受了这样打击，妨碍了我红专。刘田利是常委，没带动大家，只顾他自己往上爬，阻碍了我的前进。

从王艳茹在“交心会”上的发言看，这个时期她的确不顺，丈夫是反革命，又错过了全国曲艺会演的机会。如果她参加了全国曲艺会演，凭着她的演技，应该会拿到奖项的，这样也许命运会得到改变。

北京文化局旧档中，还保存了回婉华、蔡金波等几位女演员的交心材料，从侧面反映出王艳茹是个比较拔尖儿的人。从回婉华对王艳茹的几份意见书可以看出，王艳茹长得漂亮，而且“爱在同行女演员面前讲排场、比阔气，讲究穿戴”。因为她的西河大鼓唱得好，观众多，看不起其他的西河大鼓演员。尤其是她对已经很红的西河大鼓女演员蔡金波不服气，对刘田利也不满意。这些都影响了团结，被孤立起来了，自然没有了出头冒尖儿的机会。

艳茹的哥哥王同乐的命运也不好。他是评鼓二组的演员，这个组的成员在评鼓界都是响当当的人物：连阔如、刘继云、高豫祝、胡阔洲、陈荫荣、常印泉、李继存、姬存林、冯子春等。这时候，连阔如先生已经被划为“右派分子”。翻阅1958年曲艺界“交心会”记录，王同乐是发言最积极的一个。在北京文化局保存的北京曲艺公会评鼓组的材料中，有几十份王同乐反映的材料，主要针对当时同为西河大鼓演员的蔡金波、蔡连贵和刘田利、吕素坤等人。我曾认真地读了他写的反映刘田利、蔡金波、蔡连贵、李鑫荃、赵林生等人的材料，虽然都是些鸡毛蒜皮的事儿，但反映出那个时候旧艺人之间的互相排挤、打压、勾心斗角的不良习气。论演技，作为西河大鼓的演员王艳茹兄妹是不比同行差的，主要的问题在于过于自负，再加上各种运动接踵而至，他们最终昙花一现，令人惋惜。

关学曾：创演“北京琴书”的北京人

1947年，关学曾加入北平曲艺公会时的照片，时年25岁

关学曾（1922—2006），满族，姓瓜尔佳氏，出生于北京。北京琴书表演艺术家。14岁拜师学艺，16岁在天桥并各庙会、集市撂地儿演出。20世纪40年代初与单琴大鼓艺人翟青山之琴师吴长宝合作，精心研究翟氏唱法，后开始在各游艺场所及电台演唱。新中国成立后，入北京市曲艺团，积极编演新曲目。曾任北京曲艺家协会主席、中国曲艺家协会理事等职。

在我读小学的时候，有个老师姓翟，他的伯父是北京地区著名的单琴大鼓艺人翟青山。一次放学后，我到翟老师办公室送作业，听到他桌子上的电匣子传出非常好听的曲子。我问翟老师这是什么戏曲，翟老师告诉我这是琴书，演唱者叫关学曾。他看我喜欢戏曲，就让我坐下来，说起了琴书的来历。就是这次，我不仅知道了北京琴书这个剧种，还大致知道了这个剧种的演变传承过程。

据翟老师说，关学曾是常德山的弟子，按辈分，翟青山先生是关学曾的师伯。关学曾常去翟先生府上请益，直到1952年翟先生去世，才没有了来往。北京琴书是在翟青山的“单琴大鼓”的基础上，经关学曾先生的进一步改造而形成的。

据说翟青山先生最早学的是五音大鼓。五音大鼓是一人持鼓板站立击节，说唱相间表演，另四人分别操持三弦、四胡、打琴（扬琴）和瓦琴伴奏的说唱曲艺形式。这是一种古老的民间艺术曲种。清朝就有诗云：“五音齐奏带笺簧，大鼓说书最擅场。野调无腔偏入妙，皆因子弟异寻常。”五音大鼓产生于清代乾隆年间的陪都承德。在宫内称“清音会”，后流入民间。之后，又被艺人们带到京南、天津、河北安次（廊坊）一带。关于五音大鼓的“五音”，较为可靠的说法是在奉调、四平调、柳子板、慢口梅花、二性板五个曲种中各取其中的一个曲调，融汇形成的一个独立的曲艺品种。几种曲调来回变换，音韵悦耳动听。五音大鼓的唱词和书目体现出深厚的文化内涵和底蕴。词曲用韵工整、合辙押韵、朗朗上口，文学性很浓。

“单琴大鼓”亦称“扬琴大鼓”，是翟青山先生于1930年至1932年在天津说书期间，研究并首创演出的。起因是翟先生认为三弦奏音大而影响演唱，于是开始尝试研究改由悠扬动听的扬琴伴奏，并与师弟魏德祥一起，边探讨，边排练，边改进。又在西河大鼓与乐亭大鼓的基础上，共同研究将两种唱腔融合在一起，并用一架扬琴予以伴奏，成为另一新种唱腔，定名为“单琴大鼓”。1934年夏，翟青山在电台试验播唱，一举成功。从此，他独树一帜，唱遍京津地区，受到广大听众欢迎，被誉为“单琴大王”。次年他的《乔太学》《三世调缘》《刘二姐拴娃娃》等六段曲目灌有唱片，传遍全国。翟青山创造的单琴大鼓善于表演长篇故事，如《前后七国》《回龙传》和《黄凤配》等，更便于表演短篇故事，如《蓝桥会》《卖油郎》《乱点鸳鸯谱》《关黄刀》《华容道》等，还可以配合时事即兴表演。

翟青山先生离世后，琴师吴长宝始为关学曾伴奏。他们在合作中对单琴大鼓的唱腔、板式和表演做了创新；一是完全用北京口音演唱，突出北京的土言土语，汲取翟青山的发声、吐字、行腔的方法和刘宝全的“唱似说，说似唱”的技法，唱词注重口语化，板式既有三眼一板，又有一眼一板，以及慢板、快板、散板，由原来只有垛句，发展为双垛句、大垛句等，有疾有缓，宜于现实题材的叙事，极大地丰富了表演和演唱形式；二是伴奏乐器除扬琴外，又增加了一把四胡，演唱形式与单琴大鼓没有区别，依然是一人站唱，以左手敲击铁片，右手执鼓楗击扁鼓。改革了的单琴大鼓，达到以声传情、表演情真意切的艺术境地，深受北京地区老百姓的欢迎。之后经北京市文化局审定，正式定名为北京琴书。

北京琴书定名后，关学曾演出的剧目仍以说唱传统长篇大书为主，有《七国演义》《回龙传》等十余部，有时也演短篇唱段，有《杨八姐游春》《鞭打芦花》等。后来配合新中国的教育活动，编演反映现实生活的新曲目，如《考神婆》《一锅粥》等。

《回龙传》原本属于西河大鼓，是关学曾从天桥的一位艺人那里学来的，然后改编成了琴书。《回龙传》源于民间传说“王华买父”。状元之女杨秀英因与父亲口角，被父亲硬配给乞丐王华为妻，此后谨守妇道，生活虽然清苦，夫妻感情却很好。王华受人愚弄，买回一位老人做父亲，谁知此人竟是化装寻子的八贤王赵德芳，而王华正是八贤王失落民间的儿子，经过若干曲折，父子终于相认团圆。因传说中王华后来做了皇帝，故名《回龙传》。

关学曾先生从艺以来，演唱过上千个段子，演出近两万场，作品题材丰富，经典佳作不断，最突出的特点是他演唱的曲目寓教于乐，充满了正能量。具有代表性的唱段是《鞭打芦花》。故事是说，古时候有个男孩叫闵子骞，自幼丧母，其父后娶一女子，又生下一男孩。子骞的继母对他千般苛刻、万般刁难，做棉衣时给自己生的儿子用上好的棉花，而给子骞用芦花。父亲见子骞穿着厚实的棉衣仍在寒风中瑟瑟发抖时勃然大怒，举起鞭子抽了下去。棉衣破了，芦花随着寒风纷纷扬扬，父亲泪流满面。回家后子骞的父亲写下休书要休了这个狠心的女人，子骞跪地求情说，自己没有了亲娘，不想让弟弟再失去亲娘，继母虽不爱他却爱弟弟。

这个故事经关学曾先生改编成琴书，唱腔处理细腻，故事生动波折，曲调委婉动听，在扬琴和四胡的伴奏下，极富特色，令人感动；尤其是闵子骞替继母李氏求情一段极为感人，每唱到“爹爹呀您把这休书收回吧，孩儿我替母求情请您要容宽。儿的娘对儿的折磨儿无怨恨，乃是儿孝意不周才有今天。爹爹您千不念来万不念，念我娘照顾孩儿这些年。您今天要真是休了我的母，抛下我们三人岂不更可怜”时，必催人泪下。

在关学曾先生常演的曲目中，还有一段富有情趣的琴书作品，名叫《刘二姐拴娃娃》。讲的是刘二姐婚后盼子心切，听信老人指点去庙中拴娃娃，即用红丝线套上一个中意的泥娃娃，抱回家来，用以“招”来孩子。这虽然带有迷信色彩，但过去在京津一带是颇为流行的习俗。据说这是翟青山先生最先表演的版本，后经吴长宝先生和关学曾先生共同修订并出演。在吴长宝、关学曾两人的版本中，通过二姐的所见所闻，对庙会盛况的描摹十分精彩，简直就是一幅老北京节日期间的民俗画。进庙之后，二姐在观看、挑选娃娃时，关学曾运用“砸挂”的方式，唱出了“娃娃”的各种形态：“有一个娃娃拉四胡把乐曲奏，有一个娃娃打扬琴不敢抬头……”这时，琴师吴长宝会心地抬头看关学曾一眼，引起观众会心的微笑。

在曲艺界，关学曾是一位为人谦和、充满正能量的老艺人。他在北京曲艺团干了40年，从来不与组织上讲条件，不论演出条件多么艰苦，他从不挑剔，打鼓就唱。战场上、工地中、田野间，都留下了他乐观爽朗的琴声。他曾于1951年、1952年，两次参加赴朝慰问团。在朝鲜前线，他冒着枪林弹雨，为志愿军战士演出，深受战士们的爱戴。“文革”中，他受到了冲击，身上落下了病根。“文革”结束后，他依旧活跃在曲艺的舞台上。退休后，他仍然坚持创作、演出。他创作的不少琴书小段，为观众津津乐道，作品《长寿村》还入选了中学课本。1988 年，关学曾被选为北京市曲艺家协会主席。1994 年，国务院向关学曾颁发了“政府特殊津贴”证书。

2006 年 9 月 27 日，关学曾先生以 84 岁高龄在北京辞世。从此，这位琴书泰斗那绕梁三日、荡气回肠、苍劲悲凉的歌声成为绝唱。

鼓词儿

【鼓词儿】

帘影沉沉春昼迟，三弦列坐唱娲羲。深闺不作鸡窗课，偏解先儿八板词。（瞽者唱稗史，以三弦弹曲名，八板以按之，闺人恒乐听焉，呼之为“先儿”。其词北方最盛，又名“说北书先生”。）

——（清）李声振《百戏竹枝词》

连阔如："净街净巷、家家户户听评书"

连阔如（1903—1971），北京人，满族。著名评书表演艺术家。原名毕连寿，曾用名连仲三，笔名云海客。幼家贫。1924 年在北京天桥摆摊算卦。1927 年拜评书艺人李杰恩为师，开始说书生涯。1933 年至 1937 年间，在报刊上发表评书小说《西汉演义》《英烈传》等。抗日战争爆发后，在平、津撂地儿说书。曾任北京市戏曲界讲习班主任、全国文联理事等职，是北京大学名誉教授。

1950 年，连阔如任北京戏曲界讲习班主任时留影

我们这代人小的时候，可供娱乐的不多，在家长的带领下偶尔看场电影、听出戏，一年中也不会有几次。那时候，小男孩喜欢玩打仗和听年长的人讲故事。我有个本家大伯，从我记事起，就已经双目失明，小孩儿都管他叫“瞎大爷”。瞎大爷肚子里的玩意儿特别多，会唱戏，会唱鼓曲儿，最拿手的是会说全套的评书《三国演义》《封神榜》和《聊斋》。每当吃完晚饭，我和几个小伙伴到瞎大爷家里听他讲说评书。据瞎大爷自个儿说，他眼睛不瞎的时候，经常到天桥听著名评书艺人连阔如先生说的评书。他记性好，模仿能力强，又识字，于

是就在旧书摊儿买了些他听过的评书本子。我在他家里的窗台上见到过，都是石印本。瞎大爷的宅子是前后两个院子，前院的房子只剩下西侧的两间，后院是他们全家的居室，瞎大爷和大妈住在正房的东屋，两个儿子一个住在正房的西屋，一个住在东厢房。那个时候，胡同里没有路灯，他们家的院子里也没有安灯。每回听完评书，特别是听了聊斋里边闹鬼的故事，从瞎大爷家里出来的时候，心里总是很害怕。后来，住在东厢房里的麻子大哥去世了，我们也就不去他家听故事了。也就是从那时候起，我喜欢上了听评书。后来我读中学的大哥攒了两个矿石耳机子给我，我就准点戴上耳机子听连阔如等评书艺人的评书。再回味瞎大爷讲说的评书，还真有点儿连先生说书的味儿。再后来，父亲给我的祖父买了个话匣子，我已经上小学了，仍然按点趴在话匣子前边听评书。《西汉演义》《东汉演义》《水浒传》《隋唐演义》《精忠传》都是那时候听过的。我最喜欢的是连先生的评书《三国演义》和《隋唐演义》。连先生运用口技学说的马跑、马嘶、马打响鼻儿等，深深地印在我的脑海中，至今不能忘怀。连阔如除了说讲传统评书曲目，我记得他还说讲过新书《飞夺泸定桥》《三里湾》《李有才板话》等。进入到20世纪60年代，收音机已经普及了。中午、晚上总能听见各家都在听收音机里播放的评书《林海雪原》《野火春风斗古城》《青春之歌》《苦菜花》等。只是连阔如先生的声音已经听不到了，原因是他被划成了“右派”。

究竟因为什么连先生被划成“右派”，直到20世纪90年代后期在北京市文化局《1958年反右时期的右派分子》卷宗里才找到了答案。在这份卷宗里，连阔如的材料是最少的，他被划为“右派”的时间，也是最晚的。

卷宗中，有关连阔如的材料共三份，还有一份简历。从这份简历得知，连阔如，原名毕连寿，曾用名连仲三。1903年他出生于北京一个满族人家庭，出生前一个月父亲病故，由外祖母和母亲把他抚养成人。

13岁前只读过三年小学。13岁到天津，先在杂货铺，后到药店当学徒。1924年，连阔如回到北平，一度在天桥摆摊算卦以维持生计。1927年，他拜评书艺人李杰恩为师学说《西汉演义》，并取艺名连阔如。后又拜张诚斌学说《东汉演义》。1933年至1937年间，在报刊上发表评书小说《西汉演义》《英烈传》等。抗日战争爆发后，在平、津撂地儿说书。20世纪30年代末期，连阔如在北京东交民巷“波力威”电台播讲《东汉演义》。1949年以后，连阔如长年在电台讲评书，曾任中华全国曲艺改进委员会筹备会副主任及中国曲艺研究会副主席、北京市文联常务理事等职。1951年曾任“中国人民第一届赴朝慰问团曲艺服务大队”大队长，率队到前线慰问演出。

为呈献给读者一个真实的评书大师形象，我对这份简历稍做些补充。连阔如先生只上过三年小学，但他聪颖好学，学徒时，他买来草纸本抄生字，从学识字到抄药方，进而读《黄帝内经》《本草纲目》，并记下书里的要点精华。连阔如喜欢看报，闲暇时就读报纸。他最喜欢读的是《时事白话报》，四开一小张，每天都有《白话三国》的连载和剧评家景孤血等谈论戏剧的随笔。就是靠自学，连阔如提高了自己的文化水平和文学修养。他为人朴实谦恭，虚心吸收京剧、武术等技艺精华并融汇于评书说讲中。又多年研习《三国演义》说表，并吸收了京剧唱、念、做、打的一些手法，其中运用口技辅助表演马跑、马嘶、马打响鼻儿等为其一绝，从而自成一家。也因他喜欢读书、藏书，他所说的评书知识丰富、细密扎实，形成了说表评述细致精要、表演技艺神完气足的独特风格。简历中提到他抗战期间在北京东交民巷“波力威”电台播讲《东汉演义》。不久，因不愿为日伪做宣传而被电台辞退。此时，他凭借丰富的生活积累，以“云游客”的笔名开始了笔耕生涯。他在报纸上连载了后来结集出版的揭示旧中国江湖内幕的《江湖丛谈》一书。2009年2月《江湖丛谈》重印版中，连阔如先生的女儿连丽如为此书作序。

新中国成立初期，北京演艺界共有三个同业公会：国剧（京剧）公会、评剧公会、曲艺公会。北京曲艺公会一致推选连阔如为唯一代表，出席在中南海召开的首届全国文学艺术工作者代表大会 。连阔如做监事的北京曲艺公会共有600名艺人，三分之一为文盲，要完成新政府提出的创造“新曲艺”的工作显得很棘手，连阔如便向军管会文化接管委员会文艺部旧剧处的刘乃崇建议：“要在曲艺界开展扫盲工作。”曲艺艺人扫盲班很快就成立了，连阔如还联络了几位曲艺艺人来义务授课。“扫盲班”开办不久，“北京市戏曲曲艺讲习班”也开学了。讲课的有剧作家田汉、戏剧家马少波、导演欧阳予倩等。参加学习的曲艺艺人达到了533人，约占曲艺艺人的百分之八十以上。报纸报道：“曲艺界由于该会负责人连阔如、曹宝禄等人的积极领导，起带头作用，所以表现得最好。”1951年3月12日，连阔如组织第一届赴朝慰问团曲艺服务大队，以廖承志为总团长，陈沂、田汉为副总团长，连阔如任大队长。1953年10月，第二次全国文代会决定成立“中国曲艺研究会”，连阔如被任命为副主席，和赵树理、王亚平、韩起祥一起，协助主席王尊三工作。1956年随中央广播说唱团演出。连阔如还曾任第二届全国政协委员和中国戏改委员会委员、北京市文联常务理事、北京大学名誉教授等。20世纪50年代末，他和丁玲等人一同被划为“右派”，从此不再说书，“文革”期间因患癌症病逝，享年68岁。

现在按照档案的顺序照录“连阔如的材料”。

第一份“连阔如的材料”共四页。时间是1957年8月17日。分五个部分：一、对党的态度和不满情绪；二、压迫和欺骗同行；三、对工作上的破坏；四、煽动群众对政府的不满；五、在民盟内部及反右派开始后的活动。从这几个标题来看，似乎罪行是非常严重的，但事实上，帽子大，底下的问题并非那么严重。所谓连阔如“对党的态度和不满情绪”，具体事实有以下几个：一是据孙玉奎谈，在1954年，连曾谈到过入党问题，连说他不要求入党，说共产党可爱，共产党也可怕，并且在会议上也谈过。又据关士杰谈，连在天津看会演时，曾问良小楼为什么不入盟，良说她已申请入党了。连说你这么大年纪了，入党也不是容易的，还是加入民盟吧！又据关士杰谈，反右时，关学曾曾向连阔如提出退盟，连阔如说，许入不许退。据朱桢富谈，连阔如在讲课时，谈到抗日战争，连说："抗日是由各方面来的，也不是单独由共产党抗日。"所谓连阔如"压迫和欺骗同行"的依据是几个艺人的揭发：据李甦谈，1954 年老艺人高豫祝向评书界申请归队时，连不但不支持，还叫高去劳动局登记。据朱桢富谈，连经常打击和威胁同行，说朱桢富是"渣滓"，"你们这些人应该开荒去"。连曾用疏散人口吓唬过吉存林，不批准杨阔安说《三侠剑》，逼得杨几乎要上吊。据孙玉奎谈，连阔如说王杰魁是开妓院的老板捧起来的；说陈士和的评书不行，一嘴的"白字儿"（注：错字），也就只能在天津说；陈荣启在电台说书，连阔如就不舒服，背地扒（注：即揭短、挑毛病）陈，说陈荣启嘴里没人话。说归说，扒归扒，但连阔如却让他的儿子在家每天录陈荣启的广播。所谓连阔如"对工作上的破坏"，据孙玉奎谈，在社会主义高潮到来的时候，评书西河演员要求说新书《铁道游击队》，连阔如不但不支持，反而泼冷水说："你们说不了新书，新书里有共产党员，你们表演得了吗？"又据刘司昌反映，曲艺三团的张善曾写了一段反右的相声，连就在一旁泼冷水说："唉！这不行，不合乎相声规格，也不逗乐！"1957 年曲研会为了挖掘遗产，曾请了几位老评书艺人记录评书，连阔如即不满地对领导和工作人员说："我们这个工作搞得太盲动了。"所谓连阔如"煽动群众对政府不满"，据刘田利反映，鸣放后在曲联的一次会议上，连对大家说："教育部这次整个的把自己的脸打肿了，这是咱关着门说，党就没有错误吗？简直太有错误了。"又据陈涌泉谈，连在曲联说："国家出现赤字了。"此时国务院还没有公布，连是别有用心。所谓连阔如"在民盟内部及反右派开始后的活动"，据张永

连阔如与曹宝禄等合影

（右二：连阔如，右一：曹宝禄）

田谈，在整风运动中，当民主党派都提出不发展组织时，连阔如却对张永田说："曲艺界已经有二十多个盟员了，你们评剧界才有几个，你们应当赶快发展！"另外连阔如在民盟会上对盟员谈话时，总是特别强调长期共存，互相监督，并说民盟是最伟大的民主党派，可以监督党的一切……当反右派斗争开始时，连阔如在民盟十一支部生活会上对大家说："我们应当沉默！"据孙玉奎谈，连在曲联会开反右斗争会议上说，过去运动搞的有过左的地方，这次运动有原则，决不能搞得极左。又说：脸上有黑，有的是自己抹上去的，有的是别人抹的。意思是说曹宝禄是被人抹的，不能怨曹，事实上，连阔如对曹是万分同情的。连阔如说："宝禄糊涂啊！七八年的政治生命，这一来弄个右派分子，我一听见这事，好几天我都吃不下饭去。"

从连阔如第二份材料"主要右派言行"来看，的确没有实质性的言论和行动。

实际上，连阔如被划为"右派"，主要的原因是他对曹宝禄的态度不够明朗，据"批判连阔如右派言行小结"：

批判曹宝禄前后，曲研会上领导曾数次启发连交代问题，并给他参加曲研内部和文艺界反右会议的机会，想使他受到启发有所转变，他毫不在意。批判曹宝禄的会上不少人点了连的名，他还是顽固地拒不交代，还在会上暗示高凤山不要坦白，引起群众的不满。因此北京市文化局和中国曲研会于10月9日、10日、11日召集了三次座谈会对连进行批判和揭发。出席会议的有文化局、曲研会、总政文工团技艺队、广播说唱团、北京市曲联、北京市曲艺团、曲艺三团、新艺社等单位的艺人、曲艺工作者及零散艺人代表共四十余人。9日会上，连做了50分钟的空洞检讨后，到会者都踊跃发言、揭发。10日会上，深入地分析了连的反动人生观和手段。11日会上，连要求发言，却向大家说他给公安局工作，拿出证件，恐吓群众，引起到会同志的不满……会议结束前，连故作镇静，表示愿意继续接受检查。中国曲研会根据连的要求，于10月25日召集在京理事和曲研会几位主要干部听取连的检讨。文化部艺术局曲艺杂技处和市文化局也派人出席。连念了三千字的发言稿，只是承认品质恶劣，有通过民盟扩张个人势力的野心，对具体问题则避而不谈，一闪而过。大家严正地、仁至义尽地对他进行了批判和前途教育，连仍无动于衷。

这份小结的最后这样写道：

从连阔如的问题中，我们应该吸取的主要经验教训是：对曲艺名演员只培养他的声望，给他政治地位，而放松政治教育，结果是他的资产阶级思想发展给工作带来严重损失。不但不能团结名演员反而脱离群众。

据连阔如先生的女儿连丽如回忆说，反右以前，曲艺界只有连阔如和侯宝林每月收入300块，那时家里九口人全靠连先生的收入，连先生成了“右派”后，每月的收入，一下降到几十元，家里九口人的吃饭都成了问题。连先生被打成“右派”后，不爱和人来往了，这期间他串门就只去两个地方，一是潘子言家，一是郝寿臣家。郝寿臣先生和连阔如是忘年交，连先生书里说的曹操、鲁智深受郝派花脸的影响很深。

连阔如被划为“右派”后，并没有离开曲协，因为离开了曲协就成了零散艺人，社会地位低，生活也就没有了保障。连先生成了普通艺人，被分配到评鼓二组。查阅当时评鼓组开批判会或交心讨论会的二十几次会议记录，可以看到，每次连阔如必到，但很少发言，只有一次讨论“红专规划”他有个发言，时间是1958年9月12日，是评鼓一、四组合并，组长是蔡连贵、关顺鹏，记录黄存洲。连的发言很靠后，是倒数第三。他发言说：

> 组长开会时说，怎么叫红、专，现在我们建设社会主义，我必须树立无产阶级思想，今天报上所载，郊区已经公社化，是向共产主义过渡，我们要认清世界上资本主义是完全落后的，我们消除一切偏见私心，心得红得一点白都没有，都要为社会主义奋斗，如果有障碍，就红得不透。必须正确地认识党，使社会主义加紧跃进，不能为了一小撮落后的人，使社会主义走慢了一秒钟。我认为从北京成立了评书研究社以来，能否大家坐在一起，相互研究业务是障碍。比方说，九十九个人都红了，只有一个人不红，也不行，我们要为红透专深而奋斗，帮助人有几种，为私帮助人，就不是红，要全心全意帮助某一个人才成。

他的发言刚刚结束，前边那个揭发他的高豫祝就对戗了他：“过去评鼓组（有）障碍，人人皆知，有连阔如搅着我，连转儿有段兴云障碍，我自己的障碍是识字不多。”据李甦谈，高豫祝在这里说的，大概指的是，1954年他向评书界申请归队时，连阔如不但不支持，反而叫高去劳动局登记。

通过上面所摘录的资料，这位著名评书表演艺术家当时的心境可想而知。他被划为“右派”的言论，都是与他相处共事的同人、晚辈揭发的。

前文涉及的人物多为名不见经传。只有关士杰揭发时提到的良小楼和关学曾有一定的名气和影响。

良小楼（1907—1984），京韵大鼓演员，良小楼是她的艺名，姓氏、原籍都没有记载。5岁的时候，她被卖给女艺人良慧芳为使女，并学唱联珠快书。10岁时拜王洪利为师学唱京韵大鼓，次年登台，崭露头角，被誉为“童伶坤星”。既而拜韩永禄为师，技艺大进。其唱腔圆润委婉，音色浑厚，动作优美。16岁誉满京津，然而18岁被养母强迫出嫁，脱离舞台20余年。1949年后重新登台。并连续两次赴朝演唱《董存瑞》慰问志愿军。

关学曾自幼生在北京。按照关先生后来自己的说法，他14岁师从常德山、石金荣学习单琴大鼓。在长期的演唱中又借鉴了翟青山的发声、吐字、行腔的方法，在刘宝全的“唱似说，说似唱”的技法的基础上，结合自己嗓音洪亮、宽厚、吐字清晰的特点，在演唱上自成一家。

对于揭发材料中提到的“1954年老艺人高豫祝向评书界申请归队时，连不但不支持，反而叫高去劳动局登记”的高豫祝，也做些简要介绍。

高豫祝，北京人，生于1891年，1970年离世。据老艺人们说，高豫祝为人忠厚老成，是一个在行内很受人尊敬的艺人。他是评词艺人张诚斌的徒弟，擅说《东汉演义》。他以讲述情节丰富、细致，描摹人物生动、逼真见称。20世纪30年代末曾在《天津时报》连载前部《东汉演义》达数年之久，后出版成书，计百余万字。1959年加入北京宣武说唱团。

1959年，北京宣武说唱团成立。团长关顺鹏是竹板名家，据连丽如说，关顺鹏唱得好，人长得也刷利（注：精神、利索）。关顺鹏的头一个媳妇是连阔如给介绍的，和连阔如夫人的娘家同住金鱼池的一个院子里。连先生原本和关顺鹏很好，去了团里自然不会受到挤兑，每天整理评书资料，还要接受审查和接待外调。有时应外调人的要求，还需要写书面材料，中央广播说唱团的档案中就存有连先生此时期亲笔书写的《对解放前伪戏曲艺人训练班的回忆》证明材料，字写得工整有力，事情叙述清楚简要：

在祖国人民遭受严重灾难，有中国共产党和人民领袖毛主席领导中国人民抗日，经过八年艰苦奋斗，取得胜利之际，国民党蒋匪帮强吞人民胜利果实，他们结合美帝国主义的势力，占据北京，由伪十一战区政治部，在北京东城王府井大街北头上海游艺社内成立伪戏曲艺人培训班，以反动势力统治艺人，每周两三次（上午两三小时）训练艺人。他们的讲题是以夸大原子弹的威力，武装日本和西德来宣传。

我是在他们开始数期而参加的。其初期是怎样动员艺人参加的，我不知道，这事问问曹宝禄（北京曲艺团），他许知道。在伪戏曲训练班受过训的人，我能想起来的有四五十人，其中兄弟剧团（以常宝堃为团长的约二三十人，常宝堃烈士抗美援朝牺牲的，艺名小蘑菇）的团员，有曹宝禄、于少章（铁路文工团曲艺团）、全国华、侯一臣（铁路方面的歌舞团在呼和浩特）和我等人，有些人因事隔十数年，记不清了，不敢妄言。

他们这个伪政治部的头子于纪梦，训练班伪主任张剑尘少校军官（1951．6，我们第一次赴朝慰问团，由朝归来，在天津总结时，我们曲艺服务大队有新闻记者访问常、程二烈士事迹时，曾见张剑尘充任记者，问他前事，他说是地工，我不疑，过去，全国肃反运动时，天津党组织上来人了解过此人，现在如何不知其情，若找他了解更为清楚）。为什么都是曲艺艺人，我的理解，许是他动员京剧界不动，或有其他原因，这个班，不是曲艺训练班，是戏曲艺人训练班，约有两三个月结束了，再也没办（期内教会大家唱一个歌）。

连阔如

1961.10.24

连先生手书证明材料的后面，另有文字：

连阔如是宣武说唱团的演员，所写材料供参考。中共天桥文艺支部。

支书任发勇（签章）

10月25日

这段文字中提到的侯一臣，“臣”应为“尘”。侯先生原名侯殿魁，生于1901年，北京人，是相声界威信很高的前辈。他师承郭瑞林，与谭伯如、陶湘九、李寿芳、马四立、胡兰亭是同门师兄。从艺期间为张寿臣捧哏，表演淳朴亲切，善于节制。全国华不是艺人，他的身份相当于现在的经纪人，很有社会联络能力，在艺人中口碑不错，因此直到反右运动前一直是北京曲艺公会的理事之一。于少章先生是民国时期有名的单弦大师，被称为“单弦圣手”，曾为周璇伴奏过，也曾和“单弦大王”荣剑尘一起灌过唱片。连阔如证明材料中提到的“伪政治部的头子于纪梦”，那时的身份很特殊，是国民党政府的立法委员，后来去了台湾。

连阔如先生一生讲说过多个大部头的评书，但他的文字资料和录音资料在历次运动中几乎全部被毁，目前仅剩下他为中国社会科学院讲解评书时录制的一段《三请姚期》，以及在天津发现的《鲁达除霸》和《辕门射戟》。《三请姚期》在2003年纪念连阔如诞辰100周年时，由中国唱片深圳公司以CD形式出版发行，后两者被收录在《连阔如纪念专辑》中。

陈荫荣：与时俱进的说书人

1947 年，陈荫荣参加北平曲艺公会时的照片，时年 29 岁

陈荫荣（1918—1990），北京人，著名评书表演艺术家。13 岁跟随品正三先生学习评书，20 岁后独立说讲评书。擅长演说“长枪袍带书”，以表演细腻、人物刻画逼真、善于在说书中运用典故而著名。1949 年以后，综合整理了《隋唐演义》，取名《兴唐传》；还编演了新讲史书《黄巢起义》八回，以及《灵泉洞》《吕梁英雄传》等。1959 年参加北京宣武说唱团。有弟子绳宝珍等。出版评书作品：《兴唐传》《兴唐后传》等。

清乾隆、嘉庆时期，虽数次由朝廷降旨，禁止某些小说、评书的流行，但天桥一带的说书业，直到 20 世纪 50 年代初期依然很盛行。在这漫长的岁月里，天桥的评书艺人承上启下换了几茬人，到了陈荫荣先生这一辈儿，这个老百姓喜闻乐见的传统艺术形式由辉煌逐渐走向了衰落。现如今，大都是通过广播和电视说讲评书了。说评书的人，也只是寥寥可数的几位。因而在谈陈荫荣先生的评书说讲艺术之前，有必要说说旧时老北京天桥的评书业由盛而衰的历史过程。

天桥的评书艺人最早是露天表演，立独脚棚即为场地。评书也称评话（平话）、评词。分大书和小书，说书的规矩无论大书、小书，都说三个月，按旧历一天也不多，一天也不少。1920年后，评书被引入茶馆。那时天桥公平、三角、天元、西市场及西沟旁、福长街头条、福长街二条等处开设的书茶馆、落子馆、茶馆，有福海居、劈柴陈、振升、瑞云、福六、孟记、朱记、新民、宋记、张记、姜记、三角地、跤场前、西华轩（红楼茶社）、二友轩、天桥郭家、春华园、贾记、天外天、水心花亭、六合楼、同乐轩、长美轩、爽心园、天华园、震远居、玉明园、舒记、义和、美雅轩、爱林、环翠轩、合意轩、中华园、缘香园、德昌、合顺轩、茶乐园、琳承居、永海居、泰山泉、杨家茶棚、辛记、恩庆元、五斗居、雅园、同合轩、永盛轩、海顺轩、景泰、三和义、惠宾、贵记、启新、三义轩、城南游艺园曲艺场、新世界游乐场书场等。天桥的这些地方日日接纳评书艺人演出，吸引了大量观众。人气最旺的当属西市场西大街的福海居茶馆（俗称王八茶馆）。

北京的评书艺人于1919年设立过评书研究社，1927年改名为评书研究会，次年设在天桥福海居茶馆内。评书研究会是潘诚立创办的，他本人任会长。研究会认为，到了1920年，评书艺人所说的28部评书，是自1735年（雍正十三年）起至1920年逐步形成的，有《春秋战国》《秦汉演义》《西汉》《东汉》《三国》《隋唐》《兴唐》《龙潭鲍骆》《五代残唐》《杨家将》《精忠传》《明英烈》《铁冠图》《跨海征东》等14部袍带书；还有短打小说性的《清烈传》《包公案》《于公案》《施公案》《永庆升平》（即《彭公案》）《大宋八义》《童林传》《聊斋》《绿牡丹》《九花娘》《小五义》等11部书；神话色彩的有《西游记》《封神榜》《济公传》3部。总计是28部，都是民国以前就有的。民国以后才有的如《三侠剑》《善恶图》《雍正剑侠图》等。双厚坪、品正三、王杰魁、潘诚立、赵英颇、连阔如等有名的评书艺人都是研究社的成员，他们也都曾在这个福海居茶馆说评书。

评书研究会会长潘诚立以说《明英烈》等见长，描摹人情世态、刻画人物入微。双厚坪，艺名双文兴，擅长用语言和声态来刻画人物，以说《精忠传》《水浒》著称。王杰魁，专说《七侠五义》，擅用交换语言声调来塑造人物，20世纪三四十年代常在电台演播，有“净街王”之誉。品正三有“品八套”的绰号，其书路宽广，早年说相声的经历奠定了他滑稽有趣的艺术风格，擅长说《隋唐演义》。据说他对于说书这种本领全是自学而来的。他在清朝时期因家世关系，还有个世袭的正三品的头衔，民国成立后，混得没了饭辙，才隐去了真名实姓。他的艺名品正三，隐喻的就是他那个正三品的头衔。据说他是雍正时期的评书艺人王洪兴老先生的传人。王老先生有三个徒弟：邓光臣、安良臣、何良臣，号称“三臣”。清代说书业有“三臣”“五亮”“十八魁”之说。品正三是安良臣的第七代传人，是王洪兴的第八代传人。赵英颇善说《聊斋志异》，语言风格亦庄亦谐，刻画入微，他的评书曾在电台播出。连阔如以说《东汉演义》成名，拿手段子有《三请姚期》《马武大闹武考场》《战昆阳》等，他具备宽厚洪亮的嗓音，在说书中融合了京剧表演艺术的若干特点，说功、做功、打功俱佳，加上马跑、马嘶的口技绝活儿，丰富了评书的艺术表现力。与这几位评书大家同时期的说书艺人，全北京不少于百十口子，但大都不敢到这个王八茶馆来说，怕到不了一转儿（两个月）被“磕”出去，那可就栽了面儿，没法子在天桥这地界儿混了。

茶馆里说书人所占的位置大半是在墙壁前面、长桌头里匀出的一块见方丈把的地方，桌上有给说书人预备润嗓音的茗碗，还有一块长方形木砖，叫“醒木”，像是从前衙门里审问官司的“惊堂木”一样。这是“卖关子”时不可缺少的工具。还有一个小凳，是给说书人休息时用的。开书时，先拍一下醒木，这时候书馆的伙计喊一声“压言”，意为现在已经开书，别再说话啦。说到最后还有一段书之前，伙计又喊“重回儿”，就是告诉书座儿，再说一段就散书啦。大书馆每天听书的总有四五十人，一般的书馆也有二三十人。所谓“卖关子”，是指每当一回书说到惊险处，引起听众急于想知道下文是怎么回事的心理，却忽然打住不往下说了。在这个时候，另外一个敛钱的小伙计拿着个小藤笸箩沿着听众的行列行进，把小笸箩递到观众面前，观众必须投进几个铜板，书才继续说下去。这种钱名为书钱，一晚上照卖关子回数的多寡，约可敛上十几次。至于茶钱，有限得很，临走时撂在桌上就可以了（闻国平，《北平的评书》）。老板与演员分账为三七开或四六开。说书先生拿七成，书馆拿三成，茶钱全归书馆。一转儿最后一天收的书钱全给说书先生，不下账。另外，书馆掌柜的还得请说书先生吃顿饭。有的书座儿也送点钱给说书先生，叫送车钱。说书先生两个月一换，叫一转儿，一年六转儿，所以书馆一般需请六位说书的。说书先生如果第二年不到这个书馆来说，必须在说完这一转儿之后，预先告诉书馆。

那时候，到茶馆听评书的听众统称为“书座儿”，终日泡在书场里的“书座儿”被称为“书腻子”。书座儿们每天喝过的茶叶，书馆的伙计收集起来，倒在一个竹筐里。有人专来收买这种剩茶叶，把这些茶叶再加炮制，据说是用槐角水浸泡后晒干，用茉莉花一熏，假充好茶叶，到乡镇去卖。小说家张恨水曾是天桥书茶馆的常客。诸明斋在《生涯百咏》中曾记述说书的景况：“一生尺木乍登场，滚滚滔滔话短长。前史居然都记着，刚完《三国》又《隋唐》。”记听书观众云：“举业无心贸迁懒，赶到书场怕书晚。经旬风雨未绸缪，要听书中紧关头。”周作人先生在《说书人》中描绘了北京人喜欢听书的场景：“一个冬天的晚上，正是二九三九的天气，十点以后街上已无行人，走到西北城的街上，却见一处灯烛辉煌，似乎还很是热闹，走近看时，乃是一家清茶馆，隔着大玻璃窗望进去，里边坐满了人，虽是那么严冬天气，窗门外边也还站着好些个人，热心地向里边呆看，再看上首有个人，正在指手画脚地说话。我这才明白，此人非别人，乃是本地颇有名气的说书人……”

陈荫荣先生正是前面提到的那位清末时期的“正三品”、进入民国之后在北京天桥说书的艺人品正三的徒弟。

陈荫荣自13岁那年起便跟着品正三先生，虽然没正式拜师，但他聪颖好学，记性好，很快就掌握了说书的基本要领，一招一式很是到位。几年后，品正三先生常说的袍带书，如《九老兴隋》《隋唐演义》《隋唐后传》《龙潭鲍骆》《富贵寿考》《五代残唐》《大宋飞龙传》《杨家将》等，陈荫荣都会说了，而且还有所发挥。1937年秋，陈荫荣19岁，就在他羽翼长成，打算单飞的当口，日军占据了北平城。

在日军侵华时期，同全国人民一样，天桥的艺人也遭受到了前所未有的危难。原本观众就寥寥无几，可伪政府却强征娱乐税，一天挣十块钱，就得缴五块钱的娱乐税，剩下那五块，说书的茶馆柜上三七劈账。到说书人手里的那点儿钱，连吃个窝头、喝碗稀粥都不够。

1938年，陈荫荣20岁了，品正三先生正式收他为徒。这时候，陈荫荣已在评书界有了不大不小的名气，可这个时候，他和师傅多年说书的天桥福海居王八茶馆经营不下去了，只好在天桥撂地儿说书。不光是他们爷儿俩，连绰号“净街王”的王杰魁先生也让娱乐税给逼得上天桥撂地儿了。还有那些个常年在茶馆里唱大鼓的艺人，也因茶馆倒闭，或只卖清茶了。无奈之下，陈荫荣远离北平先后到张家口、天津等地说书。

抗战胜利后，陈荫荣再次回到北京的茶馆说书，并加入了北平曲艺公会，生活也有了些保障。在说讲师傅传授的评书过程中，陈荫荣发挥他博学强记、广搜多问的特点，不断丰富各书目内容，使所说讲的评书更加入情入理。

按照陈荫荣自己的说法，他最擅长且无人超越的是评书的传统书目《隋唐演义》。这部书，又名《大隋唐》或《兴唐传》，是根据清朝乾隆年间的话本小说《说唐》编演而成。相传，《隋唐演义》以清末民初“评书大王”双厚坪所说内容最为丰富完整，只可惜话本未能传世。20世纪30

年代，陈荫荣在品正三先生家传的《隋唐演义》的基础上，请教双厚坪的“老书座”，觅得双厚坪说演《隋唐演义》的“书道儿”，取长补短，熔为一炉，致使他所说的《隋唐演义》在评书界盛名广博。

1949年以后，陈荫荣在说讲《隋唐演义》的基础上，吸收了前辈们说讲这部书的艺术精华，系统整理了《隋唐演义》，并取名《兴唐传》，大约一百四十万字，后来出版面世，很受读者的喜爱。

大概是陈荫荣出身贫苦，说书艺术也很高，平日里也不张扬，在评书艺人中口碑不错等原因，在历次的运动中，他几乎没有受到过任何冲击。在波及面最大的反右运动中，他安然过关，且在1958年、1959年曲艺界开展的“揭批”“向党交心”“自我改造”“红专计划”等名目繁多的运动中，属于受组织信任的艺人。当时开展运动时，评书艺人和鼓书艺人在一起开展活动，分了四个大组，陈荫荣担任了评鼓二组的组长。组员有连阔如、李继有、王兴周、胡阔洲、王同乐、刘继云、吕阔云、孟祥义、高豫祝、冯正春、常荫泉、阿阔群、陈荫廷、郝存林、佟信奎，都是评书界的高手，尤其是已戴上“右派”分子帽子的连阔如先生。翻阅评鼓书组全体学习讨论记录和评鼓组艺人写的意见书，可以看出，在这个阶段，陈荫荣是评鼓组的组长和召集人。评鼓组分组讨论时，他是第二组的组长，四个组集中的时候，他来主持会议。不管是小组会还是全体讨论会，陈荫荣总是在会议开始时说一句：今天讨论几个问题，每人都要发言。然后由其他几个组的组长念讨论题目，接着，大家开始发言。在历次会议的记录中，几乎没有他的发言。如1958年9月11日，陈荫荣主持讨论，他只说了三句话。第一句是：“今天讨论的第一个题目：年老的、没文化的能红不能红？”话音一落，连阔如先生第一个发言：“没文化的能红，农民怎么没文化的也能红呢？工人没文化的怎么能红呢？‘右派’大半是高级知识分子，怎么能成‘右派’呢？能忠于主席所说的各项政策，就能红。主要是思想问题。年老的也能红，街道上的妇女年纪都不小，认识党，认识政策，文盲老年都能红、专，要打破迷信。”紧跟着艺人们纷纷发言，都表示年老、没文化的能红能专。讨论了一阵子后，陈荫荣说了讨论的第二个题目：有历史问题的能不能红？大家又都抢着发言，当然答案是：能。最后，他说了第三个题目：解放后，评书艺人有没有吃不上饭的？为了什么原因？大概是吸取了1957年“鸣放”时的经验教训，大家发言都说吃得上饭。当有人说，因自己年龄大，不会讲新书，耳朵聋，文化低，家庭生活有些紧张时，陈荫荣插话说：“评鼓书艺人吃不上饭，是自己的艺术不好，不虚心学习。”1958年9月15日，评鼓书组全体学习讨论会，陈荫荣例行公事，说了开场白，由蔡连贵念讨论题：1. 评鼓书演员们存在哪些作风，是个人利益和个人主义？ 2. 评鼓书演员们如何改造思想，应怎样去掉个人利益、个人主义？ 3. 评鼓书演员们应当红专到如何程度，为社会主义服务？这次讨论，包括连阔如先生，大家又都是踊跃发了言，陈荫荣还是一句话没说。或许这就是他的处世之道：明哲保身，但求无过，在历次运动中，表现积极，少说为佳。

陈荫荣是名师带出的传统评书艺人，但他不排斥新生事物。1959年，陈荫荣参加北京宣武说唱团。恰逢政府倡导说讲新书，他顺应时代潮流，积极参加编演新书的活动。在20世纪五六十年代，陈荫荣先后编演新讲史书《黄巢起义》八回，以及《灵泉洞》《吕梁英雄传》等。特别是他说讲的评书《吕梁英雄传》，与袁阔成说讲的《新儿女英雄传》、李鑫荃说讲的《红岩》《平原枪声》等新书，在中央人民广播电台录制并播出后，曾轰动全国，深受广大听众的欢迎和喜爱。

段兴云：评书《济公传》的北派传人

段兴云（1902—？），北京人。评书艺人。师承评书艺人刘继业。20 世纪 30 年代，在天桥等地区说演《济公传》，能说前后套《济公传》。曾在电台播讲《济公传》，很受欢迎。1950 年代至“文革”前，他仍活跃于京津舞台。

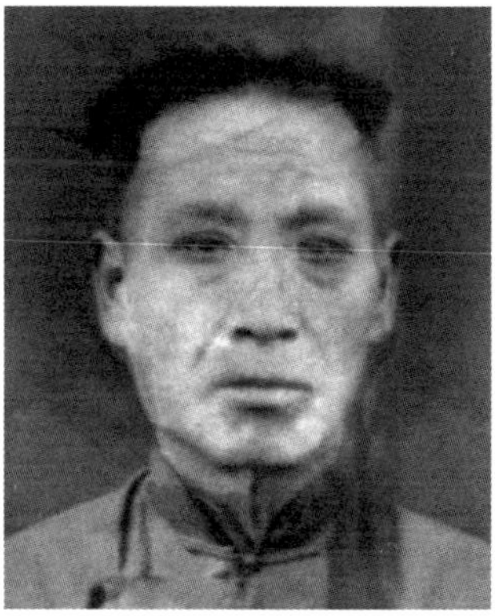

1947 年，段兴云加入北平曲艺公会时的照片，时年 45 岁

在民国末年那会儿，直至 20 世纪 50 年代，在北京的评书界，段兴云先生还是很有名气的。段先生最为拿手的评书是《济公传》。同时期说《济公传》且名气大的，尚有南方的虞文柏、陈浩然等，可惜的是，这些优秀遗产大都已失传。

《济公传》是传统评书中颇为精彩的一部。由济公降世、十度说起，至三探娘舅、九僧擒韩殿、西天朝佛缴法旨止。其中有淫贼华云龙盗走相府珠冠，济公三擒华云龙，金山寺八魔炼济颠，太乙真人、长眉罗汉助济公降魔，小西天盗贼狄之昭杀人移祸，狄小霞、谭宗旺错配夫妻，济公点化狄小霞共破小西天，五云阵斗法等主要回目。说书人通过诙谐幽默的语言，塑造出一个普救世人的济公神僧形象。

说演《济公传》的评书艺人传承有序。清末民初擅说此书的有双厚坪及其师弟海文泉和世殿成、李致清等。双厚坪先生艺名双文星，又作双文兴，他是土生土长的北京八旗子弟，清政府一垮台，为挣嚼裹儿（注：当时流行于北京下层小商贩间的语言。嚼，即吃的；裹，即穿的，合为衣食。），“下海”到了天桥，以说书为生。满族旗籍“下海”作艺的人大多经多见广，知识渊博，会的玩意儿多，评书艺人中在旗的亦如此，会说的书甚多。双厚坪先生几乎没有不会说的书，最为擅长的有《封神榜》《隋唐演义》《水浒》《济公传》，听众誉之为“双家书铺”。他以语言声态刻画人物，尤见细致、真实。尤擅在书中插话，借助细节引申发挥，嘲讽时事，使听者不禁捧腹。散场后，每应听众邀请，说几段笑话，多为现场抓哏，冷嘲热讽，使人尽兴。双先生的口技也极为精彩。时人誉为“评书大王”，与“戏界大王”谭鑫培、“鼓界大王”刘宝全并称“艺坛三绝”。

在其他说演《济公传》的评书艺人中，世殿成以“蔫包袱儿”著称；李致清以模拟济公形象见长，人称“济公李”。20 世纪 20 年代双厚坪的弟子杨云清说《济公传》，口风老道，“包袱”独特，尤以“官人办案”“济公斗蟋蟀”两段书最为拿手，又因有为官经历，说到仵作验尸等情节，细致入微、近情近理，使听众宛如眼见。他长于说书中的武段子，不喜从“十度”开书，多从“威震丹阳刀劈三寇”说起。

1929 年，说《济公传》的艺人开始分出流派，其情节于“八魔炼济颠”后，有说“小西天薰香会”的，有不说的。说者，则从“柳端误入开水锅”起岔，进入短打一类故事。段兴云先生说演《济公传》始于 20 世纪 30 年代。据说他的师父刘继业藏有秘本，能说前后套《济公传》，他长于渲染济公法力，语言幽默风趣，形象滑稽，使“包袱”余味无穷，人称“喷饭哏”；段兴云有其师之风，善于模拟人物形象，边说边学，抬手动脚令人发笑，他曾在电台播讲《济公传》，很受欢迎。

在 1957 年的反右派运动中，北京的曲艺界“揪出”以连阔如、曹宝禄先生为首的“右派分子”。虽然连、曹二位在曲艺界门生众多、威望较高，但曲艺界并没有因反右运动的结束而停止“揪斗”，接踵而来的是思想检查、交心、互相揭发、批判活动，搞得人心惶惶。在这样的活动中，自然会出现两种人，一种是运动中的积极分子；另一种是被揭发、批判的靶子。老艺人段兴云即是后一种人。

段兴云遭到揭发、批判的主要原因，一是他平日里与连阔如先生走得近，连先生已经是“右派分子”了，段兴云依然没有与其划清界限，照样往来，还曾经说曲艺界应请连先生再次出山。二是，大概段兴云先生平日里说话办事比较随意，让人家抓住了尾巴。比如他带的徒弟还没有在曲艺公会和文化局登记，他就指定地点让弟子们开演。还有人揭发说他对说新书有看法。更为紧要的是，他在反右斗争开始时，对反右运动中的积极分子抱着敌对态度。这些揭发出的材料，足以使段先生成为被批判的对象。好在段先生在江湖上游走了半辈子，见多识广。一方面，段兴云对别人的揭发采取否定态度，比如对别人揭发他在西四德盛轩说过“曲艺界还得人家连先生出山”的话，他就给予了否定。此外他还采取了争取主动、揭发别人的做法。争取主动方面，除了对和连阔如先生一直来往和反对说新书的事情予以坚决否定，其他的一概承认，并痛批自己。在揭发别人方面，他是顺着别人的说，比如有人揭发陈荣启先生见着谁就传教，段兴云也痛批陈氏不仅自己信教，还让自己的老婆、儿子、孙子都信教，甚至子女的婚配都要找教友，天长日久下去，忘了自己是中国人。按辈分论，陈荣启是段的师叔，平日里段兴云是很尊重他的这位师叔的。当然，段兴云从不主动揭发别人，只是跟风而已。最终，随着评书的日益衰落，段兴云和他所经历的这段历史也逐渐地被人们遗忘了。

陈荣启：使“正活”的评书大家

1950 年陈荣启参加北京市曲艺公会时期的照片，时年 46 岁

陈荣启（1904—1972），原名陈贵鑫，北京人，评书演员，评书艺人陈福庆之子。他以说《精忠传》最为精到，表演以平稳、细腻、深刻见长。其中《岳母刺字》《虎帐谈兵》两段书，文而不瘟，深刻感人，最为脍炙人口。新中国成立后，中央人民广播电台录播了他的《虎帐谈兵》。

老北京天桥的曲艺场所主要集中在位于城南的公平市场、三角市场一带。据 20 世纪 40 年代末期的统计，各类曲艺演出场地有二十余处。相对于其他的曲艺项目，说书的场子比较多。一般来说，评书的场子都很简陋，支着布棚子，里边放几排长板凳。1935 年，陈荣启就在一个这样的场子里说《五女七贞》。《五女七贞》是一部传统评书，说的是清康熙年间，清官施世伦年少才高而深得皇上器重，被委派为江都县县令。施世伦上任后，除贪官斩恶霸，为民请命，皇上嘉奖升其为苏州知府。江湖英雄黄天霸听人误传，认为施大人是害民贪官，夜间潜入州府行刺，欲杀大人。一番周折，弄明了真相，黄天霸和赵壁等江湖侠士扶保施大人除暴安良。并由此引出“五女”“七贞”（十二位侠女）斩除江湖败类“一枝兰”和淫僧“大莲花”的故事……

虽然在天桥说评书的场子不少，因陈荣启先生口齿干净利落，且能结合现实评讲，有“包袱”，又有“扣子”，更重要的是他的评书不使“荤活”，所以听他说书的人很多，而且还有女性光顾他的场子。

陈荣启原名陈贵鑫，1904 年出生于北京的一个叫陈福庆的评书艺人家庭。尽管他的父亲是评书艺人，可陈荣启说书却是半路出家。他幼时坐科学习京剧，因嗓子不宽，后拜范瑞亭为师学习相声。范瑞亭先生是清代同治、光绪年间（1862—1908）在天桥献艺的著名艺人之一，与其同时尚有相声艺人“穷不怕”（朱绍文）、韩麻子、“沙字颜”（一说“粉字颜”）、小范（范瑞亭）、“人人乐”（陈青山）等，单弦牌子曲艺人“随缘乐”（司瑞轩）等，评书艺人黄诚志（说《彭公案》）、张泰然（说《济公传》）、潘青山、“猴儿安”（安太和）、恒永通、“老云里飞”（白庆林）等，莲花落艺人“抓髻赵”（赵星垣）、“徐狗子”（徐维亭）、“奎第老”等，时调小曲艺人“醋溺膏”“盆秃子”等。

陈荣启出师后，在天桥等处撂地儿。几年后，他的相声表演得到了观众的认可，也在相声界站住了脚。那时候，相声演员为了吸引观众，相声段子中有不少是以淫秽、猥亵为主要内容的“荤活”，以及拿自己的父母、亲属抓哏笑骂的“伦理哏”，即使是没有淫秽内容的段子，即“正活”，也要掺杂些“臭包袱”，以便讨好那些低级趣味的观众。陈荣启虽身在大染缸里，却“出淤泥而不染”。他“逗哏”时不骂人，“捧哏”时怕人骂。一次他与搭档合说《牛头轿》那段相声，在“捧”完这个段子后，他说：“你们骂人和挨骂都那么自然，就不嫌难受吗？说相声上骂三辈儿，下骂五辈儿，连地下的祖宗也不能安静地躺着，不就是为混口饭吃吗，我不干了！”果真，陈荣启自此放弃了相声，改学评书。另有一种关于陈荣启不说相声，改说评书的说法是，他是天主教徒，说评书有利于他传教。

陈荣启的评书师父名叫群福庆，是擅长说《施公案》的评书名家。这位群先生是活跃于清末民初的评书艺人，与他同时的评书艺人有说《聊斋》的单长德、张智兰，说《水浒》《隋唐》的双厚坪，说《永庆升平》的哈辅源、吴辅庭，说《包公案》的王致廉、王杰魁，说《明英烈》《东汉》的田际云，说《水浒》的杨云清等。

陈荣启有着扎实的京剧基础，又有相声的功底，这给他学说评书带来了极大的便利，很快他就在评书界脱颖而出。他先说《施公案》，后说《精忠传》。20 世纪 20 年代，陈荣启赴大连、营口、烟台、天津等地演出，颇受欢迎。1929 年，返回北京说书，为侍奉老母，不再远行。自此，陈荣启在天桥爽心园前拉场子说书，以说《精忠传》最为精到，表演以沉稳、细腻、深刻见长。其中《岳母刺字》《虎帐谈兵》两段书，文而不瘟，深刻感人，最为脍炙人口。据说单弦表演艺术家赵玉明那时才五六岁，跟着父亲赵松山在天桥卖艺，特别喜欢听陈荣启先生说的《精忠传》，她每天必到，场场不落，总是坐在第一排，全神贯注，听得入迷。等到陈先生“打钱”的时候，小玉明就会从口袋里掏出一枚铜钱放在钱笸箩里。一场书下来，陈先生要打七八次钱，小玉明每次要掏出七八枚铜钱。开始的时候，陈先生不知道这个小女孩是谁家的，直到一次收书散场的时候，恰好“白派”京韵大鼓的创始人白云鹏先生拎着鸟笼子进了场子，小玉明一见，马上过去叫了一声“白大爷”。陈荣启这才听白先生说这个孩子是唱京韵大鼓的艺人赵松山的女儿。这位赵松山先生在曲艺圈里可是个全才，他能唱，能弹弦子，能编段子，还能教孩子。自此以后，小玉明仍然来听陈荣启的《精忠传》。陈先生打钱时，她不但不用掏钱了，散场时，他的这位陈叔叔还要给她四个铜板，让她买些零嘴儿吃。小玉明听了他两年的书，有《精忠说岳》《三侠五义》等。许多年过去了，早已是闻名京城的单弦表演艺术家赵玉明，一直不忘她那段儿时的美好记忆。

20 世纪二三十年代和陈荣启先生同时演出于天桥的评书艺人还有品

正三（说《隋唐》）、高豫祝（说《东汉》）、连阔如（说《西汉》《东汉》）、陶湘九（说《雍正剑侠图》）、赵豪然（说《清宫秘史》）、陈士和（说《聊斋》）、马华鑫（说《济公传》）、郭品尧（说《粉妆楼》）等。20世纪30年代，电台曾播送陈荣启说的《施公案》。

新中国成立后，陈荣启依然在天桥市场说演评书。中央人民广播电台录播了他的《虎帐谈兵》。因陈荣启是天主教徒，在50年代的历次运动中，他也受到了冲击。在继“反右派”运动之后，1958年曲艺界开展了交心、揭批运动，陈荣启先生被揭批。被揭批的主要原因是他在曲艺艺人中传教，并鼓动别人信仰天主教。在被批判的时候，这位天主教徒，依然认为既然宪法说信仰自由，信教自由，就不算是大是大非。关于向别人讲道理，陈先生认为那只为救灵魂，没有别的意图。

1959年，陈荣启参加北京宣武说唱团。1962年至1964年，宣武说唱团曾请赵锡良记录他的全部《精忠传》演出稿，可惜在“文化大革命”中散失。1972年，陈荣启在北京逝世。

李鑫荃：说新书的带头人

1965 年，李鑫荃在中央广播电台播演新书时的照片，时年 44 岁

李鑫荃（1921—2004），河北安次人。北京评书名家。18 岁在粮行当学徒时，开始自学说书。1950 年拜评书老艺人段兴云为师。1953 年曾先后向连阔如、闫荣山等评书名宿学说书。1959 年加入北京宣武说唱团，开始编演新书。1962 年在中国曲协举办的说新书交流会上，与袁阔成同被誉为“说新书的带头人”。

20 世纪五六十年代，已然不兴说老书了，提倡说新书。因大部分评书艺人文化程度不高，他们学的评书，大多是师傅口传，靠死记硬背。说新书没有师傅教，要靠自己通过读小说原著，再进行提炼加工，这就难住了许多评书艺人，也是这时候，李鑫荃先生脱颖而出。

李鑫荃创说的新书最多，名气也最大。在那个娱乐方式匮乏、电视不普及、家家户户靠收听广播的年代，李鑫荃可谓家喻户晓。那时看书和听收音机里播放的评书，是所有学生都喜欢的事情。我上小学时就是评书迷，家里只有一台收音机，每天定时和我三哥收听评书节目。我 10 岁那年，刚好播放李鑫荃说讲的罗广斌、杨益言的小说《红岩》，一下子就被吸引住了，再加上对那三个金字组成的“鑫”字好奇，就记住了李鑫荃的大名。后来我还听了他在广播电台播讲的评书《红日》《保卫延安》《苦菜花》《野火春风斗古城》《平原枪声》等，真是部部好听啊。

李鑫荃是河北安次人，少年时在粮店学徒，酷爱评书艺术，1945 年始边听书边做记录，同时私淑著名评书艺人连阔如，学讲《东汉演义》《三国演义》《列国传》。两年后开始表演。1950 年正式拜段兴云为师，在北京的门头沟、通县、丰台、朝阳门及天桥一带行艺。1953 年后又曾先后向连阔如、闫荣山学习说书，还曾向马连登学《隋唐演义》《包公案》。

李鑫荃先生说新书，是 20 世纪 60 年代初开始的。此前，他曾经以说讲《雍正剑侠图》《忠义响马传》《和氏璧》等闻名于京，擅演的书目有《东汉演义》《三国演义》《隋唐演义》《小五义》等。他的表演沉稳，表述细腻，评批有据，刻画人物生动传神，体现了“功夫在书外”的深厚艺术造诣。《雍正剑侠图》是他最重要的代表作品。1990 年，花山文艺出版社曾出版李鑫荃口述的三卷本《雍正剑侠图》，但并不完整，只说到金牌失而复得即告结束。

2006 年至 2007 年，中华书局先后出版了《雍正剑侠图：剑山蓬莱岛》与《雍正剑侠图：万龙藏峰岛》；这是连丽如据李鑫荃于 20 世纪 90 年代初亲笔撰写的手稿整理而成。书中对于清朝前期城市和山村的风土人情、官员穿戴服饰及方言俚语亦有所涉猎，如对北京城门街巷、官府民宅的评说洋洋洒洒，读之津津有味，为民俗学的研究提供了不可多得的资料。

作为旧社会过来的评书艺人，李鑫荃先生还算是幸运的。在新中国成立后的历次运动中，他都没有受到大的冲击。这与他积极说演新评书，在中央人民广播电台录制并播出《红岩》《平原枪声》等新书，深受广大听众的喜爱有很大的关系。文化部提倡戏曲界、曲艺界要“说新唱新”，是 1964 年的事儿，但实际上早在此前各文艺团体已经开始编新剧演新剧了。李鑫荃算得上评书界起步较早的一位。

1957年的反右派斗争，曲艺界不是重灾区，但也“揪”出了几个很有影响力的“右派”，如连阔如、曹宝禄等。连、曹被划为“右派分子”以后，还牵连了许多与他们关系好的人。

翻阅北京文化局旧档，曲艺界自1957年，直到“文化大革命”，就再也没有平静过。从1957年“反右派”运动开始，直到1959年的北京曲艺杂技工作者联合会评鼓组，应上级文化主管部门开展的“思想批判”“思想检查”“交心活动”“红专规划”等活动及揭发批判连阔如、曹宝禄、段兴云、陈荣启的记录，可以看出许多在旧社会有污点的评书艺人已经是战战兢兢，甭说去说评书了，连平时说话都很谨慎了，就怕被别人抓住辫子，挨批判。据此，可以肯定地说，评书艺术的衰落是从1957年“反右”运动开始的。1959年虽一度有所复苏，但不久“社教运动”开始了，紧跟着就是“文化大革命”，评书从此一蹶不振。

“反右”运动时期，评鼓艺人被分成了四个组：分别为评鼓一组，组长关顺鹏；评鼓二组，组长陈荫荣；评鼓三组，组长朱桢富；评鼓四组，组长蔡连贵。李鑫荃所在的评鼓一组的组长关顺鹏是著名快板表演艺术家，天桥资力深厚的民间老艺人，北京“关派竹板书”的创始人之一。“关派竹板书”的表演方式为一个人右手持大板、左手持节子板站唱。

翻阅反右派运动时期，评鼓艺人的学习、交心、揭发、批判的记录，我发现四个组的组长和记录员很受“运动”领导者信任，没有受到冲击。如担任第二组组长的朱桢富先生，据连阔如先生的女儿连丽如回忆说：“朱桢富说那个《林海雪原》里的‘蝴蝶迷’以及那一百多个土匪不重样儿，真好，后来我才知道他当过土匪。”我在朱桢富担任组长的评鼓三组记录中看到朱在自己的发言中说，他抽过大烟。当过土匪，抽大烟的人，居然在运动中没有受到批判，还在运动中担任组长，也算得上是个奇迹了。旧时艺人多为穷苦出身，有的是八旗子弟，清政府未垮台之前钱粮月米的供着，不愁吃穿，就是玩儿。到了民国，就得自己挣嚼裹儿了，这些人大都手不能提篮，肩不能挑担，但是在玩儿上却都有两下子，这自然包括吹拉弹唱。那时艺人中有些文化，识文断字的，在旗的居多。评鼓组记录员之一的黄存洲，据说他的祖辈曾在宫里做事。他在说评书《清宫秘史》的时候，说到的清宫里的事儿，许多都是他祖上传出来的。他不但书说得好，还写一笔好字。“反右”运动时，评鼓艺人开会、讨论、批判活动分四个组，他任评鼓二组的记录员。其他几个组的记录员分别是：评鼓一组为李鑫荃，评鼓三组为李存源，评鼓四组为丁增启。

评书界有十代之说，它只表示艺人的辈分，而不反映师承关系。按照评鼓艺人的辈分，李存源和黄存洲是第九代，李鑫荃、丁增启是第十代。这四位记录员字写得最好的是黄存洲，字写得熟练且把发言内容归纳得最好的是李鑫荃，字写得最工整的是丁增启，字写得一般的是李存源。评鼓界在1958年以来开展的“交心”“揭发”“批判”活动中，除了连阔如、曹宝禄受牵连外，还有段兴云、刘田利、陈荫荣、陶湘九、刘祥明、陈荣启、吕素坤、胡阔洲、李存源、蔡连贵、王兴周、黄存洲等。

李鑫荃和他的夫人贾连芳也遭到揭发，但没有被批判。揭发的原因是，连阔如被打成“右派”后，李鑫荃依然像往常一样去连家串门子。按李鑫荃的答复，他上连家是为了向连先生学习《三国演义》。此外，遭到他人的嫉恨，与他的成就有关。有人揭发他说，他在通州说书时曾说：“别看我辈儿小，说书挣钱我是爷爷，这帮说书的，哪个也不行。”贾连芳也是评书演员，她被批判的原因，是说她曾在朝阳门外风记茶社打过一位老太太听众；还在门头沟向听书的说：“我是姑奶奶，就说旧书，能把我怎么样。”

“学习”“交心”“揭发”“批判”活动进行了很长时间，揭发出的事儿，大都是鸡毛蒜皮的小事儿。活动结束后，1958年，评书、鼓书艺人自愿组织的天桥说新书小组改建为宣武评书队，属个体说书艺人的联合组织，演出收入归个人，行政上由宣武说唱团代管；在市内书馆演出，每月由宣武说唱团统一安排演出场所和书目；队长陈士通，副队长姬存林，共有演员

24人，除竹板书演员关顺鹏、琴书演员陈士通外，其余都是评书演员。宣武评书队不久成为宣武说唱团正式编制，属集体所有制，直属北京市宣武区文化局；团址也由天桥迁到香炉营四条27号。宣武说唱团团长空缺，副团长为关顺鹏。该团以说唱长篇评书、鼓书为主，主要演员有：评书演员连阔如、陈荣启、高豫祝、李万兴、傅阔增、陈荫荣、李存源、李鑫荃、朱桢富、连丽如，西河大鼓演员刘田利、蔡金波、蔡连贵、宋相林、贾连芳，竹板书演员关顺鹏、宋相臣等，在天桥地区及各地书茶馆轮流上演评书、西河大鼓、竹板书，演出书目有《西汉演义》《东汉演义》《三国演义》《隋唐演义》《包公案》《西游记》等三十余部传统书，及根据优秀长篇小说改编的《烈火金刚》《平原枪声》《敌后武工队》《红旗谱》《红岩》《铁道游击队》等现代新书，同时还记录了《东汉演义》《西汉演义》《精忠说岳》《杨家将》《包公案》等多部传统评书的文字底本（“文化大革命”中全部流失）。该团以演员阵容整齐、节目丰富闻名，并于20世纪60年代举办了两期学员班，为北京评书、鼓书的发展培养了接班人。

当时在宣武评书队的李鑫荃积极说演新评书，演出了《保卫延安》《野火春风斗古城》《烈火金刚》《苦菜花》等节目，很受欢迎。60年代初，他在中央人民广播电台播讲过新书《红岩》《平原枪声》。1962年，李鑫荃被中国曲艺家协会评为“说新书的带头人”。1967年宣武说唱团解散。李鑫荃被下放到煤厂送煤，一送就是10年。

1979年，宣武说唱团重新恢复建制，李鑫荃也曾有复出的机会，但因种种原因未能实现。自1983年后，李鑫荃用了八九年的时间整理加工了《雍正剑侠图》演出本。2003年“非典”期间，他躺在病床上向连丽如亲口传授《雍正剑侠图》一书。

2004年8月，李鑫荃先生因糖尿病并发症医治无效在北京逝世，享年83岁。据亲属回忆，他临去世前说：“我死不可惜，可惜的是我这一身的能耐。”

評書

【评话】

醒木轻敲小扇翻，胸饶野乘口成编。与君一夕评今古，占毕诗云胜十年。（其人持小扇指划，谈今古稗史事，以方寸木击以为节，名曰“醒木”。亦古词类。破叠叠不倦也。）

——（清）李声振《百戏竹枝词》

马三立："相声八德"的传承者

马三立（1914—2003），回族，祖籍甘肃永昌县，生于北京的一个曲艺世家。原名马桂福。是一位德艺双馨的人民艺术家，擅演"贯口"和文哏段子，在长期的艺术实践中潜心探索，创立了独具特色的"马派相声"。

1990年，马三立为天津市政协委员时的照片，时年76岁

相声的诞生地是北京天桥。清同治、光绪年间，由相声的鼻祖张三禄创演。传人分别为朱派、阿派、沈派。之后，只有朱派兴旺，阿、沈两派逐渐消失了。因此，如今提起相声的创始人，都说是朱绍文。正式把相声作为艺术形式和生活的手段来进行演绎，可以说是朱绍文；也就是说从朱绍文这一代开始，有说相声这一行道了。

这个说法，侯宝林先生1984年在《北京艺术》（1984年第4期）的一篇《相声演员的职责和任务——兼谈相声的溯源》中有不同的见解。他说："相声的历史非常悠久。有人说相声是从朱绍文先生（艺名穷不怕）开始的，这不确实。最近从历史资料上发现，子弟书《风流辞客》上，就写着‘相声马常在西城谋生计’。相声马是宛平县人，这个人会的节目太宽了，有的节目我知道，如《古董王》。有的节目我还真不知道。因为那个时候演出没有报幕，《风流辞客》上仅仅是叙述了相声马说了些什么。《风流辞客》一共三回，每回八十句，一共二百四十句，把相声马怎么圆粘儿，怎么开二道儿，怎么使活，演的什么内容等，都记述得非常详细。《风流辞客》的作者叫明窗，他是道光年间的人，可见在道光年间相声已经相当发达了。而朱绍文先生是咸丰年间的人，在道光以后，所以说朱绍文先生是相声的开山鼻祖，就不确切了。”

侯先生依据道光年明窗所写的《风流辞客》而有此见解，不仅推翻了朱绍文先生是相声的创始人一说，甚至连相声的发源地是天桥也否定了。这只是一家之言。或许可以不争论谁是相声的鼻祖，若说同治、光绪时期，天桥的相声创始人是朱绍文，应该没有大的争议了。

朱绍文先生再往后，就是“相声八德”，包括相声大师马三立的父亲马德禄等等，至今已是第九代或是第十代了。照此算来，相声的历史大概有两百多年的历史了。在这两百多年中，相声艺术名家出现过不少，但我个人以为，马三立先生堪称自我国诞生相声这门艺术以来，承前启后的杰出的相声表演艺术家。

马三立先生是回族，祖籍甘肃永昌县，1914 年生于北京的一个曲艺世家。他的祖父马诚方是著名的评书艺人，擅说《水浒》，名噪一时；父亲马德禄是相声前辈艺人恩绪的宠徒和门婿，后来因艺术精湛，被列为“相声八德”之一；母亲恩萃卿曾学唱京韵大鼓；马三立之兄马桂元师承李德钖，以擅演“文哏”段子著称。马三立幼年时，家里把他送进了学校，读完小学，以优异的成绩考入天津汇文中学。因家里的祖父辈及其兄长、亲友多是从事曲艺艺术的，耳濡目染，马三立从小就对曲艺十分喜爱，尤其对相声艺术十分熟悉，在父、兄的熏陶下，打下“说”“学”“逗”“唱”的深厚功底。初中毕业后，马三立看到家里生活窘迫，虽经家里拦阻，仍坚持辍学，开始了他的相声表演艺术生涯。

那一年是1930年，马三立16岁。经父亲马德禄推荐，马三立拜周德山为师。周德山和马德禄同为"相声八德"之一。所谓"相声八德"，是指20世纪30年代初活跃于京津一带著名的八位相声大师。他们是：马德禄，师从春长龙；高寿亭（郭荣启的师父）；周德山，又名瑞山，艺名周蛤蟆，师从范有缘（马三立的师父）；裕德隆，德字辈大师兄，艺名瞪眼玉子，师从富有根；焦德海，师从徐有禄（张寿臣、朱阔泉、常连安的师父）；刘德智，师从徐有禄（郭启儒的师父）；李德钖，艺名万人迷，师从恩绪（马桂元的师父）；李德祥，师从恩绪（马寿岩的师父）；卢德俊，师从徐有禄（何寿亭的师父）。

那时候的艺人尤其讲究艺德，老百姓尊崇的艺人，按现今的说法，一定是"德艺双馨"的。而马三立先生的父亲马德禄和周德山等八位艺人被列为"相声八德"，是老百姓对于他们的艺术和人品的肯定。

"相声八德"都是土生土长的北京人。从艺术上说，"八德"的共同特点是会的多，使的活多。一个演员至少会几十段，甚至上百段。从个性特点来说，因他们的功底和擅长不同，都分别有不同的拿手节目。"八德"是京、津相声界耕云播雨的开拓者，是相声初兴时期的代表人物。对于这八位相声前辈，现今知者甚少，以下做些简要介绍。

首先说说马三立的父亲，居"八德"之首的马德禄先生。马德禄，原名马恩禄，1882年出生于北京，卒于抗战前夕的1935年，享年53岁。马德禄幼年时，家里还算殷实，供他读书。虽然没有念过几年书，但因他读书很用功，具有一定文化素养，因而在日后从艺的生涯中，以稳健、细致、严实、谐趣的艺术特点在同行中获得了很高的威望。马德禄13岁学艺，第一个师父是满族人恩绪，后拜春长龙为师，曾与焦德海、裕德隆、周德山、张寿臣、焦少海等共同开辟相声场地，长期在京、津一带演出，深受观众欢迎。1920年前后为李德钖捧哏，颇为李所倚重，曾说："我有儿块活是德禄给捧起来的。”马德禄表演相声注重刻画人物，语言形象、幽默。他演对口《倭瓜镖》《粥挑子》，单口《古董王》《怯跟班》《五兴楼》《君臣斗》等，都体现了这样的艺术特点。他不仅是知名的前辈演员，也是相声艺术的组织者与教师。晚年曾主持天津东兴市场连兴茶社的相声大会，通过言传身带，造就了不少人才，如马三立、高桂清、郭荣启、刘宝瑞、赵佩茹、孙少林等均曾在那里学艺实习。马德禄擅长白沙撒字，能在地上撒双钩的“福禄寿喜”“招财进宝”“黄金万两”等字。

“八德”中的第二位是马三立先生的师父周德山，又名瑞山，艺名周蛤蟆，师从范有缘，经常在天津一带说相声。在周蛤蟆之前，相声是撂地摊儿卖艺的营生，是周蛤蟆把相声带进了剧场，这是相声史上的一个里程碑。

“八德”中的第三位李德钖，是清末著名的相声大王。他生于1881年，卒于1926年。这位艺坛的怪杰，虽然只活了45岁，却红了三十多年，正所谓：学十年、演十年、火十年。李德钖师从恩绪，他是马三立先生的哥哥马桂元的师父，原名李佩亭，绰号“万人迷”。其实“万人迷”是他祖父李广义的绰号，因自幼在北京天桥从祖父学说相声，人称“小万人迷”。祖父逝世后，李德钖承艺名为“万人迷”。10岁时拜恩绪（后改名恩培）为师，以“小孩哏”在听众中享有盛誉。15岁拜徐有禄为师，在单口表演方面颇受教益，后又拜桂祯（艺名富有根）为师，学到一些文字游戏的段子。21岁时他名声大振，曾赢得“笑话大王”“滑稽大王”等绰号。

李德钖先生说相声以“怪”著称。上台后黑眼珠乱转，很像京剧中武丑亮相“耍眼睛”。说话瓮声瓮气但吐字清楚，很讲究喷口。表演单口相声《五人义》《三近视》《五兴楼》等节目时，一开头总是一本正经地绷着脸把观众吸引住，先说个垫话儿，慢慢甩出包袱儿，逗得观众大笑，然后转入正题。观众称他是“冷面滑稽”。他与师弟张德全搭档，改编演出《大审案》《要猴儿》《洪阳洞》《文明词》等，师兄二人捧逗和谐，相得益彰。李德钖所会的相声段子甚多，能做到三个月节目不重复。与京韵大鼓大家刘宝全同台，在节目排列上，刘宝全"攒底"，他已居于"倒二"（压轴）的地位。刘宝全身体不适时，也曾请他在自己演出后登台，代为攒底，这在当时是绝无仅有的。

1906年肃亲王善耆任九门提督。九门提督是负责京师九个城门内外守卫巡察的步军统领。善耆原本是爱听相声的，经常穿着便服去护国寺听相声，他当上了九门提督之后，有时也去听相声。相声历来有针砭时弊、批评执政者和揭露社会丑恶现象的传统，当时有的相声段子如《字象》《八大改行》等讽刺了清王朝统治阶级的昏庸和暴虐。善耆当了九门提督后，为显示威风，常用一些囚首破衣叫花子似的看街兵在前边吆喝开道。当时不知哪位相声艺人编演了相声《大人来了》，以嘲讽的口吻绘声绘色地表述了善耆出门时的情形："大人来了，骆驼抱起来！""大人来了，驴车赶到沟里去！""大人来了，把孩子摔死！"此等讽刺善耆的相声，善耆怎么接受得了啊。于是，他开始对相声艺人反感了。那时九门提督衙门在鼓楼前帽儿胡同进口路北，是善耆外出时的必经之路。那时的路边两旁便道上常有不少卖艺的地摊儿。有一天，善耆的轿子出帽儿胡同，正赶上相声艺人魏昆志先生在便道上说相声，围了许多听众。善耆问："前边围了那么多人，闹闹嚷嚷地干什么呢？"从人回禀："那儿有人说相声呢。"善耆一听是说相声，挡住了去路，气儿不打一处来，说："快，把他们轰走！"看街兵急忙赶过去，大声喊道："九门提督大人有令，说相声的滚开！"魏昆志先生不服，以理直争。肃亲王善耆恼羞成怒，下令赏魏昆志40鞭子，戴枷游街示众三天。接着善耆还通令全城，禁止相声演出。在善耆的淫威下，北京的艺人们纷纷奔赴外地，滞留在北京的也都改了行，如焦德海就改说了快板书。李德钖经过千辛万苦，最后流浪到保定"马号"撂地儿。1910年，肃亲王为筹办海军事务，卸去了九门提督后，李德钖等艺人才逐渐回到北京。

民国初年，李德钖在北京石头胡同四海升平茶社演出。京剧名家杨小楼、龚云甫等常来听他说单口相声。他有四句定场诗自赞说："滑稽昔说东方朔，后世遗传贾凫西。由清末迨及民国，称王唯我万人迷。"据相声艺人张寿臣回忆，袁世凯妄想称帝时，有一次李德钖去袁府表演嘲弄孔子陈蔡绝粮的相声《吃元宵》。袁世凯听到"元宵"二字，认为与"袁消"同音，是有意诅咒他，就以诽谤大总统的罪名将李德钖痛打一顿，撵出新华门。后去天津演出，在那里沾染上赌博恶习。欠赌债，他只好挤出时间重新撂地儿演出，挣钱弥补亏空。后来奉系军阀张宗昌常让他出堂会，他才不再撂地儿。之后辗转天津、上海、沈阳、济南、开封等地演出，时人誉之为"相声大王"。1926年冬天，李德钖往沈阳演出，一病不起，竟倒毙在小河沿一个壕沟里。沈阳的亲友们为他下葬时雪飞风吼，相声艺人朱凤岐主祭，所诵祭文诗云："风神爷吹起喇叭，七仙女天上散花。众亲友前来送行，罕王爷派人接他。"送葬者莫不潸然泪下。

"八德"中的焦德海长期献艺于天桥，是当今相声界比较推崇的一位。焦德海出生于1878年，与马德禄同于1935年离世，享年57岁。他是徐有禄的徒弟，深得师父的艺术精髓，从单口相声发展成对口相声。他以说、学见长，口齿清晰、沉浑，表演洒脱，尤以贯口更见功力。他人长得精瘦，细长挑儿，剃光头，脸上皮包骨、骨顶皮。他说相声不使怪脸，没有夸张表情，可是甭管什么段子，从他嘴里说出来，观众都忍不住要笑。他说的段子主要是自己编的，他的许多徒弟后来成了名家。焦德海先生善于吸收各家之长，在相声内容、语言净化上多有贡献。

刘德智，一作刘德治，北京人。清末，其父在清廷如意馆任职。他早年即在御膳房当差，为人机警。后清室逊位，他为求生计，便投在徐有禄门下，作为卢德俊带拉培养的师弟，学说相声。年轻时与焦德海合作，在北京天桥等处撂地儿说相声，并曾在观音寺青云阁献艺，当时有很多喜庆堂会也请他俩演出。20世纪30年代初还为百代公司灌制过相声唱片。刘德智与焦德海合说的相声段子有《洋药方治病》《歪讲三字经》等。

刘德智亲传弟子有张振魁、郭启儒等人。

裕德隆，德字辈大师兄，艺名瞪眼玉子，师从富有根。

卢德俊，相声、评书艺人。相声师承沈竹善。曾在东安市场说相声。卢德俊改说评书后，把他在东安市场的相声场子交给徒弟赵霭如掌管，赵霭如与冯乐福便在这里合作演出对口相声。

作为出身于"相声八德"之一的相声世家，又得"相声八德"之一周蛤蟆的真传，再加上其他几位德字辈叔叔大爷的提携指导，马三立先生享尽了天时、地利、人和，最终成就为一位博采众长、承前启后、具有独特艺术风格、深受广大民众喜爱的著名表演艺术家、相声泰斗。马三立先生平生演出的传统相声有两百多个，其中主要有：《吃元宵》《卖挂票》《黄鹤楼》《相面》《卖五器》《开粥厂》等。民国时期，和马先生搭档的有耿宝林、刘奎珍、侯一尘、张庆森等。

1952年，马三立先生主动申请参加赴朝慰问团。回国后加入天津广播曲艺团，致力于相声的整旧创新。后来转到天津市曲艺团。1957年被错划为"右派"分子。1961年春回团工作，与赵佩茹搭档。

经马三立先生创作、改编并演出的新相声节目达六七十个，包括《买猴》《十点钟开始》《偏方治病》等。马三立先生有着独特的语调，风趣的语言，和娴熟的"抖包袱"手法。他喜欢用第一人称的表演方式，即"我"，既是作品中的主人公，又是讽刺嘲讽的对象。有人曾这样评论："他就是被讽刺的对象，有时虽然捧哏的指出他的漏洞，但，并没有公开的评论。他尽力把被讽刺的对象演活，而把评论工作交给观众。演员与观众配合默契，达到集体抒情。"最能代表马三立先生艺术风格的当属他晚年说的单口相声《逗你玩儿》。在曲艺界，马三立先生的机智幽默是有口皆碑的。

《马三立外传》中有一段“马三立杀回马枪”的故事，说的是1950年，马三立在天津说相声时，遭遇同台艺人单弦名家张伯扬的挑战。那天，张伯扬演唱的是《武十回》，从武松打伤人离家出逃起到杀潘金莲替兄报仇止，内容很长，要连唱多日。他先唱到老不正经的地主张大户狎戏丫环潘金莲遭拒，恼羞成怒，分文彩礼不要就把潘金莲配给了五短身材卖炊饼的武大郎。武大郎矮、丑不说，而且人到中年。此处曲牌叫“怯快书”，句尾押江阳辙。张伯扬朗朗唱道：“那张大户为生气把她嫁给丑陋不堪的武大郎，要问这武大郎是什么样——”张一顿，探头向台下神秘地笑笑，“请您看，我张伯扬下场他准上场——”拖腔拉调地唱完，八角鼓与三弦“当当当”响了几声，他悠然下场了。下面是马三立上场，他已被置为武大郎的位置上了，观众能不起哄吗？

旧时向来有艺人在台上互相开哏的惯例，有善意的调侃，也有挟嫌的刁难。不管是哪一种，被挑战者都得抵挡，反唇相讥，否则就会留下笑柄。这实际上是智力的较量，比试机敏和应变能力。张伯扬搞突然袭击，固然是为迎合观众的趣味开个玩笑，但马先生不应战不行，如果接不好就会使众人扫兴，他是凭嘴皮子灵巧吃相声饭的，栽不起“嘴上”的跟头。时间紧迫，两个人一上一下的工夫，没时间细想，非常事件只有用非常手段应对了。马三立与搭档张庆森上台，不管下面开锅似的哄闹，照旧含笑向各方拱手致意，然后不急于开口说话，以静制乱，直到场上的人们都静下来了，才不慌不忙地讲起来。

他开头先称赞张伯扬的嗓子：“——多好！又洪亮，又有韵味，字正腔圆，特别是唱‘江阳辙’的词儿，真好听。他刚才唱《武十回》，是武松的段子，大家都爱听，我也爱听——”台下更静了。马三立越捧张伯扬，人们越想弄清楚他葫芦里卖的什么药。下面峰回路转：“他唱的最后一句，我也听见了（众乐），武大郎长得什么样？他没唱明白就走了，还说他下场‘武大郎’就上场，武大郎能是我这模样吗？武大郎矮，我身高1米75，不对。也不是张庆森，他1米72。张伯扬这么唱是为了赶江阳辙，适合他的嗓子，我体谅他，所以不怪罪——”接着，马三立极富同情心地摇了摇头，停了停，紧接着又是一转：“那不，前些日子，他嗓子哑了，不出音儿，问我怎么办，我告诉他：‘药铺有清音丸，粒儿又小，又不苦，专治嗓子，声音哑、咽喉疼都治，一盒六粒，一次吃下去，少了不管事儿。你买两盒，连吃两天，每天吃六粒，保证药到病除。’他回去按我说的办，嗓子好了，特地来谢我。刚过两天，他父亲嗓子哑了，虽不是艺人，不上台唱曲儿，也得治，吃清音丸，不过你父亲岁数大了，吃多了不行，你可得记住：‘你吃六粒，你爸爸是三粒（立），记住了吗……’”话音未落，满场已响起会意的笑声，后台不甘寂寞，也是一个个捂肚子、拍板凳和跺脚叫绝。本来守在台子后边等着看马三立难堪的张伯扬，不知不觉被人家七拐八绕地装进了“包袱”，尴尬间撩开台帘怒冲冲指点对手……

2001年12月8日，马三立从艺80周年暨告别舞台演出在天津举行。2003年2月11日6时45分，马三立在天津去世，享年90岁。

侯宝林：相声大师的性情人生

1947 年，侯宝林加入北平曲艺公会时的照片，时年 30 岁

侯宝林（1917—1993），满族，出生于天津。中国著名相声大师，表演艺术家。先学演京剧，后改说相声。1940 年起，与郭启儒搭档，合演对口相声。侯宝林是极负盛名的表演艺术家，注重相声的理论研究，著有《相声溯源》《相声艺术论集》等，被誉为相声界的一代宗师。

著名相声表演艺术家侯宝林先生，小的时候家里很穷，总共念过三年小学。12 岁那年，为了吃饱肚子，侯宝林只好辍学拜师学艺。他先是学演京剧，后改说相声，先后拜常宝臣、朱阔泉为师。

侯宝林先生与朱阔泉先生还有一层关系。据说朱阔泉早年曾收养了侯宝林，后收其为徒。朱阔泉先生师承"相声八德"之一的焦德海，说学逗唱，无一不精，捧哏逗哏样样全通，既有"相"又有"声"，艺术造诣颇深，在曲艺界声誉也很高。朱先生有三个女儿，1940 年，三岁的小女儿意外辞世。据后人回忆，朱先生为此悲伤过度，致血栓发作。

侯宝林的名字是朱阔泉先生起的。朱阔泉共收过王凤山、李宝麟、侯宝林、王宝童、马志明五个徒弟。大徒弟王凤山原本唱数来宝，且已有声誉，后拜朱阔泉为师，在朱先生的指导下，他的相声技艺长进很快，由于他有唱数来宝的功底，因此，说起相声来字正腔圆，吐字有力，手眼身法步，喜怒哀乐惊，得心应手，融会贯通。他的捧哏，尺寸准，搭口严，不摧不坠，不搅不支；既不节外生枝，又能铺平垫稳。给朱阔泉、赵玉贵、罗荣寿、关少曾、汤金城都捧过哏，特别是他与师弟侯宝林、李宝麟合作，真称得上是珠联璧合、相得益彰，受到相声界一致的推崇，与李宝麟、侯宝林哥仨曾被当时曲坛誉为“麒麟山”三兄弟。继王凤山之后，朱阔泉又收了三个徒弟，他给这三个徒弟起的名字的最后一个字，恰好是“麒麟童”，第一位姓李，起名“李宝麒”；接着收了“小西儿”为徒，起名“侯宝麟”；后又收了姓王的徒弟，起名叫“王宝童”。据说朱先生这样做，与他曾受到京剧名家“麒麟童”周信芳的羞辱有关。新中国成立后，侯宝林为了消除这场误会，便将“麟”改为“林”了。朱阔泉的关门弟子马志明，是马三立之子。新中国成立后，马三立和侯宝林在相声界并驾齐驱，深得人们的喜爱，大都认为他们是同辈儿，实则不然。马三立师承八德之一的周德山，而侯宝林是八德之一的焦德海的徒孙，与马三立之子马志明是同门，因此侯宝林应称马三立为师叔。

侯宝林先生天资聪明，拜朱阔泉先生为徒的第三个年头即出师，随后独自到市井街头卖艺，并常到天桥附近的说相声的场子，暗自学习相声。为研究相声，提升自己的素养，他还节衣缩食，买一些书看。有一年的冬天，他在一个旧书摊上看到一本与相声表演艺术相关的《明清笑话集》，爱不释手，想买却钱不够，他就脱下身上的外套，以抵书款，买下了那本书。

侯宝林先生机智幽默，而且还嫉恶如仇，经常说一些嘲弄戏耍军阀权贵的相声段子。他曾经据民间传说说了个段子。据说是韩复榘在山东当省长、督军的时候闹出的笑话。说是有个当兵的在操场上打篮球，韩复榘看一群人来回争抢一个球，他不解，于是就高声喊起来："停、停、停。这是干啥？ 10个人抢一破皮球（老式篮球是由16块牛皮拼合而成），一人发一个不就得了！"听众都被段子中对韩复榘的调侃笑弯了腰。

"文革"时，侯宝林受到了冲击，他在平日里与朋友聊天说的话，和他创作表演的节目，都被搜罗出来，成了他"攻击社会主义，反对党的领导"的罪证。他进入中央广播说唱团时，月薪是335元，在当时是非常高的了。一次与同事聊天，他说："我在这儿，一月300块，要在外边干，千儿八百也是它。"1961年，刘少奇提出"三自一包"，侯先生曾提出一个11人名单，要求去云南单干。因此，侯宝林被扣上"反对走社会主义道路"的帽子。他演出的相声也遭到批判，说他表演的《关公战秦琼》，以大军阀韩复榘父亲不懂艺术瞎指挥，来攻击党"不懂艺术"，重

1953年3月24日，当时在天津的相声演员合影。前排左起郭荣启、常连安、张寿臣、马三立；中排左起常宝华、张庆森、朱相臣、侯宝林、常宝霆、苏文茂；后排左起杜三宝、佚名、白全福、佚名、常宝霖

弹“外行不能领导内行”的右派谬论。大炼钢铁时，侯宝林有一个相声叫《全家献宝》，里边有一段说：“‘我身体锻炼得跟铁人似的’，孩子急忙说，‘爸爸，你可别像铁人，回头连您也给献了。’”并说，“刮舌子也被孩子偷去炼了铁，走在街口里，火车道也想搬去炼铁”。这个段子被批判为“恶毒地攻击我们全党大炼钢铁的伟大运动”。他还有一个常演的相声《改行》，也遭到了批判，说他“攻击党的下放干部政策”。他还有一段叫《打呼》的相声，把打呼噜叫“自然灾害”，又把三个打呼噜称为“三呼万岁！”因而被批为“借以否定总路线、大跃进、人民公社三面红旗”。据说，1962 年，台湾方面叫嚷要“反攻大陆”，说唱团让侯宝林演讽刺美蒋的相声《美蒋劳军奖》，他推辞不演，事后对人说：“国民党来了，我们都活不了！”这件事自然在“文革”时被人揭发，遭到严厉批判。尽管他遭受到了打击，但他乐观幽默的生活态度并没有改变。被戴上了“黑帮分子”的“帽子”之后，他知道既然戴了“帽子”肯定要被斗争，于是他在开斗争会之前，自己做了一顶细长的、圆锥形的黑帽子，叠起来很小，预先放在了口袋里。斗争会开始了，当斗争到高潮时，造反派要给侯宝林戴高帽，侯宝林先生慢条斯理地一边掏，一边说：“别累着诸位，我自己戴吧！”参加斗争会的群众联想起他平常惹人发笑的样子，忍不住都笑了。这一下，造反派被气坏了，连声大吼：“笑什么！这是阶级斗争！”众人忙将头低下。

作为旧社会过来的艺术家，侯宝林先生在“文革”期间，不仅挨了斗争，而且经常接受造反派的外调，为他们写证明材料。我在旧书摊上曾经买到一些中央广播说唱团丢弃的“文革”资料，里边就有几份侯先生亲笔写的证明材料。我仔细读过侯先生写的证明材料，都是实事求是、一五一十地说清楚事情的来龙去脉，就事论事，不是为了迎合讨好造反派而添油加醋，上纲上线。按老北京的旧话儿说：既不添油，也不拨灯。以下是侯先生所写的两份证明材料。

1. 关于杨文元的证实材料

在1940年至1942年这三年间，我在天津燕乐戏院演出，曾一个时期杨文元也在燕乐演出。只是同台，当时觉得这个人不多说话，是个老实人。在这以前根本不认识这个人。在这以后也只是见面说话，熟人，没有密切过，也不是朋友，所以提不出什么证实材料。

1946年以后，我和潘玉珍拜了盟兄弟，听潘说他是潘永班的人“大师兄”。

至于他是否参加了天津游艺协会，北京曲艺公会任什么职务，我一点也不知道。

关于外调的同志叫我交代北京（曲艺）同业公会情况：

北京这个同业公会，当时具体的名称叫什么？我根本没往心里记过。我只是一个概念（对同业公会）凡是干这行的，吃这碗饭，特别是在台上有点颜色的人，你不入也不行。我对公会没有好感，我过去说过，公会抓官差，交会费，演义务（不给钱白演）。当然我过去的认识和说法远不能说明公会的反动本质。同时这种说法，也就有为自己参加了这样反动组织开脱罪责之嫌。

首先交代我的罪行，我参加了这个组织，参加过公会举办的“讲习班”或叫什么训练班。参加过公会组织的“劳军”“义演”都是反革命的行为。

我还参加过大约在1946年或1947年公会举办的“纪念祖师爷”的活动。在崇文门外一个什么庙里，我去过，具体地址不记得了。只有这一次，后来就没有这样活动了，或者我不在北京不知道了。

当然这一套封建迷信的玩意儿，在彼时已竟（经）不能统治人们的精神了。我当时看到在那个庙里的西北角落（最偏僻的角落），半间小房里有个泥像，究竟那个“祖师爷”叫什么名字，我都不知道，我也没烧香磕头，这一套封建迷信的东西还是以前的旧公会搞的。当初办公会都是以几个老人所谓“老前辈”。到了国民党时期就不同了。以前是刘宝全、白云鹏担任名义，王文瑞、霍连仲做点具体工作，拿个车钱。

………

北京公会可能是在1945年日本投降后，国民党刚来不久，他们就勾结上了，也就是旧公会的一班人踢开了王文瑞、霍连仲、白云鹏等老人，他们已摇身一变，成立或改组北京的公会。

我记得1945年9月底，我从天津回到北京上海游艺社演出时，“新”公会已经成立好了。不久公会召集开什么会或扩大理事会，或布置“讲习班”（或叫什么训练班），或是布置“劳军”。其实大权在以上几个人手里，我只是听会而已，当时讲了些什么？实在是记不起来了，是否当时还有顾荣甫、尹福来等人也参加了，请找他们两个人也可以了解一些当时公会的情况。

2．关于证实大特务张景贤的材料

1947年至1948年底，我在北京西单游艺社演出时，他是一个观众，他和前台的人员，包括“东”、“理”以及职工等究竟有什么关系我不了解，他有时也到后台串串座座，大家都称他“张四爷”，经赵四和于少章介绍，我也称他“张四爷”。跑江湖的艺人对于这种事，是司空见惯的，凡是这样的人，必是有权有势的人，起码也是个地头蛇。

几个月后的某一天，赵四对我说：“张四爷叫咱们今天晚上到他家去打牌。”我说：“那（哪）呀？”赵说：“就在商场后门宽街，散场以后咱俩一块儿去。”当晚我和赵文仲去张四家打了一夜牌。

又过了几个月，我在西单游艺社接到一封匿名信，信的大意：叫我准备相当于现在的人民币几千元，某日下午六点送到东来顺饭馆二楼大厅，有人来取，否则以手枪对待。当时我非常害怕，我跟会计吕少元说了，吕说：“嗐，你别理他那一套。”我又跟于少章（后台管事的）说了，于说："张四爷在前边，我把他请来，问他有什么办法。"于是他到前台把张请来，张看完信说："没关系，到时候我跟你去。"到了东来顺二楼大厅，找了一张桌座下，叫了酒菜。当时我的精神非常紧张，唯恐突然发生什么意外。总是偷偷地看着周围。吃了一顿饭也没有发生什么事情。但我对他是非常感激的。从此也再没接到这样或类似的匿名信。现在我怀疑那封匿名信是他们搞的鬼把戏！是拉人干特务的一种手段。

到了1948年底，解放军围城的时期，某一天，日场刚散戏，张四钻进了后台，（当时后台已经没有别人了。）张对我说："我是干什么的你也知道了，（其实我并不知道他的职业）我们要彻（撤）了，我准备留下来，我们把'五子'（饭馆子、澡堂子、戏馆子、杂耍园子、窑子，即吃、喝、玩、乐的一套。简称为"五子"。——作者注）都组织起来了，我想再干一个杂耍园子（杂耍即曲艺）。我拿钱，我不出头，你'打里'（即管理园子），花小宝'打外'（搞交际）。谁来也离不了吃喝玩乐。"他又补充一句："钱有的是（即多得很）。"这时我意识到他叫我干特务！我说："不行，我们这样的人，就会上台那两下子，您叫我们干别的不行。让花小宝跟人睡觉行（旧社会曲艺女艺人多是靠着卖身生活）。干这个不行！您若没我们还可能没事，有了我们就更容易露馅了。北京这地方人家（指共产党地下工作人员）的人多啦，谁怎么回事人家都知道。像《天字第一号》（是一部歌颂国民党特务的电影）那样的事我们做不了。"

我回忆我俩的对话，不一定每句每字都十分准确，但基本正确。也就是说，中心内容是全然没有错。

我当时的活思想：在这以前我从收音机里听过一个话剧《野玫瑰》，后拍成电影叫《天字第一号》（歌颂国民党特务的反动影剧），我中毒不小，把特务当成英雄。所以听他拉我干特务，当时产生两种思想：一种是我怕死，不论待遇多高，我也不能拿生命做本钱。第二种思想是：干特务是英雄，文的武的都得有一套，我干不了，不够那个资格。但我所说的话，完全是站在敌人的立场，还替他着想，如“您没我们还可能没事，有了我们就更容易露馅了”。意思就是，我不够资格，干不了，你干我也不管，你干也得小心。也就是自己不敢干，也不敢得罪他们。

1949年北京解放了，解放军入城的那一天，我在西单商场门口（即新华书店的门口）看见了他，他没有看见我。他穿着黑色大皮袄，戴着黑皮帽子，把帽子拉得很低，在那里看解放军的队伍。以后再也没看见。

1950年，北京公安局举办过一个特务罪行展览会（名称不一定准确，我没去看）。一天上午，我去相声改进小组，路过西单商场门口，碰见了赵四，赵对我说：“喂，宝林，那个张四爷弄下去了（逮捕）。我说：“是呀？”赵说：“你没看那个特务罪行展览会呀？大特务张景贤吗！”到这时我才知道他的名字叫张景贤，以前只是称他“张四爷”，不知名字。赵还说：“他的另一个名字跟我一样，叫仲卿。”（这个名字我可能记得不准确。）

1969.7.1 侯宝林

以上材料中涉及的人物，大都是曲艺界有名望的人物，如常连安、曹宝禄、连阔如等，本书有专文介绍，事件叙述得很清楚，本文就不再絮叨了。

除了接受外调，侯宝林一度还被停止了演出，直到1972年相声和曲艺才有所恢复。

侯宝林又能工作了，兴奋的心情溢于言表。他在给南京市文工队张永熙的复信中，表达了对那些转业的相声演员的关心。同时，也透露了在那一时期里，相声和其他行当的艺人怀才不遇的苦闷，以及对这种不正常情形的忧虑。

永熙同志：

接到你的信，非常高兴。通过你的来信我知道了南京的曲艺情况，非常感谢，全国大多如此，北京也不例外，可以用两句话来概括：专业节目不多，业余节目不少。总的情况还可以用这样两句话来形容：业余比专业的积极，观众比演员积极。现在观众想听相声，无论是专业还是业余的，只要是相声，观众就鼓励，特别是对专业演员，好像是看到你就够满足的了。我试演了两场，深受感动。相声的群众基础太深了。看来，它确实是党的有力的宣传工具。我们这一代人，应当竭尽全力把相声曲艺改革好，更好地为党工作。我们应当经常通信互勉吧（包括交换节目）。

最近一段时间，我接到了黑龙江、齐齐哈尔、辽宁、新疆、烟台等各地同行的来信，多是打听消息，大约都在恢复，也有些同志转业了。托我为他们重新找工作。如果你们那里缺乏师资也可来信（不仅是相声演员）。关立鹏同志还是和你一起？你爱人一定身体很好吧？替我问候他们。

我们又能工作，应该衷心感谢毛主席的关怀，我们永远不忘毛主席的恩情！

代问同志们都好！

最近于世德、赵春田将去南京学习，请你在学习和吃住方面多照顾，容日面谢。（说你们那里暂时也停止活动了，不去了。）

此致

敬礼！

侯宝林

1972.11.20

这位张永熙先生，艺名小张麻子，9岁时（1932年）拜相声名家赵少舫为师，随师在北京、大同、包头、绥远等地流浪卖艺。因常与张寿臣、常连安、陶湘九等相声前辈同台演出，艺术日臻成熟，在观众中开始享有声望。相声界常说“北侯南张”，“北侯”是北方的侯宝林，“南张”就是南方的张永熙。1950年张永熙与关立明结成搭档，在南京红楼书场（今金陵饭店附近）演出，一炮打响，双双加入南京曲艺工作团，与刘宝瑞、高元钧一起成为团里的主要演员。刘宝瑞的单口相声、张永熙与关立明的对口相声在南方舞台树起了一道绚丽的风景。而刘宝瑞、关立明、张永熙这三位艺术家，被观众亲切地称为“相声刘、关、张”，在中国相声史上留下了一段佳话。

侯宝林写下的证明材料和他给张永熙的复信，文字质朴，很像老北京人的说话聊天，没有丝毫的修饰。前文提到过，侯宝林只念过三年小学，文化程度不高，不过他写的这几份证明材料和复信，不仅字写得清秀漂亮，而且措词得当，几乎没有错别字。侯先生没有刻意地练过字，识字、认字、写字都与他从事的相声艺术有关。旧社会撂地儿相声演员为吸引听众，在表演之前有个前奏节目，就是写“沙字”。据说侯宝林每次撂地儿演出前，左手拎个小布袋，右手的拇指食指从布袋里撮一些老粉藏在掌心，然后缓缓地在泥土上组字。好奇的人围过来，看他要什么把戏，于是愈围愈多。传说这门绝技起源于相声行内公认的祖师爷朱绍文。

朱绍文，艺名穷不怕。他的这个艺名，来自他在自家大门上贴着的一副对联。上联是“无时不怕穷经皓首”，下联是“励精矢志朱紫着身”，横批是“舌治心耕”。晚清学人李香谷有一首《赠朱绍文》诗说：“数十年来艺谋生，寥寥往事赠朱兄。写得当年郑元和，是大英雄不怕穷。”这位相声行内的老祖宗朱绍文，于1829年出生于北京，卒于1904年。他幼年的时候学唱的是京剧丑角，并且曾搭嵩祝成的戏班演出。道光末年，他改学“十不闲”莲花落的“前脸儿”（丑角）。到了咸丰年间，“十不闲”

莲花落日渐衰微，因生活所迫，他便改行到北京天桥撂地儿说单口相声兼唱太平歌词，而后他又创建了两个人表演的对口相声。原本相声是从笑话儿发展演变成的，清初石成金写的《笑得好》第二集里，有一段笑话儿叫《夫人属牛》，大意是说：

一个当官的做寿，乡民听说他是属鼠的，就大伙儿凑金子给他铸了一只金鼠送去。这个县官儿一见很高兴，对乡民说："你们知道吗，再过几天，就是我夫人的寿诞，千万记住夫人是属牛的。铸的时候，肚子里可不要空膛的。"

这是一段讽刺当官儿的贪婪成性的笑话儿，后来有了相声这种艺术形式，从情节、人物各个方面就丰富多了。很多的老艺人，包括朱绍文以至到了侯宝林先生这一辈儿，都说过根据《夫人属牛》的笑话改编的相声《属牛》。朱绍文还创作了相声《字像》以讽刺贪官污吏，是早期对口相声中一段有代表性的作品。

朱绍文在撂地儿时，常携一小袋白沙，先用白沙画一大圆圈，然后单膝点地，右手用拇指和食指捏白沙撒字，且边撒边唱。他撒的字有单个儿的，有三五个字连在一起的，还有对联、诗词等，有时也撒出一丈二长的"福""寿""虎"等双钩大字。偶尔在大字之下再撒小字，像"招财进宝""日进斗金""赵钱孙李""宇宙洪荒"等。他经常撒的一副对联是："画上荷花和尚画，书临汉帖翰林书。"这副联不但对仗工整，而且正着念，倒着念，字音相同，颇有趣味。

侯宝林先生不仅完美地继承了沙书艺术，还把沙书的技法运用到书法上。有些人慕其名气，向他求字，他常把沙书练就的字，写到宣纸上。我藏有一个朋友从侯先生那儿求来的两幅字，一件写"奋进"，两个大字苍劲有力，款落于右，与书法平行。另一幅尺寸较小，为典型的"沙书"——一笔连体字，拆开来读为：" 一带山河，少年努力。"落款时间是：1980 年 11 月，钤有三枚印鉴，一枚"宝林珍玩"印鉴钤在书法的右上角；两枚名章钤在左下方落款处。

侯宝林先生喜欢交朋友，和漫画家方成交谊颇厚。俩人常在一起探索艺术、交流心得。侯宝林说：“漫画是无声的相声。”方成说：“相声是有声的漫画。”这两种艺术形式都夸张，都逗人笑，都寓教于乐，都为人民大众所喜爱。侯宝林先生的弟子较多，出名的有马季、贾冀光、丁广泉、郝爱民、师胜杰等。

小蘑菇：常氏相声世家的永久丰碑

1947 年，小蘑菇加入北平曲艺公会时的照片，时年 25 岁

小蘑菇（1922—1951），本名常宝堃，著名相声演员。北京人，满族正白旗人。因家境贫寒，自幼随父常连安变戏法撂地儿卖艺谋生。9 岁拜张寿臣为师学习相声，常连安为其捧哏。15 岁与赵佩茹搭档合作。18 岁在天津与魔术演员陈亚南组织兄弟剧团，任团长。抗战时期，曾因编演相声《牙粉袋》《打桥票》讽刺统治者而遭到逮捕、毒打。1949 年后，热情编演歌颂社会主义新风尚的相声。1951 年参加第一届中国人民赴朝慰问团，在朝鲜前线光荣牺牲。人民政府授予其“革命烈士”的光荣称号。

小蘑菇是老一辈相声艺人常连安的长子，本名常宝堃。常老先生总共有六个儿子和一个女儿。六个儿子宝堃、宝霖、宝霆、宝华、宝庆、宝丰都以表演相声为业，名气大的是前四个；常连安的孙子中，常贵田、常贵生和常贵德等均为相声演员；故人们将常家称为“常氏相声世家”。

常家原籍北京，祖上当过清兵，属正白旗。正白旗里有贵族，但平

常连安和他的儿子们。左起：常宝霖、常宝华、常连安、常宝堃、常宝霆

民多。常家老宅在现在的北京民族文化宫后头的达智营，这条胡同早在20世纪90年代初就被拆了。和许多的老北京八旗子弟的后裔一样，清政府垮台后，都得自己挣嚼裹儿了。常连安在14岁那年，和一些旗人子弟跨进了吃开口饭的门槛儿。他先是入北京富连成班学京剧老生三年，与马连良、于连泉等同科。他原名常安，按辈分是连字辈，于是老师萧长华先生在其本名常安中加一“连”字，自此艺名常连安。出科后没几年，常连安因嗓子倒仓离开了京剧舞台。

为了生存，常连安开始学变戏法，19岁那年，他到张家口卖艺，长子常宝堃出生，因当地出蘑菇，取名“小蘑菇”。1923年张家口发大水，民不聊生，常连安靠卖艺养活不了一家三口，便携妻儿到了天津，入了变戏法的万傻子的班。因家里穷，到了入学年龄的小蘑菇被父亲送到相声名家张寿臣那儿学相声，取名常宝堃。

1933年，小蘑菇出师。为了更好地锤炼自己的儿子，常连安放弃了他的技艺，按行规，常连安被焦德海的徒弟张寿臣代收为师弟，正式改行与儿子合说相声，子逗父捧。据后来的常家老四常宝华先生回忆说，小蘑菇虚心好学，聪颖过人，说学逗唱，样样精通；18岁时，在天津的小梨园、大观园日夜两场，同时还上两家电台去说，后来又到庆云戏院与马三立等名家挑台；最红的时候，前边说相声，后边演戏，《四进士》

《法门寺》等，生、旦、净、末、丑各种角儿全能拿得起来，尤擅长丑角。后来还成立了一个“兄弟剧团”，小蘑菇当了团长。常宝堃具有民族气节和爱国主义思想，在日本侵略中国时期，他编演《牙粉袋》等节目，讽刺日本侵略者的压榨，为此多次遭到逮捕，并被毒打。

常连安与长子宝堃合作两年后即1935年，老二常宝霖出徒，常连安便改为二儿子宝霖（艺名“二蘑菇”）捧哏。小蘑菇改由赵佩茹捧哏。当时，这小哥儿俩搭档，在北平、天津一带演出，互相切磋，轮流捧逗，艺业猛进。常连安与二儿子宝霖亦在天津、北平演出，并由电台播放，名声很大。

常连安的表演路数较宽，捧逗俱能。其捧哏沉稳严实，声调雅静，尤其擅长说单口相声和唱太平歌词。他的单口相声自成一家，叙事沉着稳健，生动细致，引人入胜。

太平歌词是一种从属于相声艺术的曲艺形式，约形成于清代初叶，其曲调是从莲花落演变而成的，用两片竹板伴唱，流行于北京城区与郊区。后来慈禧太后请了个叫什不闲的莲花落艺人去宫里演出，由于是在宫里演出，唱的都是忠臣孝子的段子，慈禧听罢大喜，说：“都是忠臣孝子的段子，说明大清国天下太平，就叫太平歌词吧！”又赏赐给艺人唱曲时用的板，这块板就叫“御赐”，后来被俗称为“玉子”。经过长期的沿革，太平歌词就成了相声演员的基本功，也是相声艺人招揽观众的主要手段之一。

常连安与二蘑菇合说的相声及他唱的太平歌词，曾长时间在北京的电台播放，家喻户晓。常连安的代表作有《山东人斗法》《黄半仙》《山中奇兽》《大师兄闹衙门》《追车》等。尤其是《山东人斗法》，一直流传至今，很多相声艺人说这个段子的时候，都借鉴常老先生的技法。

1938年，常连安在北京西单商场创办了启明茶社。启明茶社是老北京比较早的“相声大会”，也就是专门说相声的场子。1948年歇业，前后10年，享誉京城。开始时白天是相声大会，晚上是杂耍，后日夜以相声大会的形式演出。演员阵容强大，除了常家父子，北京曲艺界知名艺人张寿臣、侯一尘、赵霭如、刘德智、于俊波、华子元、吉坪三、郭荣启、刘宝瑞、张杰尧、赵佩茹、孙玉奎、荷花女、白全福、王长友、王世臣、罗荣寿等都参加过启明茶社的演出。每年的茶社纪念日，常连安还独出心裁地演出大型化装相声《福寿全》。那时的启明茶社名气很大，曲界艺人能到该社演出是一件很荣耀的事情。

新中国成立初期，居家在天津的常连安一家仍以演艺为生。1951 年 3 月，常家老大常宝堃（即小蘑菇）与赵佩茹、富少舫、程树棠等曲艺家，一起参加了第一届中国人民赴朝慰问团，4 月 23 日，他们在完成任务归国途中突遭敌机空袭，小蘑菇和程树棠不幸牺牲。天津市人民政府授予常宝堃以“人民艺术家”“革命烈士”的光荣称号，并为二位举行了盛大葬礼，廖承志、陈沂、田汉等领导专程赴津吊唁，沿途数十万群众观看致哀，场面空前。同年 12 月，根据烈士常宝堃的遗愿和常连安提议，天津市文化局正式批准成立了天津曲艺团，骆玉笙、石慧儒、王佩臣、高元钧、常宝霆等加盟，常连安任团长，赵佩茹任副团长。

常连安的长子宝堃牺牲后，其次子宝霖于 1956 年 11 月调入甘肃人民广播电台说唱队，任队长。他出生于 1924 年，于 2000 年逝世，享年 76 岁。

三子宝霆于 1929 年出生，9 岁随父亲常连安和长兄常宝堃学说相声，后拜郭荣启为师。1945 年起与白全福合作表演相声，1948 年定居天津。以后成为天津市曲艺团专职演员，并曾从事过“曲艺剧”的演出实验。其相声表演语出清脆，尤擅“贯口”及学唱段子。常演出的传统相声《杂学唱》《拉洋片》《大审》《数来宝》《卖布头》及《八扇屏》等，除充分发挥了自身特长外，还有着热烈火爆和通俗流畅的特点。

常宝华，1930 年出生于天津。9 岁从父亲常连安、长兄常宝堃学说相声。11 岁在平津两地登台演出。他继承了父兄风格，说学逗唱俱佳。多年来，常宝华创作并演出了大量的相声，代表作有与人合作的《昨天》《帽子工厂》等，《帽子工厂》还成为当时有影响的相声之一。

常贵田，1942 年生于天津，是常宝堃的长子。自幼受家庭影响，爱好相声，8 岁已能登台，12 岁正式拜赵佩茹为师，1958 年高中毕业后与叔父常宝华搭档演出，是“常派”相声承上启下的传人。

刘宝瑞："单口大王"的悲惨结局

刘宝瑞（1915—1968），出生于北京。著名相声表演艺术家。以单口相声表演而著称，被称为"单口相声大王"。他家境贫寒，13岁时拜著名相声艺人张寿臣为师。先后在北京、天津、济南、上海、香港等地献艺。1949年后参加中国曲艺团，后调至中国广播说唱团。1968年9月因胃穿孔病逝。

1949年，刘宝瑞参加中国曲艺团时的照片，时年34岁

相声表演艺术大师刘宝瑞，以单口相声见长，当年因在电台演播《珍珠翡翠白玉汤》被人们熟知和喜爱，被誉为"单口大王"。

这个"单口大王"的桂冠可不是那么容易得到的。单口相声是一个人在讲故事，既不同于鼓书有音乐伴奏、欣赏性很强，也与评书不同，评书一般是大书，如《三侠剑》《三国》《水浒》等等，一说最少几个月，容易吸引听众。单口相声的段子，也就十几分钟，最长的也就个把小时，要吸引听众，不仅故事性要强，而且要有风趣幽默的语言技巧。

刘宝瑞先生编创和表演的单口相声，每个字、每句话都经过反复琢磨、千锤百炼；表演的时候，每个腔调，每一个字儿的发音，都要经过精心揣摩。因此，往往一个平常故事从他的嘴里说出来，就非常风趣、有味儿。说单口相声，开场就要把观众吸引住，关键是开场白，或说几句“定场诗”，又叫“书词儿”。就仿佛唱单弦，上场先来段“岔曲儿”，或者评弹，先唱段“开篇”。开场白也好，定场诗也好，就是要逗乐，要与下面讲的故事有些牵连。

刘宝瑞先生对开场白的运用，可谓驾轻就熟，往往有神来之笔。有时候他的开场白是几句七言诗，有时候来几句打油诗。以下摘录几段刘先生在剧场演出时说过的书词儿：

大燕打食四海飘，为儿孙垒下窝巢；

终朝打食几千遭，唯恐儿孙不饱。

小燕将养数日，臂膀扎下翎毛。

忘了父母养育劳，展翅摇翎飞了。

飞到荒郊野外，遇见避鼠的狸猫。

连皮带骨一齐嚼，可叹小燕的残生——丧了！

几句书词道过，余不多表，下演一部醒世金铎。醉罗汉——济公全传！接演前文：昨天已然说的是：乾坤盗鼠——华云龙，姑子庵会——夜间刀伤少妇。泰山楼白昼杀秦安，夜入秦相府，盗取秦丞相八宝透剔玲珑白玉镯，丞相恼怒，才派赵永路、杜振英，会同济公长老，要捉拿华云龙，（拍醒木）往下不会！

刘宝瑞表演的单口相声还有这样的书词儿，您一听准保会乐：

天地玄黄宇宙浑，有一年八月十五打了春。

那一年的事情好奇怪，提将起来吓坏人。

种茄子愣接独头蒜，老窝瓜变成狗头金。

杨八姐游春骑着一辆自行车，眼望着南店，哈哈大笑，可又泪纷纷。
她一只眼哭，一只眼笑，哭了声，小白脸儿的丈夫——程咬金！
只皆因大破天门阵你死得苦，那本是刘伯温害你命归阴。
心中恼怒黄三太，绝不该手榴弹炸死了潘巧云。
乱七八糟大杂烩，到下面，三堂会审——窦尔墩！
您看，我还没说相声哪，光说这一个开场白就把大家逗乐了。

刘先生在单口相声《黄半仙》前面的书词儿，更是让人笑疼了肚子：

六月三伏好热天，京东有个张家湾。
老两口子当院正吃饭，来了个苍蝇讨人嫌。
这个苍蝇叼走一个饭粒儿，老头一生气就追到四川。
老婆家中守了仨月，书没捎来信没传。
请了个算卦的先生来占算，
先生说：按卦中断——老头这趟是伤财、惹气白赔路费钱！

还有的书词儿，搁哪儿都合适。

远看忽忽悠悠，近瞧飘飘摇摇。
不是葫芦，不是瓢，在水中一冲一冒。
这个说像足球，那个说像尿泡，
两人打赌江边瞧，原来是两个和尚洗澡！

刘宝瑞的书词儿还擅长说景儿。春、夏、秋、冬四季都有景儿。有一段说雪景儿的：

说的是《三国》里头，“三顾茅庐”一事。刘玄德二顾茅庐未遇，碰见诸葛亮的岳父黄承彦，说了一篇《梁父吟》，那是个雪景儿，词儿是这么说的：

一夜北风寒，万里彤云厚，

长空雪乱飘，改进江山旧。

仰面观太虚，疑是玉龙斗。

纷纷鳞甲飞，顷刻遍宇宙。

骑驴过小桥，独叹梅花瘦。

哎，这个雪景写得就不错，可要是比起我们说相声的雪景来，他还差一点儿。因为什么哪，我们这个雪景啊，是雪而不露雪。这首诗里一个“雪”字儿都没有。可是您细一捉摸呀，哎！就是下雪哪！我说说，您听听：

天上一阵黑咕咚，好似白面往下扔，

倒比棉花来的冲，如柳栽花一般同。

黑狗身上白，白狗身上肿；

坟头总比馒头大，井口儿是个大窟窿。

您听这不是下雪嘛？就是下雪哪！“黑狗身上白”，黑狗身上落上层雪，能不白吗；“白狗身上肿”，白狗本身就是白的，又落一层雪，显得个儿大啦！就跟肿起来一样了。

刘宝瑞先生创演的传统相声的开场白多得很，有的是流传下来的，有的是现挂的。新中国成立后，他创编并表演的单口相声的开场白，说的是新话，用的是新词儿，也很吸引人。如单口相声《要账》的开场白：

现在我来说段单口相声。您看这说相声也不容易，应当语言词汇丰富。尤其是已经解放十年了，天天出现新事物，新名词也就多了；有些旧的名词儿被淘汰，进了历史博物馆了。您像这路词儿："老妈子"、"小丫鬟"，这早就成了历史上的名词了，因为它是侮辱劳动人民的。您看现在还有这样叫的么，管保没有了，您要有听见那么叫的我受罚。那回我这么一说，台底下站起一位来："那您受罚吧，现在我就听有这么叫的。"我说："在哪儿呢？"他告诉我《三击掌》里头。这不是废话么。还有，您拿现在过新年来说吧。两位同志一见面，也要说一句贺新年的词儿："新禧新禧，祝您继续跃进。"您看这有多好听。您要旧社会过年，大年初一见着面了，这个冲那个一抱拳："欸，见面发财，见面发财！"您听这像话吗，三十晚上，俩人还找个旮旯里一块躲账去了呢，天刚一亮就发财了？这个说："见面发财。"那个就说："您黄金万两，日进斗金！"这个一听赶紧摇头："欸，别拘数儿别拘数儿。"他还嫌少哩。像什么"见面发财"啦、"黄金万两"啦，这种语言现在您听不见了……

艺术界有句话说得好："台上一分钟，台下十年功。"关于刘宝瑞于单口相声这门艺术所下过的功夫，无论是民国时期和他一起搭过班的，还是新中国成立后和他同在中国广播说唱团工作过的同事，都是有口皆碑，评价基本上一致，即：刻苦好学，勤于钻研，文化程度虽不高，但熟悉历史掌故，社会知识丰富。他的单口相声在继承传统的基础上，汲取了南方独角戏及评话的艺术技巧，又借鉴电影、话剧的表演手法，融会贯通。他的相声表演以描绘社会环境，时代背景来烘托人物、事件见长。表演时，他以独特的音色、诙谐风趣的语言并结合生动的眼神、面部表情、恰当的手势和形体动作吸引观众。他精于台词的打造和提炼，对每段台词的抑扬顿挫都进行过精心的设计，通过长期舞台实践，形成了独特的艺术风格：稳健潇洒、"使活"细致、"包袱"别致含蓄，平整而不瘟，脆快而不过，声、容、情、神兼备。因此，也就得到了"单口相声大王"、"冷面滑稽家"等称誉。

纵观刘宝瑞先生的艺术人生，他有很多相声艺人不可比肩之处。概括起来，刘宝瑞先生有很多个“第一”。

大凡相声演员，多以表演对口相声为主，捧哏，或逗哏，也都能表演单口相声。但仅从表演单口相声的数量来说，超越刘宝瑞先生的尚属鲜见。刘宝瑞生前编演的单口相声就有八十段，辑为《刘宝瑞表演单口相声选》。

作为艺人，跑码头是常事，刘宝瑞自1937年以来，为维持生存，一直不间断地在各地“跑码头”，十几年中，他曾先后在天津、北平、济南、开封、南京、上海及港澳等地演出，算得上是“跑码头”最多的相声艺人。他还是把北方相声艺术介绍给江南及港澳观众的先行者。

1944年，刘宝瑞从济南回到北平，入启明茶社演出，其间和郭荣启搭档，互为捧逗，一连在电台演播了四个月的相声节目，以致当时的北平城各阶层，无不知道有个说单口相声的刘宝瑞。他是那个时期相声艺人在电台连续演播时间最长的。

1949年，刘宝瑞与赵月华在南京结婚。没过多久，为生活所迫，刘宝瑞只身前往香港，成为第一个把相声带到香港的艺人。

新中国成立后，刘宝瑞于1952年自香港回到北京，先是参加了中国戏曲研究院实验曲艺团。后调中央广播说唱团任艺术指导。从这一年起，直至1966年“文革”，他又有了更多的“第一”。

1954年春节期间，他响应文化部的号召，到工农兵中去，为工农兵服务。刘宝瑞以饱满的热情，到农村、到工厂为京郊农民演出，下厂辅导工人曲艺队伍。他还为北京劳动人民文化宫举办的曲艺训练班坚持教学12年，培养出大批青年相声演员。

1959年夏天，组织上安排他到福建前线慰问解放军，在艰苦的条件下，深入前沿阵地演出。为了体验部队生活，刘宝瑞还在战士们的辅导下掌握了持枪、卧倒、射击的技能。在访问了侦察英雄纪瑞瑄以后，他深深地被英雄的事迹所感动，挤时间创作，为人民子弟兵表演了歌颂英雄的单口相声《神兵天降》，受到了部队首长和战士们的欢迎。这是中华人民共和国成立后第一篇军事题材的单口相声。

1960年，中央广播说唱团挖掘整理传统相声，动员演员们口述笔记，刘宝瑞积极参加，他记录下来的单口相声文字稿及录音在全团数量上占第一位。

1960年，中央广播说唱团附设相声学习班，招收了十几名学员，由他负责辅导，后来这些学员大部分成为各专业文艺团体的骨干力量。为培养马季掌握传统段子，录制《找堂会》《扒马褂》等段子时，他为马季捧哏，并将许多传统相声传授给马季和唐杰忠。

刘宝瑞单口相声的代表作之一《连升三级》曾被编进中学语文课本，同时被译成英、法、日等国文字，介绍到国外。

刘宝瑞还是去中南海为毛泽东、刘少奇、周恩来、朱德等党和国家领导人做专场演出最多的相声演员之一，也是受到党和国家领导人亲切接见最多的相声演员之一。

刘宝瑞先生为人谦恭和蔼、诲人不倦。但就是这样一个演技超群，对于继承和发扬相声表演艺术作出过突出贡献的艺术家，在"文化大革命"期间，却遭受到严重迫害。1968年10月8日下午，刘宝瑞在北京房山路村劳动时突然被现场批斗，当晚逝世，年仅53岁。刘宝瑞死后其尸首被草草掩埋，至今遍寻无果，只留衣冠冢葬于北京朝阳陵园。

由于多数的相声涉及具有强烈政治意味的内容，还有一些相声矛头直指统治者，因而，历朝历代都对这种艺术形式进行过遏制。古籍中有记载优人被砍头的事例，清代曾禁演相声，民国时期有的相声艺人因讥讽时弊遭到迫害，抗战时期，相声艺人小蘑菇曾因编演《牙粉袋》《打桥票》等相声来讽刺统治者而遭到逮捕、毒打。

新中国成立后，穷苦的艺人翻身做了主人。但好景不长，伴随着一个接着一个的运动，许多艺人纷纷受牵连，例如，曲艺界的连阔如、曹宝禄、荣剑尘等，京剧界的奚啸伯、李万春等在反右中，被划为“右派分子”，自此一蹶不振。如果说，“三反”“五反”和1957年的“反右派”斗争中，曲艺界“落马”的人数不多，而到了“文革”时，同其他文化部门一样，曲艺界也是重灾区，许多有影响的艺术家被无限上纲，遭到批判、劳改或被关押，以至于被迫害致死。刘宝瑞先生即是其一。

刘宝瑞先生被打成“黑帮分子”，自然与他从事的相声编演有关，他是个多产的相声表演艺术家，创编和演出的作品不计其数，各时期都有作品问世，每个阶段的作品，必然与社会现象有紧密的联系。笔者存有刘宝瑞先生生前整理的相声文稿数十份，写本文之时，曾逐篇阅看。有的正是“文革”时被揭批的作品，如1962年春节，刘宝瑞先生参与创演的多人相声《诸葛亮升帐》。这是中宣部为贯彻“国家暂时困难时期，物质生活贫乏，在宣传上应着眼丰富人们的精神生活，使人们充满笑声”的指示，中央电视台（当时名为“北京电视台”）举办以相声为主的《笑的晚会》，“大轴儿”是刘宝瑞等表演的多人相声《诸葛亮升帐》。内容说的是诸葛亮的一盘点心被帐下四员大将吃了，风格滑稽可笑，颇受欢迎。这段相声到“文革”期间被无限上纲，被诬为“恶毒攻击人民饥饿，抢点心吃，发泄对现实的不满”。

关于刘宝瑞先生之死，也是说法不一。死讯最先是“专政队”管理的“黑帮分子”传出的，说刘宝瑞是吃安眠药自杀的；原因是刘宝瑞总是心口疼，还得下地干活，难以忍受病痛之苦，自求解脱……那个时候，如果被专政对象自杀，就是“自绝于党，自绝于人民”。

这个说法，很快就被否定了，因为刘宝瑞先生离世的第二天下午四点，广播局保卫处的人带来了法医，对刘先生的遗体做了解剖，最后的结论：刘宝瑞系因胃穿孔致死，胃里没有食物也没有药物的残迹。

究竟刘宝瑞先生是怎么死的？直到2001年，当年与刘宝瑞同在路村劳动改造的邵燕祥写的《路村，刘宝瑞之死》的回忆文章发表后，才有了较为确信的说法。

邵燕祥先生是20世纪50年代有影响力的青年诗人，后转向散文、杂感写作。但是不久，由于他的诗和杂文中触及某些不公正和不民主的社会现象，受到批评和斗争，被戴上了“右派”帽子。1960年，为贯彻第三次全国文代会精神，在10月的秋风里，邵燕祥从劳动改造的农场回到北京，到中央广播说唱团与说唱团部分相声演员、创作人员一起帮助相声组记录传统相声，也是在这个时期，邵燕祥结识了刘宝瑞。

1968年9月，邵燕祥随广播局专政队全体转移到路村。路村位于北京市房山区东南部，元朝以前成村，因姓得名。在“文革”前，北京地区许多村庄都有自家的绝活，或杂耍，或戏曲，都有鲜明的村落特点，大概是村民的祖先落籍此地就有了。路村的人喜欢唱河北梆子，曾有村剧团，已有百年历史。据说为了给新华社和中央广播局提供“劳动锻炼”的场地，“中央文革小组”组长陈伯达特地向8341部队要了房山县的两个农场；在南召村的农场给了新华社，在路村的农场给了广播局，说是为了“劳动锻炼”，后来就成为收容专政对象和审查对象的地方；据说农场搁不下，又放到村里。

邵燕祥与刘宝瑞都是广播局的，但因被“清理”出“阶级队伍”的队伍越来越大。所以重新编队；原先的“专政队”打乱了，邵燕祥跟科研所的人分到一块儿去了；刘宝瑞则作为“专政对象”来路村参加秋收劳动的。他们几十个人住一屋，分成两排睡地铺，和刘宝瑞头对头睡的是同团的徐衡。徐衡在邵燕祥发表了《路村，刘宝瑞之死》一文后，补充了他所目睹的关于刘宝瑞离世前后的真实情况。

据徐衡回忆，路村有六七百亩地，秋收时节天天白日在地里干活，晚上就在场上剥棒子（玉米）。当时广播局来劳动锻炼的大概有四五百人，围坐在山一样的玉米堆周围。虽然人很多，但很少有人大声讲话，都在默默地剥棒子。

刘宝瑞猝死之前的那个晚上，也在这里剥棒子。徐衡是这样记述的：

这天，那个管我们黑帮队的郭××忽然发现，就属刘宝瑞剥的棒子少。于是大声斥责之后，他就喊刘宝瑞站起来，又找来个大粪箕子，装满玉米，直到起了尖，让刘宝瑞背上，围着四五百人的大圈跑。那个专政的执行者，紧跟在后边，像赶驴一样，不断吆喝："快跑，快点！再快点！还得快！"

每当刘宝瑞从我身后过一回，就总先听见他"哼哧！哼哧"大喘气，随后，就是那个专政执行者的吆喝声，盖过了刘宝瑞的"哼哧"声……那时候，见专政的人也跟着来了，人们都赶紧干活。

徐衡与刘宝瑞白天一起劳动，晚上一起剥棒子，夜里睡觉在一个房间的地铺上头顶头。他清楚地记得，那天晚上遭到折磨和羞辱的刘宝瑞回到住处，已经瘫在铺位上，拿起那个小搪瓷缸，伸着颤抖的手，有气无力地哀求："徐衡啊！你给我倒碗水吧！"

刘宝瑞身患多种疾病，尤其是他那顽固的胃溃疡，折磨得他寝食难安，常常以小苏打之类的药物维持，因此身体一直比较虚弱。刘宝瑞病魔缠身，大家都知道的。造反派当然也知道。像刘宝瑞这样的病号，在正常情况下，在劳动时，本应受到照顾，但是专政队管理"黑帮"的这些人，大都是一些已丧失人性的魔鬼，他们不但不照顾刘先生，还常常找他的毛病。刘宝瑞劳动时，因胃病发作，休息不好，吃不进东西，浑身无力，与强壮的人相比，动作要慢，拎的东西也少，结果那些无良之人就把刘宝瑞单独拉了出来，说别人都扛一大包稻草，你就拎这么点。于是现场批斗罚站，一站就是溜溜一天。等其他人都下工了，因没接到看管"黑帮"的人的命令，刘宝瑞还在那儿站着不敢动。

作为一位出身穷苦、走南闯北吃过大苦的艺人，刘宝瑞虽然病魔缠身，有时还要遭到非人的折磨，但他平常并不麻烦别人。"天天晚上干完活回屋，总是先拿上小搪瓷缸，艰难地一步一步挪到院里开水桶接水，再蹭回来打开几个小药瓶，倒出几粒来，就水吃下去。然后吃力地拉开褥子，慢慢躺下，用夹被盖上，赶紧闭目养神。"徐衡曾听刘宝瑞说过，他血压高，有心脏病，吃的主要是治心脏病的药，还有肠胃也不大好。

那天夜里，同室的人们听刘宝瑞像往常一样呻吟，声音时大时小，声调却拖得很长很长。熄灯后，夜深人静，哼哼声显得更大了。全屋的人心里都清楚，刘宝瑞这次受到的伤害不轻，但在非常时期，没有人敢去安慰他，照料他。劳累了一整天，大家都疲惫不堪，很快就在刘宝瑞痛苦的呻吟中进入了梦乡。

按照以往，虽然夜里刘宝瑞因病痛难以入眠，但只要起床哨一响，他就会按时起床，做上工的准备。可这天的早晨，起床哨响了，同室的人都麻利地穿好衣服去洗漱，但刘宝瑞趴在那儿一动不动。有人报告了专政队的人，来人连骂带踢，可刘宝瑞还是一动不动，再仔细一看，早已殒命。

刘宝瑞死了，也算是脱离了苦海，摆脱了病痛和"不良之人"的羞辱。中国相声史上不可或缺的一代单口相声表演艺术大师，就这样没了。

孙宝才：以口净闻名于天桥的“双簧”表演

1947 年，孙宝才参加北平曲艺公会时的照片，时年 46 岁

孙宝才（1901—1992），北京人。双簧表演艺术家，艺名大狗熊。曾做过童工。15 岁拜赵霭如为师学相声。1920 年后，以双簧表演为主业，在京津两地演出，其幽默、诙谐的表演赢得了观众的高度赞扬。1949 年后，曾参加过曲艺革新小组。1951 年、1952 年两次参加赴朝慰问团，并担任慰问团曲艺大队队长。回国后任曲艺三团团长。1965 年退休后，仍参加演出。

从清代末年到 20 世纪 50 年代初期以来，相继在老天桥卖艺的京剧、评剧、曲艺、武术、杂技等各界民间艺人多达五六百位。这些形色各异、各有师承和特色的民间艺人，大多身怀绝技、艺术高超。表演双簧的孙宝才先生就是其中之一。

据传，双簧这种曲艺形式是清朝咸丰、同治年间北京艺人八角鼓票友黄辅臣先生所创造。黄氏最初为评书艺人，善于模仿各种人物的语言、举止和鸟兽声以及各种市声，以连学带做而著名。后来，他嗓音失调，遂由别人在背后专门说唱，而他自己面对观众表演，逐渐形成一种新的曲艺形式，被称为“双簧”。

关于双簧的由来，还有一种说法是：清咸丰帝死后，慈禧太后专权，除了爱看戏，她也爱听曲艺说唱。她听太监说有个叫黄辅臣的艺人说唱技艺高超，而且善于模拟鸟兽，很是好奇，便差人传黄辅臣进宫演出。果然名不虚传，黄辅臣的表演的确有趣，深得慈禧太后喜欢。几年过去了，因宫廷事务繁多，慈禧也就没再请黄辅臣进宫演出，此时黄老先生已七十多岁了，因嗓音失调，不再演出了。谁知慈禧心血来潮，又传他进宫演唱。老先生知道，抗旨不遵，是要杀头的。想来想去，最终想出了个办法。黄老先生的儿子受父亲的调教，说唱表演能弹能唱，样样精通，于是黄老先生决定冒险带着儿子进宫。因与太监们也是很熟的，爷俩竟然顺利进了宫。候着的时候，他预先让儿子蹲在他的袍子下面，等到慈禧太后到了，开演时，他自己坐着弹弦子，身后的儿子开唱，他则依唱的内容对口型。表演结束，慈禧很高兴，说：“你瞧瞧，人老了老了，嗓子反而更脆亮了，真是返老还童呀！”黄辅臣赶紧谢恩下跪，慈禧此时发现他的嗓音很是嘶哑，同时也发现了他的儿子。慈禧追问情由，听黄老先生的一番陈述，慈禧转怒为喜，说：“你们这是双黄呀！”“双黄”本是两个姓黄的意思。黄氏父子出宫后，他们的“双黄”故事在艺人的圈子传开了，于是有好事者就专请这父子俩演“双黄”，居然从此成了一种新的曲艺形式。后来为与京剧中的“二黄”加以区别，黄氏父子把“黄”字加个“竹”字头，此后“双簧”之名便流传开来。这个故事只是个传说而已。黄辅臣胆子再大，也不敢把儿子带进宫；而那些太监没有慈禧太后的御旨，再大的胆子，也不敢放他们爷俩进宫的。

随着时间的推移，历经多少代的双簧艺人的革新改造，原先的一人在前表演，一人蹲在其后说唱的单调形式已然大有改观。双簧的道具很多，不仅有场面桌和椅子，说相声用的醒木、手绢、折扇，还有一个演双簧专用的头饰——套在头上的小辫，一般都用绳圈拴一个小圆托，上连一根冲天杵独辫，也有其他样式的。

双簧艺人，在前面表演的叫“前脸”，北京人读儿化音，“前脸儿”；后面说唱的那位叫“后背”，儿化音读“后背儿”。双簧开始，“前脸儿”坐在桌后椅子上，先向观众咧嘴眯缝眼不发声音地大笑，然后紧急收敛笑容，面目严肃，拍醒木给信号；“后背儿”说唱，“前脸儿”学其动作口型，术语称为“发托卖像”。再演一小段，“前脸儿”故意露出破绽找笑料抓包袱，站起离桌露出“后背儿”。二人对口说几句，接着再学双簧。现今艺人表演的传统双簧，大都从双簧演员化妆开始。甲（表演者）化装时，先坐在桌后椅子上，由演员乙（说唱者）将其大褂领子窝进去，露出脖颈，然后自己用大白块将两眼和嘴部抹上三大块白，为了看清头部动作、面部表情和语言口型。甲边化装边说，在窝领子时甲把乙当成理发师傅，说：“就一个人呀？我刮刮脸！”开始抹大白时说：“人是衣，马是鞍；西湖景，配洋片。人不捯饬不好看，捯饬起来您再瞧——”乙：“好看啦！”甲：“更寒碜！”抹完大白，戴上小辫就开始表演。到了民国时期，天桥艺人中最为著名的双簧艺人有徐狗子、锡阔亭、巩成利和孙宝才。

孙宝才是北京人，出生于1901年，卒于1992年，在老艺人中他算得上是高寿了。因他长得身高体重、膀大腰圆，而且憨态可掬，艺名大狗熊。他从艺很晚，先是做童工。15岁拜赵霭如为师学相声。赵霭如先生是民国时期著名的相声艺人、双簧艺人。1899年，他出生在北京一个满族家庭，原名赵吉瑞。13岁时，正逢辛亥革命，清政府垮台。为了生计，赵霭如拜师相声老前辈卢德俊先生，开始在京津一带卖艺。赵霭如成为相声界威望极高的艺人，他擅说单口相声，说对口相声捧逗皆佳；还兼演双簧，擅演双簧中的“前脸儿”。他长得眉眼清秀，透着一股干练，一口北京的土言土语，表演时憨态百出，很是吸引观众。可惜他英年早逝，1948年离世时不到50岁。赵霭如的亲传弟子在后来的曲艺界也都很有影响，相声方面有王长友、罗荣寿等，双簧方面则是孙宝才。

孙宝才是个诚恳好学的艺人。1920年，双簧演员徐狗子在北京城南游艺园演出，孙宝才多次前去观摩，认真揣摩其技艺。在综合了师傅赵霭如先生和徐狗子的双簧表演特点的基础上，孙宝才终于摸索出一套具有自己独特风格的技艺，在京津两地演出时，声誉颇著。孙宝才既演双簧，又说相声；他的双簧表演特点是表情逼真而细腻，幽默而不粗俗，举手投足间富有浓厚的喜剧趣味，颇可解颐，很受观众的好评。

孙宝才的搭档名叫王文禄。王文禄演“后背儿”，蹲在椅子后边，用扇子挡住嘴说唱，因离前台远，要用很洪亮的嗓子演唱，这是相声双簧的基本形式。演“后背儿”相当吃功夫，没有扎实的基本功、没有好嗓子是演不了的。孙宝才与王文禄配合默契，他们两个几句话就会有一个“包袱”。如在表演《小老妈》时，王文禄在后背说：“双簧一上台，脸上抹点白，头上戴朵花，好像天津卫的小老妈，走一走，扭一扭，扑通！一个大跟头！”孙宝才在前边都要充分表现出来，伴随着“扑通！一个大跟头”，这位憨态可掬的“大狗熊”真的摔倒在地，在观众大笑声中，继续往下演。在他们的表演中，每一小段词的后边，都会有个“响包袱”。

孙宝才与王文禄经常演出的双簧段子有《罗爷》《照花台》《买鸡买鸭》《老妈妈赴会》《八大改行》《莲花闹》《杜十娘》《扭秧歌》等。在这些段子中，最显其艺术功底的是《照花台》。孙宝才在这个段子中刻画了一个情窦初开的少女，通过梳头、搽粉、描眉、画眼、簪花、更衣、掸土、照镜等一系列细腻入微的动作，将小家碧玉春意萌动、渴望爱情的内心世界刻画得惟妙惟肖，其高超的表演才能，堪与出色的戏剧演员媲美。另外，孙宝才表演的《罗爷》也极其出色。《罗爷》这个双簧段子取材于历史小说《隋唐演义全传》，表演的是唐初秦王李世民部将罗成作战的故事。这一曲目是典型的文武双簧，从始至终离不开顶盔、掼甲、罩袍、束带、扳鞍、上马、瞭望、冲杀等动作，手眼身法步并用，将一位武将的鹰扬之貌模拟得淋漓尽致。

孙宝才与搭档合作，更多的是表演相声，而最能体现孙宝才技艺的段子是《八大改行》。在这个段子中，孙宝才是以“货声儿”作为垫话儿的。孙先生的“货声儿”在同行中首屈一指。正月初二祭财神的活鱼，二月的带汤儿豌豆，三月蟠桃宫的豌豆黄儿，四月的芍药，五月的杏儿，六月的沙瓤西瓜，七月的各种青菜，八月的葡萄和鲜枣儿，九月至腊月依次出现于市面儿的香菜、辣青椒、腌雪里蕻、腌芥菜、草编狗窝、菱角米、供花儿、糖瓜儿、年画儿、芝麻尖儿、松木枝儿、门前挂钱儿等，甚至倒土的，凡北京一切叫卖声，无论词句简单还是复杂，也无论腔调低沉还是高亢，他都能学得惟妙惟肖。

孙宝才还以口净闻名于天桥。北京是古都，远的不说，就从元、明、清至民国，北京人始终保持着说话文明不带脏字儿的传统。说话不带脏字儿，就是现在说的不爆粗口，不骂人。老北京人与家人邻里间打招呼啊，聊天啊，都非常注意说话时不带脏字儿，甚至与脏字儿沾边儿的也不用。如“蛋”字，本意是卵的俗称，因其在日常用语中与不少骂人的话相联系，于是老北京人不但在说话时尽量回避这个字儿，而且凡是与“蛋”沾边儿的东西，也换了说法，如鸡蛋叫“鸡子儿”，皮蛋叫“松花”，炒鸡蛋叫“摊黄菜”，煮鸡蛋叫“窝果儿”，鸡蛋汤叫“木樨汤”，肉炒鸡蛋叫“木樨肉”——木樨为桂花的学名，因烧熟的鸡蛋颜色像桂花，才这样叫。北京人管鸡蛋糕叫“槽子糕”或“油糕”也是忌那个“蛋”字儿。民国那时候，相声在天桥表演是不卖女票的，原因就是那里的艺人大多不忌口，所以那时天桥的曲艺杂耍场子一出现女观众，艺人就会客气地说：“请您到别处玩艺场逛逛，我们嘴不干净，请您退场，谢谢！”而我们本文谈到的这位孙宝才先生演出时，从来就不带一个脏字儿，没有一句脏口，也因此唯有他的场地，妇女们才敢涉足。

孙宝才与王文禄合作前的搭档是王长友先生。王长友（1912—1984）

祖籍浙江绍兴，出生于北京。幼年曾学裱糊手艺，后来结识相声名家刘德智，向刘学习相声表演。19 岁在北京正式拜赵霭如为师。出师后，无论单口、对口、群口，逗、捧等都很精通，还擅唱太平歌词，兼演双簧。

孙宝才与王长友合作期间，为增添节目的艺术性、赢得观众的喜爱，二人在表演中充分利用相声的技法，更多地运用合辙押韵的精练语言组织“包袱”（笑料），“包袱”翻得要响，获得强烈的喜剧效果。同时，在正式表演双簧前，他们一般都使用相声节目中的一些垫话。这种表演称为“相声双簧”。孙宝才、王长友在北京隆福寺演出“双簧”，引起轰动。合作一段时间后，王长友收赵振铎为徒，师徒同赴天津、济南演出；孙宝才与赵玉贵先生合作，不久，便与王文禄先生合作表演相声、双簧、太平歌词。王文禄有创作能力，与孙宝才合作，说新唱新，新节目不断涌现，在相声大会中演出别具一格，深受欢迎。

1949 年后，孙宝才参加过曲艺改进小组。在这个时期，孙宝才和高德亮合作，曾编了个新段子，内容是一个教书先生没什么文化，只会一本《百家姓》，为了糊口，延长教学时间，在书上的句子间加词，所加的词句巧妙地反映当时的政治、军事、经济、人文风情等。高德亮坐在钱桌北边点儿的高凳上，孙宝才站在场西边，面对面地说，这段子采取接下字手法来表现，有的用尾字谐音，承上启下：

赵钱孙李，李宗仁，仁（人）心大假，假意和平，平津解放，放鞭炮，炮打南京，惊天动地，地土改革，革命成功，工人有主，主席姓毛，毛泽东，东方红太阳升，升点气，气死老蒋，蒋沈韩杨，洋钱别卖，卖了犯法，法国铁桥，桥上行人，人人有戏，戏法变碗，碗中有水，水中撒米，米热成粥，周吴郑王。

1951 年抗美援朝时，孙宝才两次参加赴朝慰问团，与常宝堃、关学

孙宝才晚年的演出剧照

曾、王文禄等人到前线为中国人民志愿军慰问演出，并担任慰问团曲艺大队队长。

“第一届中国人民赴朝慰问团总团曲艺服务大队”共有86人，分为四个中队，主要由北京市的曲艺演员与杂技演员组成。第二中队有曹宝禄（单弦演员）、吴长宝（弦师）、金震、胡宝钧（弦师）、良小楼（京韵大鼓演员）、金世昌（弦师）、罗凌、翟俊川、孙砚琴（梅花大鼓演员）、罗沛霖（拉大片演员）、朱国勋、李德福（弦师）、高元钧（山东快书演员）、关学曾（北京琴书演员）、杨清波、孙宝才（双簧演员）、王文禄（双簧演员）、张英杰、杨振林、刘有义、彭子富（铁片大鼓演员）、沈德元（弦师）。

回国后，孙宝才任北京曲艺三团团长。

1965年，孙宝才退休，但他仍经常参加一些大型活动的演出。1986年，还应北京地坛春节文化庙会之邀，以86岁高龄参加了演出；后又应邀于老舍茶馆演出，直至去世。

郭全宝：因《吹大气》受审

郭全宝（1921—2004），北京人。相声表演艺术家。1934年拜于俊波为师学习相声。新中国成立后参与了传统相声的整理，并且表演了大量新作品。曾与刘宝瑞、侯宝林、马季等合作表演。“文革”时，因说演《吹大气》遭到审查。

1947年，郭全宝加入北平曲艺公会时的照片，时年26岁

郭全宝先生，1921年出生于北京。和侯宝林先生一样，郭全宝起初学的并不是相声表演艺术。他幼年家境贫寒，8岁的时候在“隆音佳乐社”拜王少云为师学习唱京剧丑角。3年后，郭全宝11岁，开始在天桥平民茶园里与“小云里飞”等人撂地儿演出“滑稽二簧”。也就是在这期间，他拜著名相声老艺人于俊波为师学说相声，并与侯宝林、白全福等在北京天桥启明茶社、天津谦德庄、济南晨光茶社同台演出，14岁（1934）起辗转于京、津、济南一带表演相声。1947年，在天津参加兄弟剧团，与常宝堃、赵佩茹等名家联袂演出。

在这里，先简要介绍一下郭全宝先生的师傅于俊波先生。

于俊波（1899—1951），字利泉，北京人。他是民国时期闻名遐迩的相声大师焦德海的徒弟。曾与张寿臣、白宝亭等同窗学艺，出师后先后与刘德智等在北京天桥魏家茶馆前明地演出，与郭启儒在前门外大栅栏三庆戏院演出，还曾与京韵大鼓名家刘宝全同台，声名日增。他的相声特点是敢于针砭时弊。在日伪统治期间，北京物价飞涨，民不聊生，一次于俊波与周德山等在天桥撂地儿作艺，见有人在天桥卖火车头牌牙粉，便现挂几句："下一场雨，面落一回钱，连下三场雨，面更落钱啦。不过这袋儿小点儿。"捧哏的问："多大的袋儿？"他抖"包袱"说："牙粉袋儿！"一句话惹得全场观众会心大笑。日寇投降后，于俊波仍在北京演出。他在说笑话时，常当场抓哏现挂，干脆利落、切中时弊。1945 年，一次与弟子孙玉奎说《窝头论》，他便垫了一个笑话，鲜活地呈现了人们记忆中的混合面儿窝头：

提起窝头我都寒心，日伪统治时期，让中国人吃混合面儿，就是用豆秸棍磨成粉，还有些奸商往里掺锯末，吃完了拉不出屎来，那天我排队挤点儿混合面儿来，蒸了几个窝头，吃完了"吧嗒吧嗒"直往下拉劈柴棍儿——在肚子里都接上啦！

听完此段，听众会心地笑起来。于俊波还与戴少甫加工整理了传统相声《八扇屏》《戏迷药方》《数来宝》《打白朗》等。1949 年夏秋二季，于俊波携弟子孙玉奎、郭全宝及儿子于连仲、于春早先后赴天津人民茶社、赵家窑与山东济南晨光社等处演出。1950 年春，从济南回到北京，参加北京相声改进小组演出和相声教学工作。于俊波勇于革新，待人诚恳，艺德高尚，颇受相声界同仁的尊重。

郭全宝先生师承有序，师友都是高手，在与众多良师益友的合作中，他练就了一身本事：捧逗俱佳，风格火爆、幽默风趣，擅演单口相声和"闹活”，如《捉放曹》《黄鹤楼》《耍猴》《借火》等，还精通京剧、单弦儿、数来宝等多种艺术形式。1950年，郭全宝参加中国人民志愿军慰问团赴朝鲜慰问演出。1951年，他调入中国广播说唱团工作，先后与侯宝林、刘宝瑞、马季、郝爱民等合作表演相声。1957年，由其逗哏的相声《好啊，好》流行全国。

“文革”时，郭全宝被下放农村劳动改造，其间，因他演出过《吹大气》这个含有讽刺意味的唱词小段儿，被造反派上纲为“影射攻击大跃进”而接受外调和审查。为此，郭全宝先生专门写了证明材料，他没有上过学，扫盲班毕业，其文字直白淳朴，读来另有一番意趣：

证　明

1969年1月16日下午，外调的让我证明我几时在北京演出过《吹大气》这一唱词小段儿。我知道这是个传统小快板，经自己反复回忆我于1959年的前半年和马季等人去包钢时唱过快板《金门宴》。另一次是1959年和1960年录音了两段快板《师徒争》《打走狗》。还一次是去沧州慰问下放干部时，王决分配给过我一个快板叫《马大嫂跳河》，在沧州时演出过几场，上次王决提到《吹大气》这小段我也会唱，不知王决是哪儿听我唱的，如果是由沧州县慰问演出回来在音乐厅组织过实况录音《马大嫂跳河》，就很有可能我加演了《吹大气》小段，要没有录实况那就可能是听北京曲艺团高凤山唱的这一小段了，是否问一下王决就准确了。

郭全宝 1969年1月18日

《吹大气》这个小段具有强烈的讽刺意味，那时候流传甚广，我在中学时期，学校组织文娱活动，常有很多同学会说这个段子：

吹大气

墙头高，墙头低，墙旮旯有对蛐蛐在那儿吹大气。

大蛐蛐说："昨儿个我吃了两只花不愣登的大老虎。"

小蛐蛐说："今儿个我吃了两只灰不溜秋的大毛驴。"

大蛐蛐说："我在南山爪子一抬，踢倒了十棵大柳树。"

小蛐蛐说："我在北海大嘴一张，吞了十条大鲸鱼。"

这两个蛐蛐正在吹大气，扑楞扑楞打东边飞来一只芦花大公鸡。

你看这只公鸡有多愣。它"得"地一声吃了两只小蛐蛐。

大蛐蛐一看生了气，它龇龇牙捋捋须一伸腿，唉！它也喂了鸡啦！

哈哈！看它还吹大气不吹大气！

"证明"里提到的王决先生，是著名的曲艺作家。1952年电台筹建新中国第一个"广播说唱团"，王决是具体筹办人之一，经他推荐和牵线搭桥，一批知名老艺人像侯宝林、刘宝瑞、孙书筠、马增芬等相继被广播说唱团录用，成为这个团体的台柱子。侯宝林、罗荣寿等11人在北京成立"相声改进小组"，纯洁净化相声语言，挖掘整理和改编传统曲目。作为曲艺作家的王决支持小组工作，他根据演员的表演特点组织创造新段子，并与侯宝林、刘宝瑞合作，创作了相声《宽打窄用》《砍白菜》《吃饭我掏钱》等相声段子，开创了演员与创作人员结合进行曲艺创作的先河。至于"证明"里提到的《吹大气》，是快板书，当时与《耗子摔跤》《劫刑车》《隐身草》等十几个传统段子深受群众的喜爱。

郭全宝晚年，与罗荣寿合作表演双簧。罗荣寿先生，北京人，生于1918年，比郭全宝大3岁，1995年离世。罗荣寿幼年拜师赵霭如学说相声，曾长期与白全福、高凤山、李桂山、郭全宝合作，在京、津、济南、沈阳等地演出。1950年参加相声改进小组，任副组长，致力于相声的改革工作，积极编演新段子。后加入北京市曲艺团，1980年退休。罗荣寿的代表剧目有《黄鹤楼》《卖布头》《官衣贺喜》《太平歌词》，相声《拔牙》《资本家与洋车夫》等。

除了那份郭全宝亲笔写的“证明”，还有一张郭先生亲笔所书的“换房申请”，见证了那时候包括郭全宝先生在内的老艺人的居住条件。

换房申请

曲韵同志：

今年元月，我和张振东同志谈了申请换房的事。张振东答应给解决这个问题。现在请您帮助给解决一下换房问题。我现在住的是两间一通联，一间 12 平方米，一间 14 平方米，和邻居两家共同用一个厨房，邻居人多，两家厨房里挤不开，厨房不到 6 米，放个炉子，就什么地方也没了。做饭时，只能到屋子洗菜、切菜，洗衣服也要在屋里，感到很不方便，影响工作和休息。希望能够换个带厨房的单元［尽量（楼层）低一点，因我爱人腿不好］以解决生活困难。

敬礼

说唱团 郭全保（宝）

1975 年 8 月 10 日

“文革”前，乃至 80 年代初期，艺人的生活水平和一般平民百姓没有多大区别，也就是演出时，于工资外拿点补助，吃顿好的。他们大多和市民同住在大杂院里，孩子多的艺人住得很是拥挤。郭全宝是侯宝林的搭档，曲坛前辈，那时居住条件尚且如此，何况那些个小辈艺人呢。

郭全宝先生是 2004 年 7 月 12 日病逝的，享年 83 岁，在老一辈艺人当中，算是长寿的了。

白全福：捧哏“量活”一绝

1947年，白全福加入北平曲艺公会时的照片，时年29岁

白全福（1919—1993），满族，北京人。天桥著名艺人云里飞之后，幼年随父亲“云里飞二世”学滑稽京剧。15岁说相声，18岁正式拜于俊波为师。出师后，与罗荣寿、郭全宝等在济南演出。1942年末回到北京，在启明茶社与常宝霆合作，珠联璧合，在相声界颇负盛誉。新中国成立后，先后加入天津红风曲艺社、天津广播说唱团、天津市曲艺团。白全福对相声艺术刻意求新，另辟蹊径，形成“捧中有逗、以相助生、滑稽醒目、热情豪放”的捧哏艺术风格。在单口相声的表演上，有独到之处。

“白罗郭”是民国时期活跃在北京天桥的三位相声名家的姓，他们分别是白全福、罗荣寿和郭全宝。老百姓之所以把他们三个合在一起，是因为他们三位曾一同去山东济南行艺，在晨光茶社一炮打响。1942年的年根儿，哥儿仨从山东回到北京接茬儿在天桥行艺。白全福开始与常宝霆搭档，为常捧哏，俩人的合作长达三十余年。

1919年，白全福生于北京的一个旗人家庭，他的祖父、父亲都是天桥的著名艺人。旧时的天桥有八位身怀绝技的艺人，人们称呼他们为"八大怪"，白全福的爷爷白庆林位列第二代"八大怪"之末。白庆林幼年时曾在"嵩祝成"京剧科班学艺，初学武生，后学武丑，曾与有"京剧大王"美誉的谭鑫培同台演出。他能文能武，跟头翻得最好，能在平地上跃到空中翻两个跟头，好像在云中飞腾一般。大家送他一个外号叫"云里飞"。后来他老了，飞不动了，就改说评书《西游记》。白老先生有京剧的底子，平时总是穿得干净利落，留着长长的胡须，冬天的时候穿件灰布面羊皮袄，上套红毡马褂，下穿青裤黑鞋，每当说到孙悟空降魔的情节，老爷子一定会加上武功，连比划带说，很是潇洒。和白庆林同一时期的另外"七大怪"依次为：第一怪，让"蛤蟆教书的老头儿"，他在天桥时间不长，有两手绝活儿，一是驯青蛙，二是驯蚂蚁；第二怪，人称"花狗熊"，他演出时，腰里挂着一把破铁壶，鼻孔里插一支用洋铁片做的哨子，他边用砖头儿敲铁壶，边使劲用鼻子吹哨子，又蹦又跳又说又唱，就像一只大狗熊，有时，他还和他的幽默滑稽的老婆同演；第三怪"王小辫"，掼跤名家宝善林的师父，他是耍中幡的高手，中幡上书写"以武会友，晃动乾坤"八个字，非常豪爽气派；第四怪，"耍金钟的"，他耍的是像一面镜子那么亮的一个小铜钟，上边贴几幅画，转动铜钟，画上的人物、花鸟、树木等似在活动；第五怪，"程傻子"，本名程福先，每次表演前，他先要一只性情凶悍、体形肥大的黑熊，然后顶碗；第六怪，"傻王"，这个人是个气功大师，长得五大三粗，总是傻呵呵的，表演前先运气，尔后能用手掌、三个指头、胸部开石；第七怪，数来宝艺人曹德奎，外号"曹麻子"，他是高凤山的师父。

白全福的父亲白宝山，人称"小云里飞"，曾在"富连成"戏班坐科，学净角，当时曾用艺名白喜奎。后协助父亲"云里飞"唱"滑稽二簧"。再后来，"小云里飞"在天桥的三角市场单挑儿并有了自己的场子。那时在天桥市场演出的艺人大都撂地儿"画锅"，"小云里飞"不仅有自己的场子，而且还比较讲究，上搭席棚，场子里摆了几排板凳，台帘是一块“德寿堂牛黄清心丸”的广告。“小云里飞”的表演，比起其父略高一筹，他多才多艺，能唱、能演、能说，最拿手的是光着脑袋着地，一连气能翻50个跟头，久而久之，头顶上竟磨出一道凹痕来。“小云里飞”戏班坐科净角出身，可以串演生、旦、净、末、丑等不同的行当，常演出《捉放曹》《落马湖》《豆汁计》《打面缸》等几十出戏。与正儿八经的京戏不同的是，他所表演的虽然是京剧，但又把相声的“说学逗唱”有机地结合进来，因而大受观众欢迎。曾有人写诗赞他：“小戏争看云里飞，褴衫破帽纸盒盔。诙谐百出眉开眼，惹得游人啼笑非。”

到了白全福这辈儿，祖父、父亲的翻跟头功夫，他没能继承下来，结果落下一个“飞不动”的艺名。虽然“飞不动”了，但他的嘴上功夫还是说得过去的。他7岁开始随父亲学滑稽京剧。15岁跟二叔白宝亭学说相声，18岁拜于俊波为师。于俊波、白宝亭和张寿臣都是焦德海先生的徒弟，因此白全福先生的相声风格，还是有些焦派相声的影子。他的独到之处是“捧中有逗，以相助生，滑稽醒目，热情豪放”。白全福非常注重剧场效果，善用“皮薄”包袱，以“相”烘托内容，以变位技巧与夸张的形体动作造成热烈的气氛。相声必须有“包袱”，才能招引听众的笑声。一个造诣深的相声演员，“包袱”一定要运用得恰到好处。也就是说，使的“包袱”要寓庄于谐、俗不伤雅，要耐人回味。“皮薄”的“包袱”使好就更难，不仅现场引起观众酣畅痛快的笑，还能使观众离场后回味无穷。在传统相声中，白全福擅演“子母哏”和“歪哏”类节目，同时对单口相声也有研究。所谓“子母哏”，是对口相声的一种表现形式。对口相声答题可分为“一头沉”“子母哏”和“贯口”这么三类。“一头沉”采取的是叙述的方式，大多以“聊天儿”的方式进行。“逗哏”是主要叙述人，把他自己经历过的或是熟悉的事物说给“捧哏”的听，实际上是两个人共同配合表演给观众听。而“捧哏”的演员扮演的是观众代言人的角色。他要对“逗哏”的所叙述的故事给予评点，把“逗哏”叙述的内容细节、特点和矛盾给提炼出来。“一头沉”形式的“捧哏”演员，话语不多，以听为主，但辅以表情和肢体语言，常用的助词有两种，一种是肯定，一种是否定。肯定的助词是：“啊！”“是！”“是啊！”“是嘛！”“对！”“对啦！”“哦！”“不错！”“当然喽！”等等。否定的助词有：“啊？”“干吗？”“多会儿啊？”“哪有的事啊？”“像话吗？”“没听说过！”“这是怎么说的！”等等。白全福与常宝霆先生曾经学说过焦德海、刘德智两位相声前辈合说的相声《洋药方治病》，就是典型的“一头沉”技法。这个段子以纯北京味儿的方言，嘲讽了旧北京市井中的各色人物。遗憾的是这个段子中的许多老北京话儿，能完全听懂和理解的人不多了。

与“一头沉”一样，“子母哏”也是由“逗哏”和“捧哏”合作表演。不同的是，“捧”和“逗”有来有往，一环扣一环，就像拉链儿和子母扣似的，互相咬着扣交错在一起。具体说来，“一头沉”是“逗哏”的以客观的态度叙述事情，而“捧哏”的是对“逗哏”的叙述的故事加以评价。“子母哏”则不然，两者是以一种互相争辩的方式来探讨问题、讲述故事的。所谓争辩，就是“捧”和“逗”扮演两个对某件事情或事物在看法上各异的人物，因为两者想法不同，有了分歧，各持己见，影响到故事的发展和变化。“捧”和“逗”两者都是以第一人称出现的，也就是说两个爱抬杠的碰到一块儿啦。在表演的时候，往往假戏真做，一智一愚、一精一憨，出现了滑稽可笑的情节。具体的例子，如传统相声《蛤蟆鼓儿》和《抬杠》。

“贯口”是对口相声常见的表演形式，“贯口”的“贯”字，是一气呵成，一贯到底的意思。它的叙述方法是一口气连续说出一大段台词，抑扬顿挫，铿锵动听。传统相声中著名的《报菜名》(原名《满汉全席》)就是“贯口”技法。

白全福在传统相声中擅演“子母哏”“腿子活”和“歪哏”类节目。

他说相声的潜质，被独具慧眼的常连安发现，就请他为自己的儿子常宝霆“捧哏”，而这一合作竟至终生。经过几十年的刻苦钻研、勤于实践，白全福的技艺日臻成熟，逐渐形成了自己“捧中有逗、以相助生、滑稽醒目、热情豪放”的捧哏艺术风格，即捧得严、兜得紧、铺得稳、抖得狠。其技艺达到炉火纯青、独树一帜的程度。

新中国成立后，白全福先后加入天津红风曲艺社、天津广播说唱团、天津市曲艺团。

十年浩劫时期，白全福被撵出艺坛，到一个设备厂看大门，精神上的折磨使白全福患了重病。1978 年以后，白全福以惊人的毅力重返舞台，而此时他的双耳几乎全聋，完全是靠看常宝霆的口型来“量活”，老段子还好说，有的新创编的段子，白先生依然应对自如，功力和毅力令人敬佩。

高凤山：数来宝的改进创新者

高凤山（1921—1993），河北省三河县沈庄子人。数来宝与快板书的表演艺术家和相声表演艺术家。7岁拜天桥艺人曹德奎为师，学唱数来宝，后又拜高德亮为师学说相声。10岁开始，先后与马三立、朱相臣、罗荣寿、孙宝才等在京、津、唐山撂地儿卖艺。1949年后参加相声改进小组，积极编演新曲目。曾任北京曲艺三团团长、北京曲艺团团长、中国曲协理事。

1947年，高凤山加入北平曲艺公会时的照片，时年26岁

1958年，北京曲艺团人员登记簿的第一个名字是高凤山，时任北京市曲艺团团长。从登记簿上的信息得知，高凤山是民盟成员。我曾听老辈人说过，这位高先生是个多面手，而且人长得精神。在《北平市曲艺公会1947年会员名册》上，高凤山和教他的相声师父高德亮同在一个页码，他26岁，师父33岁。高凤山家住外五区先农市场25号。外五区即新中国成立后崇文区所辖的一个地区。专业栏填写的是口技，口技就是今天的相声。从照片来看，高凤山透着一股干练劲儿，英气有神，很有个性。

高凤山，原籍河北省三河县，1921年出生于贫苦的农民家庭。因天灾人祸，4岁时便随其父流浪到北京。6岁那年，他成了孤儿。为了生存，高凤山捡过煤核儿，拾过破烂儿，在剃头刀作坊学过徒，在八大胡同的妓院里给妓女梳过头，在天桥摆过瓜子摊，为丧家打过“执事”，甚至沿街乞讨过，饱尝了人间苦难。

成了孤儿的高凤山，曾先后居住在天桥附近的金鱼池和山涧口穿堂院的“小孩儿店”（因专门收留流浪的小孩儿而得名），每天接触到的和听到的都是天桥艺人们的吹拉弹唱。为了能够养活自己，刚满7岁的高凤山立志要学会一些本事。他最喜欢的是京剧和变戏法，可他的身上一文钱都没有，学习京剧需要戏装，变戏法需要道具，一个孤儿怎么买得起呢？他决定学习不用投资的数来宝。他听过曹麻子的数来宝，虽然他不能完全听懂内容，但依然被曹麻子的诙谐演唱吸引。高凤山怯生生地找到曹麻子，说明来意。听到高凤山要拜他为师，曹麻子认真打量这个孩子，见他虽然衣衫褴褛，但透着一股子机灵劲儿，曹麻子便满口答应。无人引见，未立字据，未请客送礼，这样的拜师学艺，前所未有。就这样，高凤山踏入了吃开口饭的行列。

高凤山的师父曹麻子，早在民国初年及至20年代初就已在天桥以说唱数来宝而出名。与他同时期出道的还有相声艺人“万人迷”（李德钖）、“张麻子”（张德泉）、焦德海、刘德智、于俊波、高德光、高德明、高德亮、郭启儒、“瞪眼玉子”（裕德隆），双簧艺人“大狗熊”（孙宝才）、锡阔亭、巩成利，拉大片艺人“大金牙”（焦金池），竹板艺人张顺明，西河大鼓艺人田福玉、张明和，评书艺人张虚白（说《封神榜》）、小王一魁（说《盗马金枪传》），以及就演于坤书馆的冯凤喜、于瑞凤、良小楼等。

数来宝是流行于京津地区的一种曲艺形式，最初是乞丐沿街乞讨的手段之一。昔日名曰“善人知”，是由乞丐行乞时恭维舍钱者的顺口溜演变而来，所用的道具是两块牛胯骨上穿铜铃，演唱时艺人单腿跪地，敲起来“呱的呱，呱的呱，呱的呱的呱的呱”。沿街在商户门前数唱乞讨，如“打骨板进街来，铺户买卖两边排。买卖兴隆通四海，财源茂盛大发财”。常用句式为“三、三”六字句和“四、三”七字句，见景生情，即兴编词，二句、四句或六句便可换辙。惯用抓、哏、抖包袱等手法引人发笑。内容多为陈腐、毫无意义的段子，例如：“打竹板，迈大步，眼前来到棺材铺。棺材铺买卖好，做的棺材一头大来一头小，装上活人受不了，装上死人跑不了。”清末民初时，数来宝由艺人小海子引入天桥，由流浪街头改为每日在小型的场地内演出，说唱内容也有了变化，善于创新的艺人开始演唱民间传说和历史故事，并由此产生出曹麻子这样的数来宝艺人。

曹麻子名叫曹德禄，北京大兴县青云店人，因为脸上有麻子，人称“曹麻子”。他演出时很特别，本来脑袋长得就怪，还满脸麻子，在后脑勺上又梳了个朝天小辫，辫梢上拴着铜铃铛，眉毛一挑，脑袋一晃，带动小铜铃铛乱响，脸上抹上大白，样子很是逗人。演出时，他手里举着合扇（俗称牛胯骨），扇边上坠着13个小铃铛（俗称十三太保合扇），他一条腿半跪着，“哗啦哗啦”地敲动着，真是怪人怪相。曹麻子在天桥演唱数来宝受到听众喜爱的原因，还不光是他长相怪异，主要是他靠自己的聪明才智，说唱内容有新的变化；他说的数来宝段子没有庸俗的荤段子，而且他自编自演了许多老百姓喜闻乐见的时事题材，如他在民国初年编演的《推翻满清》和《北伐成功》，就很受欢迎。其中《推翻满清》中的一段唱词流传甚广：

骨板一打响连声，不说如今说前清。
慈禧垂帘来听政，光绪皇帝被架空。
太后投降不争气，洋人爸爸坐朝廷。
兵荒马乱人民苦，锅里野菜合根煮。
可怜饿得皮包骨，男女老少成骷髅。

同盟会有孙中山，废除宣统掌大权。
从此满清被推翻，百姓才得见青天。

又如《大实话》里的段子，以简短而通俗的语言形式，反映了人民群众的生活经验和思想感情，具有教育劝诫的作用，其内容是：

林中树木有高低，世上人多心不齐。
只顾各扫门前雪，哪讲什么情和义。
大树一倒猢狲散，各奔南北与东西。
结交朋友要谨慎，须知人心隔肚皮。
画上耕牛难耕地，纸糊骡马不中骑。
要吃还是家常饭，搪寒还是粗布衣。
娶妻别图脸蛋美，免得日后惹是非。
生儿育女别贪多，贪多必定着大急。
要吃要喝又要穿，长大未必有出息。
有朝一日爹娘死，穿白戴孝全是虚。
灵前供碗倒头饭，谁见死人吃了去。
七天以内入了土，气化清风肉化泥。
活时争名又争利，口眼一闭全都没。
万贯家财拿不走，攥把指甲躺地里。
奉劝诸君听仔细，实话一段非儿戏。

曹麻子除了到天桥“上地儿”（撂地儿演出），还常到前门大街一带的店铺前去“唱铺户”，卖唱挣钱，晚年还串巷子，去妓院演出。

高凤山拜师后，按照旧时的学徒规矩，师徒如父子，他每日里要伺候“曹麻子”的起居生活，还要跟随师父“上早儿”（早场演出）、“上晚儿”

（下午演出），夜间还要走街串巷或到妓院卖唱。在跟随师父的卖艺生涯里，高凤山眼界大开，不仅把师父唱的段子和表演动作谙熟于心，还利用一切可以利用的时间刻苦练习；他不满足师父传授的那些东西，有时还抽空闲或利用演出间隙看别的艺人的表演，从他们那里学习段子和表演特点，这在行里叫“偷艺儿”。高凤山凭着机灵劲儿，从其他艺人那里偷学了不少的玩意儿。台上一分钟，台下十年功，经过几年的学艺，高凤山已经掌握了很多传统段子和表演技巧。他首次“上地儿”所唱的《诸葛亮押宝》就是偷学艺人“陈大鼻子”的节目，因其说唱时口齿伶俐、嗓音清亮而甜润，备受听众欢迎与赏识，并由此在天桥小有名气，立住了脚跟。

海阔凭鱼跃，天高任鸟飞。有了本事，可以养活自己的高凤山不满足于在天桥演出了，他下通州、张家湾，走廊坊、杨村、天津“三不管”乃至唐山矿区等地卖艺。

高凤山和师父对于数来宝这门艺术的最大的贡献，是把数来宝的道具从牛胯骨改成了竹板，演唱时自击竹板和节子，段子基本为七字句，合辙押韵，以较快的节奏念诵唱词，或间以说白。数来宝由此演变成快板，一个新的曲艺曲种诞生了。

高凤山不仅在快板书方面有很高的造诣，而且在相声艺术方面也有很大的影响。他学习相声的师父是老艺人高德亮。高德亮出生于1914年，比高凤山年长7岁（1947年加入北平曲艺公会时，高德亮33岁）。高凤山原有高超的快板书表演技巧，相声与数来宝原本就有相通，故而很快就入了行，并在相声圈子里站住了脚，他先后与马三立、朱相臣、侯宝林、王长友、王世臣、罗荣寿等合作，捧哏、逗哏、泥缝儿，都拿得起来且得心应手。代表作有《秦琼卖马》《卖布头》《数来宝》《黄鹤楼》《捉放曹》等。

新中国成立后，高凤山参加相声改进小组并编演新曲目，因而受到重视。他积极进取，锐意创新，上演了二百多个快板书和数来宝段子，擅演的曲目有《同仁堂》《诸葛亮押宝》《武松打店》等。他文化程度不高，除演出外，还努力提高文学修养，整理、修改传统书段和创作新作品，发表作品数来宝《壮志凌云》、快板书《神行太保戏李逵》（与人合作）等；编写了对口快板《综合利用开红花》《红心创业》《心红炉旺》。改编的作品有快板书《闯王斩堂弟》等。还与人合作出版了《快板书研究》一书。

1951年3月，高凤山参加了“第一届中国人民赴朝慰问团总团曲艺服务大队”，于1951年3月16日启程奔赴朝鲜。在朝鲜前线，高凤山不畏艰险，深入前沿，热情慰问中国人民志愿军，并积极编演了反映抗美援朝战斗生活的新曲艺节目。因高凤山在政治、艺术方面都有突出表现，被誉为著名快板书表演艺术家和相声表演艺术家。1956年之前任北京曲艺三团团长，并于1956年12月加入民盟。1957年10月，高凤山担任北京曲艺团副团长、代团长，副团长是魏喜奎，1958年后担任北京曲艺团团长、中国曲艺工作者协会理事等职。1993年8月6日，一代曲艺名家高凤山离世，终年72岁。

李润杰：快板书的创始人

李润杰（1917—1990），天津武清县大桃园村人。原名李玉魁。著名快板书表演艺术家、曲艺作家、曲艺改革家。14 岁起学数来宝、相声、变戏法。1953 年初参加天津电台曲艺团。1956 年曾出席全国文化先进工作者代表大会。历任全国人大代表、天津市曲艺团副团长、中国曲协常务理事、天津曲协理事。

1953 年，李润杰加入天津电台曲艺团时的照片，时年 36 岁

快板书的兴起和广泛流传是在 20 世纪 50 年代中期，其主要代表人物是快板书艺术家李润杰。那时候，我的几个哥哥和他们的同学都自己制作竹板和节子，用来模仿李润杰先生常说的《隐身草》《三打白骨精》等段子。那时我还没上学，但是爱听哥哥们说快板书，最爱听的就是李润杰改编的《隐身草》。我上学后，学校开展文艺活动时，总有些高年级的文艺骨干表演快板书。看到他们挥洒自如地打板，流利地唱说快板书，我们这些低年级的同学很是羡慕。在我上小学二三年级的时候，最为流行的快板书是 1962 年根据小说《红岩》片段改编、李润杰先生演出的《劫

刑车》，那时候同学们都会哼唱几句这个段子的头段或其中的某个段落。这个段子很好地把教育性和娱乐性融合到一起，在讲述双枪老太婆劫刑车的革命历史故事的同时，很好地把幽默元素融入其中，1962 年公演时，现场效果火爆异常，成为李派快板书的代表曲目。至今我还能默诵《劫刑车》的头段：

华蓥山，巍峨耸立万丈多，
嘉陵江水，滚滚东流像开锅，
赤日炎炎如烈火，
路上的行人烧心窝。
突然间，黑云密布遮天日，
“哗——”一阵暴雨就似个瓢泼，
霎时间，雨过天晴消了热，
长虹瑞彩照山河，
清风徐来吹人爽，
哎，有一乘滑竿下了山坡！

快板书，通俗的解释，即是用快板形式说书。它与快板的根本区别在于一个“书”字上。快板一般都是“多段叙事体”，不以严密的故事结构和鲜明的人物形象为要；快板书则相反，它以说故事、表现人物个性取胜。

李润杰原名李玉魁，1919 年出生于天津武清县。14 岁时在天津小绱鞋铺学徒，4 年后出师，随即就失业了。19 岁那年，被日本鬼子抓到东北当劳工。九死一生从火坑逃出，流落街头以乞讨为生。也就是在这个时期，他学会了数来宝、相声、变戏法，在鞍山八卦沟唱数来宝以糊口，但因他未入门户，没有师父，被当地的数来宝艺人收了家伙（即没收了竹板，不准再演唱）。他返回天津后，拜段荣华为师学评书，又拜焦少海为师学相声。此后，他主要是说相声、说评书，并兼演数来宝、太平歌词、竹板书等。正是因为他具有多方面的说唱基础，才有了他后来在数来宝的基础上借鉴姊妹艺术的优长，勇于探索、锐意求新、兼容并蓄。在表现故事、刻画人物方面，他运用了评书的艺术手法；抖包袱则掌握了相声的迟、疾、顿、挫等节奏技巧，以体现风趣、幽默的艺术特色。为了提高艺术格调，摒弃旧数来宝的“江湖气”，在演唱上他丰富了多种唱法，对节子板的持打和伴唱的“点儿”也进行了不少改进和创新。表演上突出了人物的刻画，动作、表情夸张而不失真，场景的描绘如临其境，“包袱”的处理恰到好处。最终，李润杰创造出了“快板书”这一新的曲艺品种，成为快板书形式的创始人。

新中国成立之初，李润杰在西安作艺，演唱了李传琇创作的快板（当时仍报数来宝，实际上是快板）《二万五千里长征》。1952年重返天津后，李润杰参加了赴朝慰问团。翌年参加了天津广播曲艺团，专攻快板书，其表演感情充沛，形象逼真，生动幽默，嗓音脆美，节奏明快，语言凝练，板点变化丰富。起初，他把当时流传较广的山东快书唱段，如《一车高粱米》《三只鸡》《抓俘虏》等，用快板的形式进行演唱，开始进行新的探索。1953年，他与当时天津市曲艺公会主席王焚合作创作、演唱了一批作品，并定其名为快板书。1956年，曾出席全国文化先进工作者代表大会。有关李润杰这一时期的情况，他在写给时任北京市文化局副局长的张季纯的信中，有较详细的陈述，兹录于下：

张局长同志您好哇：您的工作忙吧。我首先向您报告我的名姓，我叫李润杰，我是曾在西安市和张玉堂在一起说相声的，在您的领导下成长起来的。我现在参加到天津人民电台天津曲艺团工作，我是五二年离开您的领导，离开西安市，在本年九月参加第二届赴朝慰问团，五三年元月参加了天津人民电台曲艺团的，至今五年了。这次到北京工作，短期旅行演出，去各单位拜客，我到曲艺三团，墙上挂着一张奖状，有您局长张季纯这个名字，当时我看到高兴得不得了，我就和我们团长说啦，我说张局长是我的老上级领导，正赶上我们拜客也到文化局去，所以我和我们团长说明要看看您，打算向您汇报我这几年的工作和学习的进度，因为您很忙，正在会客接待剧团人，所以没得跟您见一面，又给您打了一次电话，是一位女同志接的，电话说您正在开会，所以没得跟您说一句话，我们演出工作结束了，回到天津了，所以我还想拿信和您说几句话，我很想念您，报告您一个好消息，我在今年九月被批准加入中国共产党了。

我在去年当选为全国先进工作者，现在练习着也能自己编段子自编自演了。可是还得有人帮助我整理。关于演出上受到群众欢迎了，党对我的培养很大。我自己每到有一点进步时，我就要想到西安，心理（里）非常感激，总是说要不是在西安领导上对我的栽培，我哪能有初步的认识，光高彬同志就给我讲了不少的新东西。我现在的进步，是和您的领导分不开的。今后我们还要不断到北京去演出，现在我光唱快板书了，我几时到北京演出时，再去看望您老，求您的指教、指示。敬祝您身体永远健康，工作顺利。

李润杰敬礼

自此后，李润杰运用快板书这一新曲艺形式，写出了不少反映新中国成立后的崭新生活的快板书佳篇。起初，他只能根据一些小故事进行改编。从 1956 年他改编《隐身草》以来，潜心于快板书创作。特别是 1958 年之后，他两次赴福建，深入生活，搜集素材，创作了《金门宴》《夜袭金门岛》《智取大西礁》等，为反映新时期生活内容的快板书奠定了基础。他自编自演了《隐身草》《巧劫狱》《二万五千里长征》等一百多个段子，影响很大，都曾广为流传。快板书这一曲种也随着这批新作品的传播而推向全国。

双簧

【口技】

围设青绫好隐身，“相声”一一妙于真。谁知众口空嘈杂，绝技曾无第二人。（俗名“相声”。以青绫围，隐身其中，以口作多人嘈杂，或像百物声，无不逼真，亦一绝也。）

——（清）李声振《百戏竹枝词》

金业勤：天桥艺人中的爱新觉罗氏

金业勤（1925-　），满族，北京人。著名杂技演员。自幼学车技，曾在京津等地演出。新中国成立后，历任中国杂技团演员、队长、艺委会副主任。擅演《口技》《串场》等节目，自创了《抢凳子》等小品。1957年，他与其妹合作表演的《车技》获第六届世界青年联欢节杂技比赛金质奖章，是老天桥中唯一拿到国际金奖的艺人。

金业勤80岁时留影

大清帝国被推翻后，满清贵族后裔和普通旗籍子弟不再享受清政府的"钱粮月米"，要靠本事挣"嚼裹儿"，而大多的旗人原本就"肩不能挑担，手不能提篮"，养尊处优惯了，可要养家糊口，不得不放下架子，寻找适合自己能做的事儿，于是一些有特长的人，便走上了卖艺的生涯。金业勤就是满清八旗人中，有一技之长的人。

金业勤姓爱新觉罗，他是努尔哈赤第15代孙，努尔哈赤二儿子代善的后裔。自清朝定都北京，爱新觉罗·代善的后裔过的是饭来张口、衣来伸手的日子。到了清末，代善的后裔同爱新觉罗氏族人一样逐渐走下坡路，至民国，大多与北京城里的老百姓一样，没有什么显著的区别了。同众多的满清没落贵族一样，爱新觉罗家族亦改汉姓，代善的后人同族人多改姓金了。

据金业勤回忆，听他的父亲说，他们这一支败落应始自清光绪二十六年，也就是1900年八国联军占领北京那年，因为他们家是皇族，八国联军不仅抢走了家里的一切贵重物品，洋鬼子还强奸了金业勤的小姑姑。从此，他们家一蹶不振，靠朝廷上每月供给的钱粮月米度日。进入了民国，断了钱粮月米，靠在东北为官的祖父的俸禄生活，日子也还说得过去。真正地落魄，连吃饭都有了困难，是他的祖父去世以后。家里的大事小情全交给了爷爷后续的奶奶。一大家子要吃饭、穿衣，家里还有个被洋鬼子糟蹋以后，整日里疯疯癫癫、大小便都不能自理、需要人侍候的小姑。因生活琐事，金业勤的父亲与后奶奶经常拌嘴，最终父亲与后奶奶分家。他们家只分到一所住房，其余浮财什么也没得到。好在他的父亲自小爱鼓捣自行车，便以修自行车为业，一家人勉强糊口。

金业勤出生于1925年。虽然出生在爱新觉罗家族，但自打他降生，就从未享受过所谓的贵族生活，他家的境况与北京城里的贫民没有任何区别了。邻里们知道他们金家曾经是皇族，但那时候满族人并不吃香，还会遭到歧视，因此他们家里的人从不主动向人提起他们是爱新觉罗氏后裔这件事，有人提及，也马上敷衍而过。

受父亲影响，金业勤很小就喜欢自行车。5岁那年，他父亲专门为他攒了辆小自行车，也就从这时候起，他喜欢上了车技。等到高小毕业，家里生活更加困难，金业勤便到天津拜师学艺。最初，金业勤学的是魔术，师傅看他玩自行车有基础，就让他练车技。后来，他把妹妹金汝勤、金淑勤也带到天津，一起学艺，后来一同登台演车技。不久，他们兄妹在天津打响，表演时，常和侯宝林、骆玉笙同台，还一度与侯家同租一个房子，房子中间隔块木板，就是两家。

1942年，金业勤刚满17岁，他结识了天桥撂跤的满宝珍。满先生看到这个小伙子身体健壮，聪明伶俐，车技又好，便推荐他到天桥“撂

車技

地儿”。经满先生引荐，金业勤与天桥的魏记茶馆合作，在茶馆前空场卖艺，二八分账，金业勤拿八成，魏记茶馆拿两成。在当时，这种合作方式很常见。这一干，就是六年多，当时金业勤是天桥撂地儿卖艺中最年轻的“掌穴”人，也是唯一玩车技的，观众都非常喜欢他。

因为金业勤的车技好，每日里来魏记茶馆看表演的观众很多，茶馆的生意也红火起来。结果隔壁的茶馆不干了，这家茶馆叫孙五茶馆。老板孙五就是新中国成立后被镇压了的“南霸天”“活阎王”。他觉得金业勤在魏记茶馆卖艺，影响了他的茶馆生意，便找到金业勤，威胁他立即离开天桥。那时候，能在天桥这地界开茶馆的都挺横的，魏记茶馆的老板是个八十多岁的老太太，在天桥这地界儿也混了几十年，能是个善茬儿吗？听说孙五要赶金业勤走，当时就急眼了，她找孙五去说理，俗话说“横的怕不要命的”，孙五虽然混，但看她八十多岁了，就忍下了。此后，金业勤在天桥的魏记茶馆继续卖艺。他一场演十多分钟，一天要演十场，风吹日晒，脸变得特别黑，当时才十七八岁，所以观众叫他“小老黑”。在天桥卖艺的多有绰号，比如宝善林叫“宝三”，曹鹏飞叫“飞飞飞”，关德俊人称“赛活驴”，孙宝才绰号“大狗熊”。

为了能在天桥站住脚，扎下根，养家糊口，天桥艺人的日子过得都十分辛苦。金业勤白天卖艺，晚上不仅自己练习，还要教两个妹妹车技。为了生存，金业勤练就了“不怕累、不怕困、不怕饿”的本事，这“三不怕”几乎伴随了他的一生。

1950年，仍然在天桥卖艺的金业勤，听说文化部筹建杂技团，在东四头条考试，考上了可以每月领薪水，生活从此会有保障。金业勤和两个妹妹参加了车技考试，他们兄妹三个考试都通过了，与15个节目、46个艺人一起被录用。从此，金业勤和他的两个妹妹成了新中国第一批杂技演员。

金业勤参加的中国杂技团，起初叫中华杂技团，是周恩来总理给取的名字，是中央政府组建的第一个国家级杂技表演团队。杂技团的四十几名演员，是从北京、天津、上海、吴桥等地的数百位著名杂技、魔术、马戏艺人中精选出来的杂技精英。金业勤兄妹三人同时入选，可见他们的车技相当高超。

杂技团组建后，经过短时间的集训，他们的第一场演出是在怀仁堂，毛泽东、周恩来、刘少奇等国家领导人都来观看他们的演出。据金业勤后来回忆，当时参加演出的艺人都非常激动，他们这些社会最底层，所谓“五子行”（厨子、戏子、窑子、澡堂子、剃头挑子），连人格尊严都没有的人，想不到能为新中国的领导人演出，“演到精彩时，首长们还为我们鼓掌。”这一切，真是做梦都想不到啊。

演出刚一结束，周恩来总理召集开会，让杂技团去苏联参加“十月革命三十三周年庆典”，但出去叫个什么名字好呢？周恩来总理说：“那就叫杂技吧。”中华杂技的名字，就这么叫了起来。

1950 年，金业勤随团去了苏联，跑了基辅、列宁格勒、莫斯科等，还去了格鲁吉亚等加盟共和国。当时是中苏友好时期，从 1950 年至 1951 年，前后差不多一年多的时间，金业勤六次赴苏联演出。1951 年 4 月，金业勤回国后，列车刚到沈阳，马上换上军装成为第一批入朝的前线慰问团演员。正是在这次赴朝慰问中，金业勤的好朋友“小蘑菇”常宝堃牺牲了。

当时中国与西方交流少，杂技是重要的渠道。在“文革”前，金业勤随团去过六十多个国家演出，为中国的“杂技外交”作出了贡献。

金业勤非常珍视每一次的出国演出。直到晚年，他仍保存着许多杂技团出国演出的重要图片和各种有纪念意义的节目单。

在金业勤保存的著名杂技演员签名照片中，最早的是 50 年代中期，中国杂技团赴西欧八国访问演出，随团的演员有杨小亭、蔡纯山、董凤武、王文杰、周志成、陈白玉、张华等身怀绝技的杂技名家。

1952 年，金业勤随中国杂技团赴芬兰、丹麦、瑞典演出，他保存了这次出访演出的节目单，几十年后，他在节目单上写下了如下文字：

金业勤保存的1956年夏至1957年中国杂技团赴英国等访问演出的节目单。图为金业勤在表演车技

这是1952年中国杂技团赴芬兰、丹麦、瑞典演出的节目单。他们担心中国杂技团去进行政治宣传，因此我们改名为“中国人民杂技团”，以人民团体的名义进行友好演出，取得了很好成绩。

参加该团赴北欧演出的老演员 八十六岁 金业勤

据《六年来（1949年10月—1956年1月）出国人员统计材料之三》记载，1952年中国杂技团赴北欧芬兰、瑞典等国访问演出，共38人；团长是时任文化部对外文化联络局副局长的洪深，副团长是时任北京市文化局副局长的张梦庚和时任中国杂技团团长的王地子；演员有佟树旺、王桂英、金业勤、成连生、成连贵等。

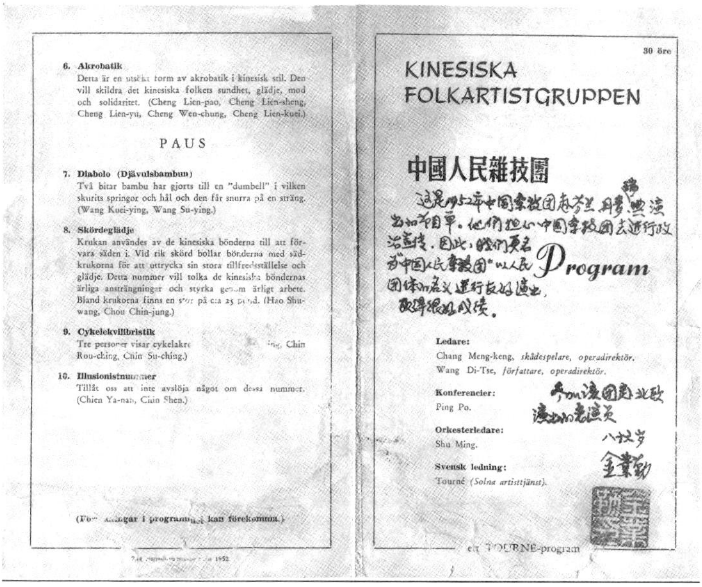

金业勤保存下来的 1952 年赴芬兰等国家的节目单正面

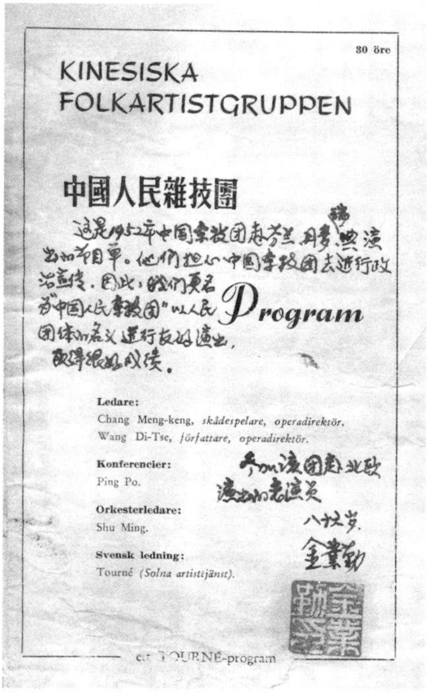

金业勤保存下来的 1952 年中国杂技团赴芬兰、丹麦、瑞典等演出的节目单

金业勤保存的昔日同台演出的杂技演员的签名照片中，有几位还是1957年莫斯科第六届世界青年联欢节艺术竞赛中获奖的演员。在这次杂技比赛中，夏菊花的顶碗、金业勤和金淑勤的车技、乔平海的耍盘子获得了一等金质奖章。王清源的飞叉、王桂英和王淑英的空竹、孟令宽的耍坛子、张华的滑稽表演分别获得了二等银质奖章。程小林、夏英武、夏英侠、刘宝城分别获得了三等铜质奖章。

2010年11月22日，金业勤在那次车技表演的照片背后，写下备注：

本图片是1956—1957年中国杂技团赴西欧八国英、法、比、意、瑞士、荷兰、卢森堡、南斯拉夫进行文化交流、友好访问演出。当时法、意尚未与我国建交。此次演出还有重庆、武汉、上海的演员参加。能把半个世纪前的照片保留得这么好，是很珍贵的！

八十五岁杂技艺人金业勤

二〇一〇年．十一．二十二

在同时保存下来的两张节目单上，金业勤记下了与照片几乎同样的题记：

本节目单是1956年夏至1957年春，中国杂技团赴英、法、比、意、瑞士、荷兰、卢森堡、南斯拉夫进行友好访问演出，并深入到当时尚未与我国建交的法国和意大利进行宣传新中国的演出，均取得很好的效果。该图是我在表演《车技》。

八十六岁　金业勤

这次金业勤和妹妹金淑勤的车技获得一等金质奖章，来之不易。俗话说台上一分钟，台下十年功。金业勤兄妹在车技上，为了不断取得突破，真是下了苦功，比如在自行车两边挂上演员，就是他们兄妹独创的，

1956—1957年，中国杂技团赴西欧八国文化交流。图为金业勤等人在表演车技

经过数百次、数千次的演练才得以成功。金业勤还试验成功了在他们的车上站三层人的车技表演，演出过几次，但因确实有一定的危险，取消了，改成只站两层。

在几十年的车技表演生涯中，金业勤创演的中国车技曾经多次刷新世界纪录，同时也付出了很大的代价。车技有了保护索是很晚的事情了，在没有保护索之前，车技危险度是很高的，时常在练功和表演时因速度快而摔伤。金业勤先生在练功时被摔伤的次数难以记清，很早关节就落了病根，到晚年只好换上人工关节。

“文革”时，金业勤因为出身不好，受到了冲击。曾受到荒唐的批判，如一次表演，他骑车从另一名演员身上蹿过去，结果被批判为借表演“压迫工人阶级”。

改革开放后，我国杂技事业得到了巨大发展，过去练杂技靠的是技术和难度，现在成了综合艺术，音乐、舞蹈、灯光等都加了进来，观众在欣赏杂技表演时，眼花缭乱。面对今天的中国杂技现状，金业勤这位身经百战的杂技前辈，却不以为然。他认为杂技产生于民间，扎根于民间，“阳春白雪”的东西要发展，但也别忘了“下里巴人”，老天桥的时候，艺人和观众很熟，现在演员与观众的距离没那么近了。再者，动辄上百元的门票，实在太贵了。

老北京有句话：“北京可以没有三大殿，不能没有老天桥。”因为过去很多穷人靠老天桥生活。现今人们的生活水平提高了，撂地儿、画锅的艺人不见了，可老百姓想花上几个小钱儿，看上一场高水平的杂技也是很难的了。

关德俊：装“驴”成名

关德俊（1912—？），北京人，满族。早年学过戏，唱过莲花落，而且小有名气。20世纪30年代后期至50年代初期，因创编并表演“赛活驴”，与夫人乔金凤被誉称天桥“八大怪”之一。表演时套上自制的布质驴头驴身，手脚缚上木质驴蹄，便能在平地奔跑如飞，还能在三条相互支撑在一起的长凳上表演一系列惊险而滑稽的动作，其身手灵巧性远胜于活驴千百倍，由此，绰号“赛活驴”。

1947年，关德俊加入北平曲艺公会时的照片，时年35岁

关德俊先生是老北京天桥“八大怪”之一，绰号“赛活驴”。关德俊出身旗籍，姓关的满族八旗子弟居多。关氏是由前清女真姓氏瓜尔佳氏而改为汉姓的一个姓氏。瓜尔佳氏是以地域而命名的姓氏，满语kor，汉译为“馆”、“阁”之意，亦可译为“住所”，是清初辽东地区人口众多、历史地位十分显赫的一个氏族。这一姓氏的应用由明伊始直至清初。宗族改用汉姓关姓，是于清代中期以后，并一直沿用至今。

关德俊先生只是众多八旗子弟被迫“下海”从艺谋生的一员，而且是佼佼者。他从艺后，曾干过许多行当，先是唱莲花落，而且小有名气，后来又在戏班子里跑过龙套。久而久之，他觉得靠唱莲花落和跑龙套混饭吃，饥一顿饱一顿的总不是个常事儿。他天生聪明伶俐，又有心机，爱琢磨新点子，出个新花样。最终凭着自己的智慧和勤奋自制一副驴形道具，琢磨出很多驴的动作，如“驴子散花”“驴尥蹶子”“驴失前蹄”等，在天桥撂地儿表演并出了名。

关于关德俊以装“驴”成名的故事有几个版本。最流行的说法是，一次他在天桥闲逛的时候，看见街上驮着人的小毛驴走路的形态蛮有趣的，一连几天，他总到有驴的地方去观察驴的形态。他突发奇想：要是自己装扮成一头驴，且模仿驴的各种形态坐卧，并赋予世间人的蠢相，一定会赢得观众的喜爱。于是，他把自己想装扮成驴的想法说给媳妇乔金凤听。媳妇说：“装驴，多难为情呀？不行！”关德俊劝说自己的媳妇说：“以现在饥一顿饱一顿的混饭吃，还不如圆乎脸儿拉成长乎脸儿，不就是这张脸吗，爷豁出去了，赌一把！”说干就干，他开始设计道具，道具制成了，他开始装扮驴子，并模仿驴的各种动作，反复操练了一段时间，觉得有点儿意思了，就又让媳妇配合他反复练习。

乔金凤聪明贤惠，在与丈夫琢磨“活驴”的表演技巧中，出了不少点子，也为自己设计了一些与“活驴”配合演出的招式，并把这些精心设计的一招一式练得滚瓜烂熟。

不久，关德俊夫妇便来到天桥撂地儿演出。只见关德俊套上布质的驴头驴身，手脚缚上木质的驴蹄；乔金凤上穿红袄儿，下穿绿裤子，脚穿一双绣着牡丹花儿的鞋，长长的刘海儿把前额遮住，扑闪着两只明亮的大眼睛，脸上搽着花粉，头上戴着珠翠。骗腿儿上“驴”，“黑驴”神气地走着，背上驮着的小媳妇，手打一副三寸长一寸宽的竹板，唱起了莲花落：

上得台来我心留神，看到财神和喜神。财神怀抱着摇钱树，喜神怀抱着聚宝盆。聚宝盆里有金马驹子在，金马驹子背上驮着金人。金人他手里捧了八个大字：招财进宝，日进斗金。

奇特逗人的“黑驴”，滑稽奇巧的表演，再加上“驴”背上那位妩媚的小娘子，不但吸引了来天桥游玩的客人，而且北京四九城，乃至京郊各县的老百姓也专程来天桥看关德俊夫妇的“驴”技。演出的场次多了，关德俊夫妇愈演愈熟，熟能生巧，在表演中又创造出许多高难度的动作。只见小娘子扬鞭儿轻轻儿地一抽，“黑驴”就撒开四蹄儿跑起圆场来。正当跑得飞快时，突然间驴失前蹄，卧于地下，几番挣扎忽又站起，抖动一下身上的尘土，旋即腾空而起，跳上一条高而狭长的木凳。那木凳的三条腿底下各垫一个核桃般大小的玻璃球，另一条腿却悬空，看那驴身，却稳如泰山。喝彩声刚落，又见小娘子横站在驴背上，徐徐仰身，弯了一个非常漂亮的“后桥”（即戏曲毯子功。筋斗之一种。动作与“小翻”略同，然节奏较慢，系小翻的基础功），用嘴叼起凳面上的茶杯，紧接一个后空翻，轻轻落于地下。一系列目眩神迷的高难度动作，把围观者吓得目瞪口呆，面面相觑。及至关德俊脱掉了行头打钱时，围看的观众才缓过神儿来。有个观众在向打钱的盘子扔钱时脱口说出：简直是“赛活驴”呀！观众们齐声附和，从此，关德俊在天桥就有了“赛活驴”的艺名，并被公认为天桥“八大怪”之一。

关德俊两口子演“活驴”，不仅在天桥引起了轰动，在京城艺人圈儿里也是广泛流传。于是关德俊时不时地被大户人家找去参加堂会演出。地处北京大栅栏的广德楼戏园经常上演神话剧《八仙得道》，以前剧中的张果老所骑的白色毛驴，由跑龙套的装扮，没有什么技巧，自打关德俊“赛活驴”的名声叫响以后，戏园老板便请关德俊扮演张果老骑的白驴。按照以往的表演，张果老骑驴过桥只需搞一块大宽木板，搭在台的出口处，缓缓地走过就好了。自从“赛活驴”加入戏园后，为了卖座儿，戏园把张果老骑驴过桥的木板子改为用两根毛竹悬于舞台。表演时，剧场内灯光大部分关闭，仅留一盏橙色聚光灯打在“赛活驴”驮着张果老的身形上。这个时候，身穿道袍的张果老悠然自得地倒骑在“驴”背上，坐下的那头“白驴”，或摇头摆尾，或尥个蹶子，或打个响鼻儿，四蹄敏捷而熟练地踏在毛竹上，颤颤悠悠地从“上场门”一直走到“下场门”。此刻，戏园内鸦雀无声，只有锣鼓和箫声。

关德俊在广德楼演出直到“卢沟桥事变”后，城内看戏的少了，关德俊脱离了戏班，又回到了天桥撂地儿卖艺。

关德俊虽然身怀绝技，有天桥“八大怪”之一的声誉，但也只能养家糊口而已。两口子在天桥演出“活驴”时的住处离天桥很近，门牌号为北平外五区福长街三条甲六号。这是个大杂院，住的多是天桥卖艺的和拉洋车的穷苦人。现在福长街及其邻近的禄长街、寿长街还在，但已然不是旧时风貌了。

天桥八大怪之赛活驴

宝善林：满清善扑营最后的掼跤手

1950 年，宝善林组织北京市掼跤队时的照片，时年 50 岁

宝善林（1900—1965），出生在北京一个旗籍家庭。民国时期在北京天桥设摔跤场，开创了自己独特的掼跤艺术：灵活多变、体型优美、解说幽默、文武结合。曾活跃于民国晚期和建国初期。之后又将此技法传给傅顺录、陈金泉、马贵宝、徐茂、石珍等人。

旧时天桥，老百姓最喜欢的、传名最响也最久的艺人当属活跃于民国晚期和建国初期那会儿在北京天桥开设掼跤场的宝三爷。掼跤俗称摔跤。宝三爷是八旗子弟，民国后，改姓“宝”，名善林；在家排行第三，所以人称宝三儿。宝三爷以灵活多变、体形优美、解说幽默、文武结合加中幡的独特摔跤艺术模式，在天桥的场子里表演撂跤、卖大力丸，还兼耍中幡，称雄摔跤技坛三十余年之久，成为一代“跤王”。

宝善林出生于 1900 年。他家的老姓没见记载，据我所知，满族宝姓有两支：爱新觉罗氏以及加入满族的博尔吉特氏（蒙古族）。宝三爷祖辈出身善扑营，我推测宝三爷应是博尔吉特氏后裔。宝三爷自幼学习摔跤，身体极好，聪明伶俐，他曾经拜善扑营尾座“格尔达”（满语：总教目）宛永顺（宛八爷）为师，学习撂跤，成为宛八爷的关门弟子。根据有关史料和文物记载，早在两千多年前，中国已有摔跤运动。清代警卫京师的八旗兵营，除健锐营外，尚有神机营、骁骑营、火器营、虎抢营、善扑营。到了清代始称“官跤”“掼跤”，设有善扑营，清末中国跤术已达到较高水平。清朝政府被推翻后，善扑营被取消了。因除掼跤外别无所长者，一旦失业，便生活无着，于是有些人就集同好，表演摔跤，讨钱糊口。威震善扑营的“掼跤艺术腿”头扑户瑞五爷和宛永顺在天桥红庙（金钟庙的下院）开设跤馆，弟子中先后有朱六、魏德海、李连峰、沈友三、满广田、宝善林、孙宝才、何贵生等人。这些弟子中最出名的当属沈友三和宝善林。沈友三力大无穷，技法精湛，曾击败过俄国大力士。宝善林在出徒后，为提高技艺，遍访名师，勤学苦练，练就出类拔萃的摔跤本领。20 世纪 20 年代，天桥有好几个摔跤场，其中最著名的有两个，一个是宝善林的，另一个是沈友三的。这两个场子都是露天的，场子中间用黄土铺地，四周摆放粗木板凳座位；每天开场前，要用大镐把中间场地铺的黄土刨松。这时宝善林和他的几个膀阔腰圆的徒弟轮流上场。

我知道宝善林的故事，是在我少年时期。那时候我和一帮男孩子经常结伴到一个名叫张国华的家里看他教徒弟撂跤。张先生个头很高，有 1 米 85 以上，身材魁梧。每次教徒弟撂跤时，他和徒弟都上身光膀子穿一件用十一层布衲成的褡裢，下身穿兜裆滚裤，扎着腿带子；腰系驼毛中心带，脚蹬螳螂肚儿的靴子。一次撂跤前，张先生向我们这些观看撂跤的半大小子连比划带说地讲了一套旧社会掼跤技术的练法、演出的形式和比赛的规则。他说，掼跤技术的练法，强调三盘；在技法上，强调大绊子三十六、小绊子多如牛毛；演出形式多样，包括量活（现挂）、灌口、“包袱”不断，说话风趣幽默；比赛规则是每场必满三跤，三局两胜制。每次撂跤结束，为了显示自己的才能，张先生总喜欢拿一个练功用的大铁杠子耍着玩，后来知道他会耍中幡。听他说过，他的中幡技术是经过宝善林指点过的。据张先生说，宝善林的中幡技术是民国时期享誉京城的王小辫先生亲授的。王小辫收宝善林为徒后，把平生的中幡绝技全部传给了他。中幡最早起源于晋代，属于皇家表演项目；到了清乾隆年间，中幡成为宫廷八档花会之一。幡分为大、中、小三种，大者称“大制式幡”，高可达 20 米，一人撑幡，四角各有一人拉住晃绳。小幡高 4 米，耍起来灵活，一般用于“走会”沿途表演。中幡是一根接近 15 米长、30 公斤重的竹竿，被抛到空中，落下来，在头、肩、肘、手、胯、膝、脚七个部位滑动，“擎天一柱”“罗汉撞钟”“秦王倒立碑”……稍有半点偏差，就有可能把眼睛、鼻子砸伤。舞者轻松自如，看者惊心动魄。宝善林体格魁梧，他耍演的“中幡”为碗口粗、长一丈多的大竹竿，上面束一面彩色大长旗，再饰以小彩旗和铃铛等，有百斤重左右。宝善林用手掌、手背、臂肘、额头、下颚、口唇等部位奋力将中幡擎起，不断更换姿势，观者喝彩。一次，宝善林在北海表演中幡，东西有两座牌坊，中幡是直立扔过去的，他飞身穿过牌坊稳稳地把中幡接住，从此名震京城。之后宝善林将此技法传给傅顺录、陈金泉、马贵宝、徐茂、石珍等。傅顺录是掼跤加中幡的唯一传人，他将全部绝活又传给其子傅文友和傅文刚。傅文刚在北京宣武区文委的支持和帮助下，建立了“北京傅氏天桥宝三民俗文化艺术团”，使掼跤加中幡的传统技艺得以传承。

有时张先生高兴了，也教我们几手。至今我还记得他教我的两手，一个叫“手豁子”，就是双方在较劲儿的时候，趁对方不注意时，突然往一个方向用力，使其脚跟儿不稳之际，腾出一只手，用力去扫对方的小腿，将其摔倒。还有一招儿，叫“打陂陀”，就是在双方较劲儿时，两只手紧紧捉住对方上身的时候，往左或往右突然发力，使其往重心一侧倾倒，如对方身体往左倾则一定右脚悬空，此时以左脚用力猛扫对方着地之脚，与此同时，两手配合脚力，猛然用力将对方掼倒。张先生教我们的时候，有时也拿我们几个小孩开涮。我记得有一次，他开玩笑说，能把我摔到几米远的煤堆上去。那时候北京的老百姓住平房的居多，张先生家住永定门外安乐里的一个大杂院里。那时候家家做饭取暖都烧煤球，有的家里买煤末自己摇。我记得那个煤堆的煤还是湿的。还没等我缓过神来，我已经被张先生摔出去，躺在煤堆上了。至今已经过去三十多年了，这两招儿我依然会使。张先生很喜欢小孩子，他有两个女儿和一个儿子，身体都很壮实。后来我们知道，张先生是宝善林的徒孙，于是，我们经常黏着他，让他讲宝三爷的传奇故事。我印象最深的是，他说宝三爷精通所有摔跤"绊术"，但最让人佩服的招数是他那独步一绝的"补踢"。两人较量时，宝三让对方任意踢自己的腿，当对方踢他的腿时，宝三就将自己的腿抬得很高，谓之"逃腿"。连逃数腿后，随即将逃出的腿趁对方尚未落下时，反踢一记，使对方倾倒，谓之"补踢"。这招绝技为他独专，任何摔跤手都难以做到。张先生在讲这段的时候，还叫上他的徒弟演示一番。后来，"文革"开始了，听说张先生被打成"现行反革命"，

民国初年，京城摔跤名家宝善林和孙殿启

全家被遣返到郊区农村了。

关于宝善林在新中国成立后的情况，我在收存的《北京曲艺与杂技工作者联合会》的旧档中，找到了有关宝善林的一些资料。新中国成立后，宝善林虽然年过半百，依然雄风不减，他潜心研究中幡、摔跤技艺和传承民俗文化，并与他的弟子何兰亭、陈德禄、侯长瑞、马贵宝、孙殿启、徐俊卿、陈金泉、徐茂、满宝珍等组织了北京掼跤队。由于宝善林对民俗艺术的贡献，他当选为第一届宣武区政协委员，并担任国家一级裁判。

万子信："北南"两派魔术的集大成者

万子信（1915—1998），原籍北京。著名魔术大师。新中国成立后，先后参加过南京国营曲艺工作团、上海国际戏院、张慧冲巨型魔术团和华特生巨型魔术团。后组建新都杂技魔术团。1955年成立了长春市杂技团，任副团长。1956年在波兰国际魔术节上获银质奖，是第一位获此殊荣的中国戏法大师。1957年被打成"右派"；"文革"时又被打成反动学术权威。

1947年，万子信参加北平曲艺公会时的照片，时年32岁

万子信出生于一个变戏法的艺人之家。变戏法的和变魔术的是一个意思，只是口语与书面语之分。民国初年，万子信的父亲是一位很有名气的魔术师，艺名万傻子，曾在北京的天桥和东北、张家口、天津等地组班卖艺。相声艺人常连安早年学戏，因倒仓不能唱戏，19岁那年学变戏法，先是在张家口卖艺，后到了天津，曾搭过万傻子的班。

万子信6岁开始跟父亲学艺。8岁正式在北京、天津一带街头表演。13岁曾到日本、朝鲜等国撂地儿演出，因技艺超群，被日本人的长光马戏团吸收为演员。1931年"九一八"事变后，刚满16岁的万子信因不忍外侮而毅然回国。

回国后，万子信投奔到南派魔术大师张慧冲的魔术武技团，与莫非仙同台演出。这位张慧冲先生，1898 年出生在一个广东富人之家，从小在上海长大。张慧冲原本是搞电影的，先是做演员，后来组建慧冲影片公司，专拍武侠片。但他自小热爱魔术，掌握了很高超的古彩戏法技巧。张慧冲弃电影从魔术的主要原因，是管理不善，经营无方，几乎耗尽了全部家财的影片公司在几年时间内就倒闭了。无奈之下，他召集了南方的魔术杂技艺人，组织魔术武技团，到全国及南洋各地巡回演出。

开始的时候，与出没江湖的演技班子一样，张慧冲和他的慧冲魔术武技团并没有什么影响。给他带来挑战和机遇的是 1933 年 6 月底，德国籍魔术师尼古拉来到上海演出。尼古拉是一个身怀绝技，又极为狂妄的魔术大师，他在上海的夏林匹克剧院（今新华电影院）演出。在广告宣传中，他吹嘘这次来中国，带来了他称雄于世界的《腰斩活人》魔术节目，如果有哪位中国人能窥透其秘密，并照样表演一次，他愿输给美金一千元云云。面对尼古拉蔑视中国人的骄狂态度，被激发了民族自尊心的张慧冲和他的同仁登报应战。为了打败尼古拉，张慧冲动用了他所有的人力物力，很快就制作排练出了比尼古拉更精湛的能两面交代开门的《腰斩活人》，还推出了《七国衣》《飞响铃》等系列节目。1933 年 7 月 15 日，张慧冲在尼古拉演出的夏林匹克剧院登台演出。因张慧冲表演的《腰斩活人》比尼古拉的更胜一筹，致使尼古拉在上海失去了观众。自此，张慧冲声名鹊起，南派魔术的体系也逐步形成。也是在这一时期，已具有较高技能的万子信加入到张慧冲的魔术团队中来。和万子信同台演出的是比他小四岁的南派杂技演员莫非仙。莫非仙祖籍江苏苏州，生于上海。其父莫悟奇是中国近代表演西方魔术的先驱，以身手敏捷、气势壮丽的表演风格而著称。莫非仙 10 岁随父学艺，18 岁替父登台，初露头角。尔后，组织莫非仙魔术团，于江南一带演出；以交代清晰、手法明快、风趣潇洒、格调清新著称，人称“莫派”，为南方魔术的代表人物。代表作有《束手》《针箍》《画鸡取蛋》等。

万子信在慧冲魔术武技团搭班，主要活动在中国南方各地和南洋诸国。几年后，依然壮年的他结束了南方的演艺生涯，回到阔别数年的北方，来到北京天桥演出。此时，京津一带最著名的魔术大师是穆文庆和他的弟子们。

穆文庆先生是清同治年间生人，回族，天津北郊天穆镇人。他早年拜师宫廷戏法大师张宝清学中国戏法，20世纪20年代组班担任主演，活跃在津、京和东北地区。1926年到朝鲜、日本演出，在日本拜识了日本魔术家天一师。回国后起艺名大天一，改班名为神州大天一魔术团。1929年出国到北美洲和南洋演出。演出节目除中国戏法和武术外，还有箱囊换人、钓鱼、长绳套和米酒互变等魔术。30年代，他购置了一批洋魔术道具，从东南亚返津，一出演即引起轰动。

穆派戏法——“大天一”的技艺归结起来，大致有二十四种表演形式，按穆派传人的叫法为“二十四孝”：旱地拔杯、仙人摘豆、倒包子、空碗变酒、一粒入地、万粒归仓、栽种、空碗变鱼、饮不尽的水、变鸡蛋、变雏鸡、变蛇、变青蛙、罗圈献彩、九连环、线棒子、炒米、吞宝剑、吞铁球、古彩戏法等节目。这二十四种表演形式，有的已然失传了，如吞宝剑、吞铁球。这是穆派戏法中的绝技之一，20世纪60年代初，我目睹过两个大铁球先后从嘴里吞进去，然后艺人使两球在腹内上下磕碰，发出“当当”的声响。令人不忍目睹的是把球吐出来的时候，从艺人的表情看出，是极其难受的。吞宝剑更为惊险，人们大多以为宝剑是可以伸缩的，其实宝剑是真的，功夫更是真的。在演出中，艺人为了养家糊口，拿生命做赌注，宝剑通过口腔、咽喉、食道进入胃部，现在这种危及人身安全的表演已看不到了。即使没有失传，今天在舞台上看到的，已经没有了当年穆先生和他的嫡传弟子表演的神采了。那时候，穆先生和他的徒弟们在天桥撂地儿表演古彩戏法，里三层外三层地被观众围着，观众可以从四面八方随便看，可就是看不出破绽来，那才见真功夫。如《二十四孝》中的“罗圈献彩”，俗称“罗圈荡荡”“罩子”，用两个空竹桶变出水果、条幅、盛满酒的瓷坛子等物品来，然后“回托”（再变回去），让现场的观众回味无穷。而今在舞台上观众只看到台前，看不到台后，再加上现代舞美设计和丰富多彩的灯光，给人的感觉是很闹腾，但没有了原始戏法的神秘感。

“古彩戏法”，原称“中国戏法”，在中国有着悠久的历史。1950 年，中华杂技团第一次访苏前，穆派传人杨小亭先生把它改名为“古彩戏法”，寓意“具有古典色彩的游戏方法”。古彩戏法还有一种叫法，“落活”，这是行内人的术语，说白了，就是把随身带的物件，变出来，落在地上。因此，表演古彩戏法“落活”的前提，是要有强壮健康的身体，因为上台表演要带上百十斤重的物件，戏法艺人在练习的时候都要付出很多汗水，熟能生巧，吃“落活”这碗饭可不是件容易的事。表演时，戏法艺人身穿大褂，手持方布“挖单”变出来大瓷瓶里插有三支戟，俗称“平生三级”；变出来圆盘内有七个玻璃杯，叫“七星子”；变出来九个盛满水果的盘子叫“三件子”；变出来一垛盛有水和鱼的鱼缸叫“垛葫芦”；变出来大碗叫“大海”；变出来火盆叫“荒荒”；还有变寿桃的、变火炉子的、变小孩的。行话说得好，变出来容易变回去难，俗称“宁变十回有，不变一回送”，还要再变回去，这叫“回托”，难度很大。南派戏法还有变桌椅、屏风、花盆、灯笼等，变出来全是玻璃的物件称“亮活”。如：垛葫芦、玻璃水碗、七星杯等。而且，玻璃、瓷器极容易损坏，因此到了现在，变玻璃活的艺人几乎没有了。穆派戏法中，看起来省力的就是“仙人摘豆”了。实际上这也是很吃功夫的，现在偶尔见到有类似的表演，但比起当年穆先生的表演，要简单多了。那时候的表演者，用三个、五个、七个甚至更多的小球和两个小碗，在地上变来变去，也就是传统戏法中的手彩，全靠手上功夫，小球一个变两个，两个变四个，越变越多，三个豆子变出一碗豆子来，这叫"一粒入地，万粒归仓"。拿另外一个小碗把豆子盖上，变出一碗酒来，将两个碗相互盖上，打开变出来两碗彩花来，曰："变出鲜花人人爱，变出美酒敬朋友。"拿另两个碗让观众看清没有机关，然后两个碗合在一起，放在地上变出来一碗酒。表演中观众说：您的碗是瓷的，看不见里边，可以藏东西，于是戏法艺人又拿出一个透明的玻璃碗放在地上，用一块方布蒙上，再拿小木棍一敲，玻璃碗没了，这叫"金杯入地"，再把它变出来，称为"旱地拔杯"。用玻璃空碗一个，用布一蒙一盖，变出来一碗鱼来，祝大家年年有余。拿一个鸡蛋放地上，用碗扣上，鸡蛋没了，变出一个鲜活的小雏鸡来……凡此种种，如今已成为绝技。

万子信闯荡江湖数载，且在南派张慧冲旗下演出，但来到天桥，还是被穆派魔术所震撼。1945 年，万子信带艺投师，由当时魔术大师穆文庆的长子穆成义（艺名螟蛉子）、大徒弟杨小亭代师收为艺徒。

虽然万子信没有完全得到穆文庆先生亲授的二十四孝，但在师兄穆成义和杨小亭的指导下，最终成为穆派传人中的佼佼者。据说万子信在天桥撂地儿卖艺的时候，延续的是穆派的路数。为了招揽观众，他以穆派二十四式中的"九连环"打场子。他一边用铁环打出各种形状，一边唱着说着，观众被吸引过来了，行话叫"园粘"。他有时也用另一种"园粘"的方法，即写沙书，用白沙子在地上撒字，以吸引游人围过来看，眼见着观众差不多了，魔术表演就开始了。

新中国成立后，万子信曾先后参加过南京国营曲艺工作团、上海国际戏院、张慧冲巨型魔术团和华特生巨型魔术团。到过全国各地演出。他精湛的魔术表演，受到了广大观众的热烈欢迎。不久，他在东北组建了新都杂技魔术团，1955 年成立了长春市杂技团。万子信带着中国古彩戏法走出国门，先后作为中国人民的友好使者出访了苏联、波兰、朝鲜和越南等国，以他那精湛奇妙的魔术表演，为促进中国人民与世界人民的友好往来作出了贡献。1956年，万子信在波兰国际魔术节上获银质奖，是获此殊荣的第一位中国戏法大师。

就在万子信事业有成、声隆日盛的时候，因其生性耿直，有一说一，有二说二，得罪了一些人。在1957年的反右运动中，被打成“右派”；“文革”时又被打成反动学术权威。在此期间，万子信经受了许多磨难。“文革”后，历经沧桑的老艺人才又得到了新生，重新焕发出艺术青春。到了晚年，万子信深深感到继承和挖掘古老艺术的重要性，彻底抛弃了旧思想的束缚，毅然带徒、写书。不幸的是，在一次演出中，万子信心脏病突然复发，倒在舞台上，经抢救无效，于1990年6月27日离开了为之热爱一生的魔术舞台。

曹鹏飞："民间杠梁"一绝

曹鹏飞（1921—1982），天津人。著名杂技艺术家。艺名飞飞飞。7岁随父练民间杠子。后来在北京天桥卖艺，表演"民间单杠"，在国内"民间杠梁"节目表演中堪称一绝。从1949年起先后自组鹏飞杂技团、北京青年杂技团。1950年10月随中华杂技团去苏联及东欧各国访问演出。1956年后任安徽省杂技团团长，中国杂技艺术家协会第一届理事，安徽分会主席。

1947年，曹鹏飞加入北平曲艺公会时的照片，时年26岁

曹鹏飞先生因身怀飞腾于空中的绝技，故艺名"飞飞飞"。他是天津人，自幼随父亲练民间杠子，15岁时便携两个弟弟在天桥公平市场撂地儿卖艺。关于他的家世和经历，有一份他于新中国成立后组建鹏飞杂技团的自传叙述，较为详细：

曹鹏飞自传

1953年6月27日

余原籍天津，生于公元1921年12月1日。自幼家境贫寒，吾父亲曹凤鸣以作艺为生。余7岁即跟随父亲学艺，于10岁时随父在天津作艺卖糖。于17岁时，1938年随父亲由天津到北京天桥作艺，于1949年父亲病故后，余自己领导弟兄五人仍在天桥作艺。于1950年参加中国杂技团出国表演，于1951年6月回国后，由于政府对于杂技艺术的重视，使我们在作艺方式上有了初步的改进。随着杂技艺术的发展，自己组织了鹏飞杂技团，正式在天桥售票公演。于1952年5月曾赴察哈尔、绥远、山西等三地作巡回公演。该团于1952年年终回到北京正式结束后，仍在天桥表演至现在。

旧时北京的天桥艺人们下场卖艺，没有真功夫、绝活，那是根本站不住脚的，弄不好还会被“踢场子”，以致被轰出天桥。天桥的武术杂技艺人大都身怀绝技，表演品类五花八门，诸如武术、戏法、鞭技、飞杠、爬杆、耍叉、车技、摔跤、中幡、柔术、空竹、气功、吞剑、口技、皮条、大刀拉弓等等。他们大都在露天撂地儿演出，条件好的，也有了一定名气的，会置办个罩棚，在罩棚四周摆放几条破旧板凳；更多的艺人是在平地儿用白粉“画锅”撂地儿表演。那个时候，在天桥卖艺的无论演技高低，也只能挣点儿养家糊口的小钱儿，特别是在天桥撂地儿的艺人，风里来雨里去，服装上不讲究，也不化装，讲究点儿的，也只是在脸上抹点儿白粉而已。每演一场下来，就手持竹篮向围观者打钱，钱多少由观众看着给，有时多些，有时一天下来也挣不着几个钱，还有的看“蹭儿”，看完表演，脚底儿抹油——溜了。所以有些艺人往往是说得多，演得少，因此就有了“天桥的把式——光说不练”的歇后语。

经过多年的摸爬滚打，飞飞飞和他的胞弟在天桥有了一定的声誉，他们不再撂地儿、画锅了，有了固定的卖艺场地。这块场地方圆两丈，四角各埋一根笔直的高杆，每根高杆顶端各系一条丈余长的粗绳，绳尾或结成圈套，或另缚以横木。场中空旷处立一架单杠，这个单杠和我们今天学校里的单杠不同，它的杠径与饭碗相类。场地的入口处，高悬一块用白漆写着"飞飞飞"的窄长的黑色木牌儿，非常醒目，过往的游客只要进入这场地，脚就像生了根儿似的，再也不想离开了。飞飞飞表演的"盘杠子"招数繁多，变幻莫测。上杠的动作不但敏捷而且奇特，倒立于地，以脚面钩杠，轻轻摆动继而旋转身躯，双手即撑于杠上。飞飞飞最为拿手的是"单人独飞"。表演一开始，只见他顺着高杆攀缘而上，双手抓住绳套后，以脚蹬踹木杆，向对角木杠处悠荡过去，突然撒开手中的绳索，全身凌空横起，猛进如同雄鹰，剽疾恰似猿猴，瞬息间抓住对面的绳索，不待停稳，再次悠荡回去，凌空翻个"吊毛"，恰好坠落坐于悬吊在空中的横木上。据说每当表演这个节目时，场子里就会响起鼓掌声与喝彩声，散场后男女老少大有意犹未尽之感，久久不愿离开。

飞飞飞的传家宝——"空中飞人"，除了"单人独飞"，还有"双人对飞"与三人"交插而飞"等表演形式。飞飞飞的两个胞弟，都能以娴熟的技巧充当其兄的配角。

新中国成立后，曹鹏飞先后组建了鹏飞杂技团、北京青年杂技团，都是以曹家班为核心。他的几个弟弟的名字里都有个"德"字，按年龄排序，分别是曹华德、曹伟德、曹桂德、曹长德、曹友德。

曹鹏飞还有个妹妹叫曹桂余，生于 1928 年，先是在家协助母亲料理家务，17 岁学艺，于 1950 年参加鹏飞杂技团。

曹氏家族还有两个小字辈，一个是曹鹏飞的侄女曹玉兰，生于 1945 年，自 5 岁学艺。曹鹏飞的儿子曹福来生于 1947 年，5 岁学艺。

鹏飞杂技团除了曹家子弟兵，还有几位杂技界的高手，也曾加入团里。现存他们自己填写的自传：

郑长泰，原籍天津，生于 1929 年 8 月 31 日。自幼家境贫寒，家中共计九口人，大哥郑长发现在天津同和兴货栈当店员，二哥长起现在新河车站担任联结员，四弟长林现在天津于场下坡市场卖鱼。我于10岁上学，16岁在天津雅林“皮条社”学艺，后在家帮助家庭在市场卖鱼。于1950年7月到北京天桥参加鹏飞杂技团表演，该团于1952年年终结束后，回天津在家居住三个月，于1953年3月又到北京天桥表演至现在。

叶少英，原籍河南洛阳市。生于1928年12月21日。自幼家境贫寒，父亲叶书奇以作小商为生，于7岁时考入市立小学，于13岁跟随父亲盟弟孙剑池学艺，于14岁时，1942年洛阳被日本帝国主义攻陷，遂到西安正式作艺，于1945年日本投降后，由西安到北京作艺。1946年曾到保定、涿县等地表演，于1948年11月到北京，1950年参加鹏飞杂技团，表演至现在。

杨荣喜，生于公元1897年12月10日。原籍河北玉田县第八区石盒村。自幼为农，家庭成分中农。自幼失学，于18岁学艺，仍在家种地，于54岁是（时），1951年由玉田到北京天桥作艺，家庭由余子杨盛料理。于1952年1月参加星星马戏团，赴察哈尔、绥远等地表演，于1952年终回到北京参加鹏飞领导的杂技团，表演至今。

吕世勋，原籍河北霸县第四区东王庄村，生于1928年，自幼为农，家庭成分中农，祖父时期家庭为地主成分，到我父亲吕印宣时期，已成中农成分，家中共计八口人，父亲现年51岁，仍能自己劳动，自耕自种务农为业。我于8岁上学，四年后随父亲在家种地，于17岁时，1945年在村中学艺后仍在家中务农，于1951年到北京参加鹏飞杂技团，于1952年跟随该团赴各地演出，于1952年终回到北京仍在天桥表演至今。

王成良，原籍北京，生于1939年10月6日，家庭尚称小康，父亲王继春现年57岁，在宣内大街261号开设同合木柴场，大哥王成林现在中国银行工作，二哥王成山在家协助父亲从商，四弟成佳正在求学。大姐王玉珍在北京印刷二厂装订组工作，五弟成杰、小妹王瑛正在上学。我于7岁上学，13岁学艺，拜曹鹏飞为师，参加鹏飞杂技团。

余下者还有：

余存厚，生于1926年，河北霸县人。自幼为农，16岁学杂技"河叉"，1951年参加鹏飞杂技团。专长河叉。这河叉是四五尺长一根两头有三尖的叉。要的人赤着膊。飞叉在他浑身上下旋转，有时飞起一丈多高，落下来仍接着在他身上翻滚。舞叉是我国民间的传统节目。过去在北京走会队伍前面大多数都有舞叉的，起到开道的作用，故北京人把舞叉又叫"开路"。天桥市场舞叉花样最多的，要算谭俊川，时人称他"飞叉谭俊川"。

梁玉岐，男，1933年出生于天津，专长：爬杆。8岁上学，14岁初中毕业后在家4年，于1950年（18岁）参加合作社工作，1953年到天津三区合作社主食仓库工作，于12月份到北京参加北京杂技团。

满建国，男，1935年出生于天津。专长：爬杆。10岁上学，15岁参加饭馆工作，1950年由中原公司餐厅调到永安街思顺德饭馆工作。1953年参加北京杂技团。

王礼，河北霸县人，出生于1937年，飞叉。8岁上学,12岁在家种地，于1953年10月参加北京杂技团。

两位乐师，其中一个名叫丁善斋(又名丁存)，北京人，生于1904年，14岁前上学，17岁在外五区音乐队学音乐。1926年参加国光曲艺团，后参加张宝庆领导的马戏团，两年后参加华北音乐队八年。1939年参加沈素魔术团，为期三年。1950年参加青年女子技术社。1952年参加鹏飞杂技团。

另一名乐师石燕昌，北京人，生于1903年。于13岁上学，16岁时，1919年在外五区乐队学习音乐（吹号）。1926年参加田宝发领导的国发马戏团两年，参加湖北音乐队8年，于1939年参加沈素魔术团。1950年参加青年女子技术社。1952年参加鹏飞杂技团。

鹏飞杂技团自1950年建立，当年10月即由曹鹏飞带团随中华杂技团去苏联及东欧各国访问演出。1956年，曹鹏飞率北京青年杂技团去合肥，组建安徽省杂技团，任团长。演出的节目除《民间单杠》外，还有《爬杆》《皮条》。单杠、爬杆以及飞叉等杂技项目，在本书中都有介绍，现简要介绍一下郑长泰表演的“皮条杠子”。

所谓“皮条杠子”，是用三根儿杉篙搭成三角架子，顶端拴两根皮条，艺人表演时双手握紧皮条下端，两臂的力量使身体悬空，练出各种让人惊叹的招数。这种玩意儿盛行于清代末叶，演练者大多为棚匠，这些人根据职业的需要借以锻炼身体并作为业余消遣。后来才渐渐出现了以此为业的艺人。《同治都门纪略》有咏皮条杠子的打油诗：“三条杠木叉来支，中系皮条分手持。鹞子翻身鸭凫水，软中求硬力难施。”

20世纪30年代，在天桥练皮条杠子者，以志六及其助手玉子最为突出。这两位臂力过人、身轻如燕，只要双手一抓住两根皮条，就立刻腾空而起，练出一套优美而惊险的玩意儿：如“鹞子翻身”（即前后连续空翻）、“白鹤亮翅”（类似现在吊环运动的转肩十字动作）、“寒鸦凫水”（挺身躯与地面平行，双臂一屈一伸，左右频频倒换）、“铁板桥”（双臂平伸、躯干与腿挺直，如十字架状）等。尽管皮条不时地晃动，但艺人竟能保持身体平衡，可谓是力量与技巧紧密结合的艺术。

总之，曹鹏飞和他的曹家班凭的是技艺立足于社会，在新中国成立后的历次运动中毫发未伤。可惜他们的高超技艺，大部分已经失传，是很遗憾的事。

舞中幡

【舞中幡】

铃铎声中金鼓撞，佛场子弟健能扛。彩帆正面凌风稳，一朵云飞如意幢。(佛会中戏。幡如四五丈高，上悬铃铎，健儿数辈舞之，指挥甚如意，佐以金鼓声，观者如堵墙焉。)

——(清)李声振《百戏竹枝词》

梁益鸣："天桥马连良"的由来

梁益鸣（右一）与剧团同仁谈戏

梁益鸣(1915—1970)，北京人。京剧马派老生。原习武生后改老生，常演马派剧目，有"天桥马连良"之称，1952年与姨表弟张宝华组建鸣华京剧团，曾在1954年与张宝华先生合作串演《遇皇后·打龙袍》，梁反串李后，张饰演包拯。1959年拜马连良为师，"文革"时被迫退职，回原籍北京通县务农。

在娱乐界学别人的玩意儿，叫"模仿"；在戏剧界，尤其是京剧界学人家的唱腔技法，叫"传人"或属某"派"。如学梅兰芳先生的，那叫"梅派"；学余叔岩先生的传人称"余派"。本文要说的这位梁益鸣先生，是学马连良先生的，据说他对"马派"艺术的热爱到了如醉如痴的程度，从台风到扮相，从剧目到服饰，从唱念到表演，甚至顾盼举止，与马连良无一不似。他算得上是马派超级"模仿秀"了，但是最初梁先生并不是马连良先生的弟子，这还要从他的出身和学艺经历谈起。

梁益鸣于1915年农历7月16日出生于北京郊区通县小甘棠村的一个

贫苦农民家庭。家中四口人，有两间土房和几亩地，过着糠菜半年粮的苦日子。他5岁那年（1920）京东大旱，庄稼颗粒无收。为了老婆孩子，父亲到开滦煤矿做煤矿工人。第二年，因矿井塌方，父亲右臂被砸断而丧失了劳动能力。他的母亲望着失去右臂的丈夫和嗷嗷待哺的一双儿女，只好到京城当保姆。

为了让孩子学些技术，养活自己，梁益鸣刚满8岁，母亲就把他送到在北京天桥"群益社"科班管事的姨夫张起家，正赶上群益社科班成立不久正在收徒，于是张起为梁写了关书（入科时的文书），梁益鸣从此踏上了京剧艺术之路。他本名叫梁大龙，进科班学戏，沿"益"字排行，改名叫梁益鸣，先学武生后学老生。

群益社共招收了五十多个学生，社里在天坛西坛根租了9间平房，师父们占去3间，其余6间则是五十多名孩子吃饭、睡觉、练功、上课、排戏的场所。孩子们挤在一条大炕上，睡觉时连翻身都困难。这还不算苦，最苦的是学戏时经常挨师父棒打鞭抽。旧社会学戏，俗称"打戏"。记不住词儿，唱跑了调，动作不准确，都要挨揍。有一次，梁益鸣跟师父学《四郎探母》中杨延辉的四句"流水板"："把头的儿郎要令箭，翻身下了马雕鞍。背后取出金批箭，把关的儿郎你们仔细观。"这四句唱难度并不大，但梁益鸣学了多遍仍然走调，师父见此情形，抡开双臂，左右开弓，扇了他多记耳光。11岁的梁益鸣顿时口吐鲜血，还不敢哭出声来。打完后，师父让他在院里站桩，大冬天冻得他手脚麻木，嘴唇发青，一动也不敢动。这种惩罚在科班里是常事儿。群益社还有个制度叫"打通堂"，即一个孩子学戏不用心或是做错了事，大家都得跟着挨打。为了《四郎探母》四句唱词，全班跟着梁益鸣挨了两次通堂，他自己则被打得晕死过去两次。

梁益鸣虽天赋不佳，缺乏灵气，但韧性强，有股执拗劲儿。这韧性和执拗劲儿又恰是一般天赋优越、资质卓异的孩子所不具备的。年复一年，月复一月，孜孜不倦，水滴石穿，几年后，他成了戏班的台柱子。出科后曾到天津、河北、上海等地跑码头演出。1937年"七七事变"后，梁益鸣回到北京，与武生演员张宝华（梁益鸣姨夫张起的儿子）组成鸣华京剧团，长期在天桥天乐戏园演出。他对艺术很有悟性，非常认真，善于调整自己。开始上演余派戏《珠帘寨》《洪羊洞》，谭派戏《失街亭》《空城计》《斩马谡》等。

梁益鸣学习马派艺术纯属偶然。1938年，他在新新戏院（即西长安街首都电影院）看了一次马连良、郝寿臣、张君秋、马富禄、叶盛兰等先生合作演出的京剧《串龙珠》（原名《反徐州》，为晋剧本。1938年丁果仙把剧本赠给了马连良，由吴幼荪执笔，改编成京剧）后，被马派艺术所吸引。自打这以后，只要有马连良先生的演出，他一定去看，买不到坐票，站一晚上也要把戏看完。回家后，他凭记忆把马先生演出的整个过程从头过一遍，一招一式地演练，他还购买不少马连良的唱片，边放边模仿。为了能够较好地把握马派艺术的真谛，他不惜重金聘请对马派艺术研究有素的专家给自己说戏，还向马连良先生的师友如萧长华、姜妙香、于连泉、郝寿臣、侯喜瑞、马富禄、刘连荣、赵荣琛、叶盛兰、迟金声、刘雪涛等人求教，甚至那些年纪比自己小，艺龄比自己短的马派弟子，他也登门求教。

功夫不负有心人。经过数年的苦苦揣摩，梁益鸣从剧目演出到表演风格等都不同程度地吸收到了马派艺术的精髓。他不仅可以轻松地演出《借东风》《空城计》《春秋笔》《清风亭》《十道本》《将相和》《淮河营》《四进士》《苏武牧羊》《十老安刘》《龙凤呈祥》《打渔杀家》《六出祁山》《胭脂宝褶》等一系列马派常演剧目，即使马连良先生早年演出过的而后来久辍舞台的《南天门》《火牛阵》《骂王朗》《淮安府》《朱砂痣》《武乡侯》《四郎探母》《游龙戏凤》《舍命全交》《二堂教子》等，他也通过各种间接渠道记录了下来，然后按照自己的理解去融合吸收，在天桥实践演出。

抗日战争爆发以后，直至国共内战结束，马连良先生一直处于颠沛流离、居无定所的状态，直到 1951 年 10 月从香港回到北京。在此期间，北京的众多的马派戏迷们看不到马连良先生的演出，而梁益鸣则在天桥大唱特唱马派的剧目，并且模仿得惟妙惟肖，于是乎，戏迷们奔走相告，一股脑地直奔天桥去听梁益鸣唱戏。果然不负众望，“天桥马连良”的声誉传开了。

新中国成立初，马连良先生不为台湾当局高薪邀请所动，毅然应周恩来总理之邀回到内地。1952 年，梁益鸣与张宝华仍以鸣华京剧团申请组团演出。梁益鸣不但在艺术上肯下功夫，对于剧团的经营也有独到之处。那时的剧社、剧团很多，但能够赚到钱的寥寥无几，可鸣华京剧团由于人员少而精，演出多而密，加上勤俭办团，节约开支，因而资金积累甚丰。每年都赢余十多万元用作公益金（到 1966 年“文革”开始时，该团还积余资金五十余万元），这笔钱是大家劳动的结果，属集体所有。谁也没想过要把这份巨额积余分光吃尽，而是决定把它用来建设剧团，添置设备，购置灯光道具，培养京剧事业接班人。50 年代中期，剧团以近六十万元的公共积累资金，定做了全套的苏绣蟒、靠、袍、褶、盔、带、履等男女各色服装近百件，使舞台面貌焕然一新。光男女短打衣裤就有上百套之多。此外还招收了京剧学员五十余名，用“以团养班”的办法，负责学员的吃穿住用全部开支。后来曾一度活跃在京剧舞台上的小生演员李士明、花脸演员宋宝奎、武净演员顾金水、武生演员黄胜春、武丑王世则、青衣吴小平、老旦林雅文、武丑张少华、花脸侯宪政，以及鼓师和顺保等等，都是该团自力更生培养出来的京剧后起之秀。

梁益鸣自从迷上马派艺术后，就多次想拜马连良为师。可惜由于当时旧传统束缚，京剧界有大街南北之分，即以珠市口大街为界，街北身份高，街南身份低，街北的演员绝不到街南演戏，街南演员也没有资格到街北去演出。梁益鸣多次托人去说，都遭马连良拒绝。

最终梁益鸣如愿以偿，是在20世纪50年代中期。当时北京市文化局副局长张梦庚知道了梁益鸣多年学马派并想成为马连良入室弟子的愿望之后，出面斡旋。他向马先生讲述了梁益鸣私淑马派艺术的经过和夙志，又谈了个人的看法和建议。马连良颇受感动，但转而又想，梁益鸣将近半百之年，艺臻稔精，对于收下这个徒弟该如何施教颇感棘手。对此，张梦庚先生耐心地给马先生做工作，梁益鸣因年岁大固有因袭守旧的缺点，但也有点石成金使之迅速提高的可能，最后，马先生慨然应允了。

梁益鸣从张梦庚那里得到这个消息的当天下午，在其陪同下谒拜了马连良，并商讨了有关拜师事宜。6月初，由梁益鸣的师兄弟们和鸣华京剧团的同仁操持，在北京前门饭店举行了隆重的拜师仪式。文艺界在京的专家名流数百人出席祝贺。梅兰芳、萧长华等艺术大师还讲了话。59岁的老师收了个45岁的门徒，一时被传为佳话。从此，马连良先生倾心尽力向梁益鸣传授马派艺术。经过一年多的时间，梁益鸣演出的马派剧目基本上都经过了师傅的认真点拨和调教，梁益鸣在马派艺术的继承上益臻成熟。

1962年春天，梁益鸣紧步马连良后尘演出了吴晗的《海瑞罢官》。随后，"文革"开始了，马连良因演出了《海瑞罢官》被打入"冷宫"，梁益鸣也因演出该戏被挂上了"黑帮"牌子，剃了阴阳头，接连受批斗，并被遣去劳动改造。从1966年8月起，梁益鸣的工资由150元降为60元，后来干脆被勒令退出京剧团。他忧郁愤懑，于1970年10月离开人间，年仅54岁。

李桂云：使河北梆子独树一帜于京华

1952 年，李桂云参加全国第一届戏曲观摩大会时的照片，时年 41 岁

李桂云（1910—？），出生于河北省宁晋县。河北梆子青衣、花旦演员。幼年学艺，11 岁登台演出。1927 年加入奎德社，是京梆子的创始人之一。新中国成立后，创办北京河北梆子剧团，任团长。1952 年参加全国第一届戏曲观摩大会，演出《蝴蝶杯》，获演员一等奖。此剧于 1957 年由长春电影制片厂拍摄成舞台艺术片。

中国的梆子腔艺术底蕴深厚，它的观众面很广。梆子是我国 360 多个戏曲剧种中具有辉煌历史成就的大剧种之一。梆子本名乱弹，发源于山西、陕西交界，其声腔有山、陕地区民歌的高亢、激越，以枣木梆叩击，发出“咣咣”声响。后来人们把这种说唱形式称为梆子。明代中叶以来，山、陕梆子随着陕西商帮所开辟的商路向外传播，就产生了秦腔。陕、甘一带古为秦地，人们因而称这种戏曲声腔为秦腔。明末，中原一带爆发了大规模的农民起义，其影响遍及陕西、甘肃、山西、河北、河南、山东、安徽、江苏、江西、湖北、湖南、四川等十余省的范围。值此农民革命运动风起云涌、如火如荼的时代，高亢激越、节奏爽朗明快、唱词通俗易懂的山、陕梆子很能反映当时的风貌，因而颇受广大群众的欢迎。加上起义军领袖李自成原是陕西米脂人，他酷爱秦腔，义军中又多为西北人，因此，山、陕梆子又随起义军的流动而传播各地。

山西、陕西梆子传播各地后，当地的艺人结合地方方言，吸收本地区民间艺术的营养，衍变形成各具特色的梆子声腔系统的各个剧种。到了山西就有了蒲州梆子（南路）、中路梆子、北路梆子和上党梆子；陕西有同州梆子（东路秦腔），中路、西路和南路秦腔；河南有豫东调、豫西调、南阳梆子，现在人们熟知的豫剧即由河南的梆子衍变而来。河北有直隶梆子、卫梆子、老梆子、蔚州梆子；山东有高调梆子、莱芜梆子；安徽有沙河调、淮北梆子；川北有盖板子（又称弹戏），等等。

北京的梆子叫做京梆子，也是明末那时候传到北京来的，在京立足近400年，比徽班进京还要早。京梆子表演大气、脱俗，数百出剧目的底蕴使其唱腔音乐集高亢激昂与细腻委婉于一体，表现力非常强。其保留剧目对其他剧种也产生了深远的影响，如：京剧、评剧等都曾在此汲取营养。

京津冀三地毗邻，但梆子在不同地区的唱腔又各具特色，如河北的淳厚质朴，北京的清秀委婉，天津的刚健流丽等。但都以北京方言为主，念有韵白、京白之分，但不用“上口字”；唱腔属板腔体，主体板式有大慢板、小慢板、上六板、二六板、留板、锁板等。河北梆子音乐具有高亢激昂、慷慨悲壮的特点。男女唱腔基本相同，青衣、老生唱腔比较丰富，净角唱腔比较简单。主要伴奏乐器有板胡、笛子、笙、梆子等，生腔苍劲悲壮，旦腔高昂激越，净腔粗犷豪放。新中国成立后，作为地方戏的卫梆子、直隶梆子、京梆子统称为河北梆子。

河北梆子擅演悲剧，其剧目和声腔、演唱与表演技艺对众多戏曲剧种都产生过很大的影响。据考，京梆子花旦兼小生田际云（1864—1925）在北京创办小玉成班，开创了梆子、二黄“两下锅”的先例。著名京剧表演艺术家荀慧生（京剧四大名旦之一）、筱翠花、芙蓉草、李桂春等都是在清末民初从梆子演员改习皮黄的。足见梆子、京剧长期相互影响、共同发展之一斑。同京剧一样，早先河北梆子班社中是没有女演员的，出现第一批女演员，大概是在清末民初。女演员的出现使得河北梆子的唱腔更加丰富。

民国时期，新派演员最初集中于天津，因而又称“卫梆子”。这一时期的著名演员有小元元红（魏联升）、小达子（李桂春）、小香水（赵佩云）、金刚钻（王莹仙）、刘喜奎、秦凤云等。20世纪30年代以后，京剧日盛，河北梆子日渐衰微，众多河北梆子名家纷纷到天桥献艺。那时天桥市场先后建有戏园子20余家，如歌舞台、乐舞台、燕舞台、吉祥、升平、魁华、万盛轩、丹桂、天乐、德盛轩、荣华、华安等。歌舞台是天桥第一家戏园子，是郭慎斋、刘春甫等4人于1910年集资购地筹建的，其后又相继建了乐舞台和燕舞台。这三家戏园子都以演出河北梆子为主。歌舞台拥有河北梆子“三大灵芝”之一的名旦崔灵芝和盖陕西、一千红、粉菊花、小吕布、十二旦、老天门亮、小元元红、余德芳等名家，他们各怀绝技，唱作皆佳。其中崔灵芝的《玉堂春》《春秋配》，小元元红的《辕门斩子》《调寇》，一千红的《灯棚换子》《坐楼杀惜》，小张黑的《盗银壶》等等，均有令人叫绝的效果。而乐舞台、吉祥、振仙、升平、魁华等几家拥有李桂云、千盏灯、小马五、贾桂兰（小金刚钻）、小兰舫、张秀琴（张君秋之母）、程永龙、金香翠、刘桂红、黄咏霓（后改唱京剧，更名为雪艳琴）、月明珠（著名京剧演员新艳秋）等。董翠铃、桂灵芝、王宝红、珍珠钻及小兰舫、刘桂红等长期演于丹桂戏院，同样场场客满。

新中国成立后，活跃在京津的河北梆子著名演员有银达子（王庆林）、李桂云、韩俊卿、贾桂兰（小金刚钻）、王玉磬、金宝环、刘香玉等。代表性剧目有《秦香莲》《蝴蝶杯》《王宝钏》《杜十娘》《战北原》《江东计》

《辕门斩子》《喜荣归》等。而最有影响的京梆子演员是李桂云。

李桂云的表演细腻、传神，唱腔高亢，嗓音圆润，深得观众的喜爱。1949年后，李桂云牵头组建丹声社，1951年在丹声社的基础上，她以新中华秦剧团为名建团，1952年更名为新中华河北梆子剧团。因为那会儿河北省的省会在天津，它们的名称就叫作河北梆子。1960年才正式定名北京市河北梆子的剧团，隶属北京市文化局，李桂云为首任团长。这是河北梆子的重要流派“京梆子”的专业团体，人才济济。

20世纪60年代前，李桂云率领的河北梆子剧团和北京的戏剧界各剧团相比，无论规模、阵容、影响力，都名列前茅。演员32人，学员5人，乐队10人，舞工人员10人，行政4人，共61人。演员中，20人为女演员，几乎收罗了在京及华北、东北等地有一定知名度的所有演员。在北京市文化局专业剧团备案资料档案里，保存有自1955年至1958年李桂云担纲主演并任团长的“河北梆子”剧团的演职员简历表。以下照录李桂云的简历：

李桂云，女，团长，45岁（青衣、花旦），没读过书。原籍河北宁晋，时居北京市东城区墙角胡同5号。她13岁习艺，18岁入奎德社，23岁脱离该社，自组班出演数月，复回奎德社；一年后又脱离，赴京沪等地演出，29岁结婚辍演。后因夫妻感情不和而离异。北京解放后，组织丹声社，再度出演。1951年丹声社在中国戏曲研究院的辅导下，改组为新中华秦剧工作团，任团长兼团委会主委等职。1952年参加全国第一届戏曲会演，获演员一等奖。1953年赴朝向志愿军进行慰问演出。1954年向解放军作慰问演出。同年参加北京市第一届戏曲会演，亦复得演员一等奖。她是河北梆子演员中唯一的一个北京市文化局评定的一级演员，曾被选为全国第二次文代会大会代表；北京市第二次文代会大会代表；北京市文联理事会理事；并当选为北京市第一届人民代表大会代表。

这里需要补充的是，李桂云出生于河北，但长在北京，一口的京腔。她 11 岁开始登台演出，除唱河北梆子外，兼唱京剧，经常在庆乐园演出《王春娥》《柜中缘》《拾万金》等传统戏和《少奶奶的扇子》《战地之花》《一元钱》《啼笑因缘》等文明戏。

李桂云简历中提及的奎德社是中国近代从事改良新戏的女子戏曲演出团体，又名奎德坤剧社。1914 年秋，河北梆子演员丁剑云（艺名：丁灵芝）与杨韵谱（艺名：还阳草）等在北京创立志德坤社。1918 年改组后，更名奎德社。杨韵谱等在资产阶级民主思潮影响下，受到北京玉成班、上海新舞台改良新戏和天津南开学校新剧团演出话剧的启发，认为戏剧是通俗教育的有力武器，以编演新戏、移风易俗为宗旨。剧社专门编写排演梆子、皮簧新戏，配置机关布景，采用西乐、歌舞等表现形式，其中尤以反映现实生活的时装新戏驰名京津两地。1937 年抗日战争爆发后，北平沦陷，剧社被迫解散。从创建到解散的 24 年间，主要演员不断更替，先后有鲜灵芝、秦凤云、雪艳琴、张蕴馨、李桂云，此外高媚兰、碧玉花、筱兰芬、金桂芬、王庆奎、宁小楼、汪金荣、鑫小樵、盖荣萱、刘又萱等也很出色。演出剧目多取材于小说、话剧、电影故事或时事。题材囊括古今中外。共编新戏 93 种，主要剧目有《一元钱》《一念差》《电术奇谈》《湖天幻影》《家庭祸水》《青梅》《仇大娘》《渔光曲》《茶花女》《啼笑因缘》等。有的新戏，如《二烈女》等曾因抨击时弊而遭当局刁难或查禁。

新中华秦剧工作团还成立了一个学习班，教员 5 人，皆为男性：

杜元庆 68 岁，老生，北京人；杨桂亭 69 岁，花旦，天津人；韩金福 51 岁，青衣，河北省宝坻人；赵双贵 58 岁，武生，河北省任丘人。女（教员）1 人：桂品卿 45 岁，青衣、刀马旦，北京市人。琴师 1 人：张振起 39 岁，板胡，河北省献县人；铙钹 1 人：薛宝亮 66 岁，北京人。职员2人。这个附属学习班，教职员总计9人，在册学员(娃娃生)仅3人，女2人，男1人。

此外，团内还有化妆、装置、司幕、道具、灯光等职员十几人。

自新中华河北梆子剧团创建以来，创演各类剧目共计150余出，可谓题材广泛、艺术水准精湛、风格独特。如：《蝴蝶杯》《王宝钏》《秦香莲》《清风亭》《呼延庆打擂》《杨门女将》《窦娥冤》《拜月记》《大刀王怀女》《状元打更》《李慧娘》《陈三两》《团圆之后》《辛安驿》《铁弓缘》《杨七娘与杨七郎》《柜中缘》《孙尚香》《一夜皇后》《深宫欲海》《陈妙常》等，皆为剧团的保留剧目，脍炙人口、久演不衰。

李桂云的代表剧目《蝴蝶杯》以及《王宝钏》《窦娥冤》等名剧曾改编为电影，给人们留下了深刻印象。

同其他很多地方剧种一样，进入20世纪后半期以来，河北梆子剧团在京津冀的舞台上再也没有重现昔日的辉煌。

小白玉霜：白派两代评剧人的悲惨命运

1953 年，小白玉霜加入中国评剧院时的照片，时年 31 岁

小白玉霜（1922—1967），本名李再雯。原籍山东。著名评剧表演艺术家。5 岁随父自山东逃难至北京，被著名评剧演员白玉霜收作养女，由彩旦李文质为她启蒙，后随白玉霜演出，16 岁挂出“小白玉霜”的头牌。1942 年起，她先后组班阳秋社、玉海社、再雯社，于北京、天津演出。1949 年后组建新中华评剧团。1953 年加入中国评剧院。在《小女婿》《苦菜花》《杜十娘》《秦香莲》《金沙江畔》等剧中，成功地塑造了新旧时代各种类型的妇女形象。其中《秦香莲》一剧被拍摄成影片。

评剧“白派”由白玉霜创立于 20 世纪 30 年代，继承和发展者是其养女“小白玉霜”。

小白玉霜，本名李再雯，是中国评剧史上最有影响的流派之一——“白派”的传人。1953 年中国评剧团建团后，排了《秦香莲》一剧，她塑造的秦香莲形象是她表演艺术走向成熟的标志。1956 年《秦香莲》被拍成电影，小白玉霜获得金质奖章，蜚声海内外。

评剧原名“平腔梆子戏”，俗称“唐山落子”“蹦蹦戏”，曾是中国第二大戏曲剧种，因评剧的曲调优美动听，唱词通俗易懂，在唱、念和表演上，都富有浓厚的生活气息，因而为群众所喜闻乐见。

评剧“白派”的创始人白玉霜，原名李桂珍，祖籍河北滦县古冶人。1907 年生于天津一个唱莲花落的艺人家庭，其父为莲花落艺人李景春（艺名粉莲花）。白玉霜 7 岁学艺，11 岁时拜一位刘姓唱大鼓的为师，14 岁时，又拜孙家班班主孙凤鸣为师，改习评剧。其艺名“白玉霜”就是孙凤鸣给起的。14 岁的白玉霜在锣鼓声中首次登上了戏曲的舞台，也登上了人生的舞台。白玉霜身材高挑，扮相俏丽，以特有的低回婉转、悠长宽亮的唱腔，增强了评剧唱腔的抒情性，由此创立了“白派”。她还在伴奏乐器中加进南胡，在化妆、表演技巧上也有许多的创新。在 20 世纪二三十年代，白玉霜红遍京津，被誉为“评剧皇后”。

1931 年年底，白玉霜首次进京，在天桥及市内演出《花魁从良》《马寡妇开店》《双蝴蝶》《秦香莲》等戏。1934 年，白玉霜因《拿苍蝇》一剧，被视为有伤风化，逐出北平。

这是一桩有名的公案。1934 年，白玉霜带领戏班在北平的哈尔飞、广德楼等戏园演出《桃花庵》《珍珠衫》《马寡妇开店》《拿苍蝇》等，受到北平各界人士的广泛赞誉，票房收入直线上升。在此时期，白玉霜还演过以女土匪为主角的《枪毙驼龙》。当时的北平市长名叫袁良，他听属下人介绍，白玉霜貌美戏好，于是便来广德楼专门看白玉霜的戏，结果被白玉霜所吸引并生邪念。他接二连三地来听白玉霜的戏，并试图霸占她，可白玉霜就是不买他的账。这位袁市长恼羞成怒，寻机报复。一天，他听说当晚白玉霜将演《拿苍蝇》这出戏，便精心设下圈套。这天晚上，袁良并没有像往常那样招摇，而是轻装简行地坐下来看白玉霜演出。

《蹦蹦戏考》上刊载的白玉霜便装照，1935 年 4 月评剧研究社出版，上海中国图书杂志公司代售

《拿苍蝇》的剧情是，一只苍蝇成精，下凡来与人恋爱，还生了个孩子，最后被天庭知道了，玉皇大帝便派天兵天将把这只苍蝇精抓走。由于这出戏荒诞离奇，有点儿恶搞《白蛇传》的意思，深受市井欢迎，票价一涨再涨，从三角涨到了一块，票价已和梅兰芳的演出相当，并有超过的架势。出演时，白玉霜和俩扮演丫鬟的女演员，都穿“卫生衣裤”、红兜肚，灯光一打，和露胳膊露腿差不多。按今天的眼光看她们的装扮，充其量近似于体操或者花样滑冰运动员的装束。但在那年月已然是很不入眼了。戏才演到一半，也正是在白玉霜最见功夫的节骨眼上，白玉霜一个展翅亮相，露出了她一身贴体的肤色行头，线条分明。这时，台下的袁良给他随行的人使了个眼色，起身离开剧场。三天后，袁市长批准了《北平市戏曲审查委员会的报告》，下令把白玉霜驱逐出北平。那天白玉霜的寓所来了几个背枪的警察，他们不容分说把白玉霜押上火车，直到丰台，几个警察才下了车。白玉霜无奈之下进入上海，这一年是1934年，没承想，坏事变好事，这次离开北平到达上海，却成就了她的事业。

白玉霜带领安冠英、小福子（小白玉霜）到了上海，安顿下来后，便在天蟾舞台演出。也就在这个时候，白玉霜结识了著名戏剧家田汉、欧阳予倩、洪深等人，使她的艺术生涯达到了鼎盛时期。欧阳予倩为她编写了《潘金莲》。白玉霜与京剧演员赵如泉合作演出《潘金莲》，很受上海观众欢迎，接连演出近百场，声誉日隆。洪深先生不仅为她编写了《阎婆惜》，而且还为她拍摄了评剧的第一部电影《海棠红》。《海棠红》于1936年7月由明星电影公司摄制完成，白玉霜领衔主演，王献斋、严工上、舒绣文等担任配角。这是中国第一部评剧影片，描述了一个名叫海棠红的评剧演员凄凉漂泊的一生。影片在上海金城大戏院首映，立时轰动了全城。也就是在上海，白玉霜为适应南方观众的欣赏习惯，将剧中道白由唐山土话改为普通话，并将“蹦蹦戏”这一称谓改为“评剧”。她的这些大胆变革，对评剧的发展起到了历史性的转折作用，功不可没。

《蹦蹦戏考》封面上的白玉霜

作为旧社会的戏曲艺人，白玉霜的命运是悲惨的。她的养母兼班主只把她当作摇钱树，千方百计从她身上榨取钱财，根本不管她的个人情感和身体健康。她一生没有结过婚，为了生存她迎合观众的低级趣味，演出过一些不健康的剧目。1942 年 7 月（一说时间是 1943 年 8 月 10 日），白玉霜的子宫癌已到晚期，一出名叫《闺门劝婿》的戏演到一半，她就难以支撑，被送到了医院。

白玉霜的死与她被当作政治犯监禁在沙滩红楼，遭受日本宪兵队的非人折磨有直接关系。据有关文献记载，卢沟桥事变后，日本军队占据了北平，白玉霜受黑帮势力的诬陷，被日本宪兵队关押，在那里，白玉霜受到了惨无人道的酷刑。日本人把她的下身扒光，用棕毛绳子拉磨她的下身。白玉霜被摧残得不像人样，也是那次酷刑，使她落下了致命的病根。后来家人和亲友花了很大一笔钱，买通了宪兵队里一个姓金的人，才把她从日本宪兵队手中解救出来。白玉霜出狱之后，身体便孱弱下去了。即使这样，为了生存，她还得照样唱戏，一天两场，风雨不停。1942

年，白玉霜彻底地病倒了。她住进了北平东交民巷的一家德国医院，经医生检查，得的是子宫癌。在医院里住了一段时间，病情稍微稳定之后，白玉霜就出院了。从北平回到天津之后，她坚持演戏，还要排练新戏。有一天，她正在天津北洋戏院里演《闺门劝婿》那出戏，还没演到一半，血流了一地。不久，病情更加恶化，白玉霜重新住进了医院。数日之后，她永远地离开了舞台。

白玉霜去世后，她的养女小白玉霜继承了她的艺术风格，并有所发展。

小白玉霜的身世和姓名已无考。据传，她是山东莱州人，四五岁上被卖给白玉霜家，随李姓，起名再雯。她从小跟白玉霜学戏，14 岁正式登台，为白玉霜应“里子”活，是戏班的二路角色。

1937 年 2 月，正在上海演出的白玉霜，因惧怕黑社会头子的欺辱，毅然与她所爱的钹师李长生不辞而别，逃到河北省霸县避难。可戏班已经与剧场签订了合同，几天的戏票都已卖出去了，戏班子在情急之下，把李再雯改名为“小白玉霜”，顶白玉霜的主角儿地位，把她硬推了出来。年仅 15 岁的小白玉霜，就这样打出了自己的名号，在上海唱红了。小白玉霜根据自身条件，发展和完善了评剧“白派”艺术，使“白派”成为评剧的主要流派之一。评剧“白派”艺术在一般观众的心目中，只适合于演悲剧，而小白玉霜却使其有了新的发展和突破。她长于青衣戏，扮相大方，两眼传神，在舞台上成功地塑造了《小女婿》中的杨香草、《九尾狐》中的地主婆等许多不同性格的人物形象。

1951 年 10 月，因演出评剧《小女婿》红遍京城的小白玉霜，受到特别邀请，出席了全国政协会议，并受到了毛泽东主席的接见。

1952 年 6 月，小白玉霜和席宝昆等人组建了新中华评剧工作团，席宝昆任主委，她任副主委。也正是在这一年，第二届中国人民慰问团赴朝鲜战地慰问，小白玉霜参加了慰问团。小白玉霜还是评剧界第一个演出《兄妹开荒》《千年冰河开了冻》等现代剧的演员。1953 年，小白玉霜加入由薛恩厚担任领导的中国评剧团。自此以后，在和众多评剧艺术家的合作中，小白玉霜的“白派”艺术风格日臻完美，形成了独特的魅力。低回婉转、刚柔相济、神韵悠长的“白派”唱腔，宛如京剧中的“程派”，受到广大观众的喜爱。小白玉霜的代表剧目《小女婿》《秦香莲》《杜十娘》《闹严府》和《金沙江畔》等已成为评剧的代表剧目。

在演出剧目上，小白玉霜一直坚持古装戏和现代戏同时并举。她在传统戏里扮演过许多古代妇女角色，如《朱痕记》中的赵锦棠、《闹严府》中的严兰珍、《杜十娘》中的杜十娘和《秦香莲》中的秦香莲等，性格鲜明、形象各异，给观众留下了深刻的印象。特别是她的代表作《秦香莲》，在表演上吸收并借鉴京剧、梆子、曲艺等兄弟剧种的长处，丰富了自己的表演艺术。在电影《秦香莲》的拍摄过程中，她尊重导演对剧中人物造型的需要，毫不犹豫地剃掉自己的双眉，卸装后蒙着头纱回家。此事被传为戏剧界的佳话。

《新观察》杂志1954年（6月16日出版）有陈梦家先生的一篇《评剧秦香莲》的评论文章，文章很长，这里仅摘录他对整出戏的评价和对小白玉霜的扮演的评价。文章的开首，陈梦家是这样评价这出戏的：

中国评剧团最近演出的《秦香莲》，得到了很多观众的赞赏。不少人为了遭受遗弃的秦香莲流泪，痛恨无情无义的陈世美，而对着神话人物的包公寄托了解救秦香莲的希望。这是因为《秦香莲》一剧在剧本的安排上，在舞台的布置上，在演员的艺术上，都有其引人入胜的成功之处。这些成绩之获得也并不是偶然的，她接受了传统的评剧中的优点，扬弃了一些糟粕与繁冗的枝节，以较新的与较精练的面貌出现。

陈先生还对评剧这个剧种作了评价：

评剧的好处，特别在《秦香莲》一剧中充分表现出来的，至少有这样两点：一点，是她唱出来的词句，观众容易了解，而同时一个好演员容易成功的把感情带在唱词里；一点，故事内容有着紧凑的延续性，使观众的情绪跟着故事的发展而发展，而同时也便于一个好演员操纵着她的演唱作有节度的进行。

文中有一大段是评小白玉霜的演艺的：

小白玉霜在扮演上，依了剧情大发展，用着不同的程度表现出其情感的层次变化。在唱述公婆饿死时，声调平稳而凄凉，在追述夫妇之情时，声音内有了颤动，过去恩爱的回忆已成为哀婉，在最后请求收容儿女之时，已经看出丈夫的狠心，有着悲哀夹杂愤怨的情致。因此到了丈夫说尚方宝剑于你不利时，来了一段激昂的痛诉。说辞中骂陈世美不忠不孝不仁不义，说的那样义愤填膺，是极成功的。观众到此，对于陈世美的憎恨更进了一层。接着唱“骂强人你心太狠”，真是声泪俱下。唱这一段时，我们看到主演者除了手足身体的动作外，她的口部肌肉紧张的开合，表示痛恨切齿，十分传神地表达了她心中的悲痛。声音、动作和情感融而为一。她末了一句唱：“快快随我回家门”，正戳到陈世美的隐痛，遂一脚踢倒她，结束了这一场斗争……

作为出色的人民艺术家，小白玉霜不仅受过毛泽东主席接见、去过朝鲜前线、担任过全国政协委员、全国文联理事等职，并被中宣部、文化部和北京市委授予“评剧表演艺术家”的称号。可以说，小白玉霜是20世纪五六十年代评剧界政治地位最高的一位一级演员，也是全国范围内第一位演出革命现代戏的旧剧演员；同时也是评剧界工资最高的演员，每月拿六百元工资，要知道那时一般人的工资只有几十元。

小白玉霜的个人感情经历是非常不幸的，她曾经被迫做过天津伪警备司令部军官白某的外室，后来和一个姓赵的结婚，不久因感情破裂而分离。之后，她一直没能组建一个美满的家庭，没生育过，只抱养了一个女儿。

“文革”时，因曾排演帝王将相、才子佳人的戏，如《珍珠衫》《杜十娘》，小白玉霜受到冲击和迫害，她吞服大量的安眠药自杀了，终年45岁。临终时，她在自己的手心里写了两行字：“我没有文化，你们不要欺负我。”她没有留下骨灰，没有墓碑，却在中国评剧史上留下了不可磨灭的闪光形象。

席宝昆：评剧生行的绝唱

席宝昆（1926—1989），北京人。著名评剧表演艺术家。13岁学艺，演小生兼老生。后又习京剧、昆曲。1946年参加再雯评剧社，与小白玉霜合作。1949年任北京评剧公会主任。1951年任新中华评剧团团长，曾和小白玉霜合演现代戏。1953年参加中国评剧院，所演《秦香莲》中陈世美、《钟离剑》中文仲、《夺印》中陈瘸子、《家》中觉新等角色，均有较大影响。

1949年，席宝昆任北京评剧公会主任时的照片，时年27岁

京津和华北、东北的一些地区，喜欢评剧的人，对于著名评剧表演艺术家席宝昆的名字，应该是很熟悉的。而最使人们津津乐道的是席宝昆于1955年在电影戏曲片《秦香莲》中成功地扮演了陈世美，获优秀表演奖并获一枚金质奖章。

席宝昆是评剧生行演员。他原名席崇麟，1925出生于北京。按照席宝昆自己填写的新中华评剧工作团申请书个人经历，他读过高小一年，13岁学昆曲，16岁学京剧，20岁入评剧班，到京津豫演出。1950年组织新中华评剧团。

根据席宝昆后来的回忆，他 13 岁学昆曲，拜的老师叫孙艳茹。这里或许席宝昆的记忆有误，因为孙艳茹是评剧小生，怎么会教他昆曲呢？据有关史料，他的确学习过昆曲，但那是在跟随孙艳茹学习评剧以后的事了。

关于席宝昆学演评剧的启蒙老师孙艳茹，需要多说几句，她是中国第一代评剧人，是和评剧第一代女艺人中的“四大名旦”李金顺、白玉霜、刘翠霞、爱莲君同期的评剧艺人。孙艳茹艺名筱如意，早年曾与白玉霜搭档出演小生。她和白玉霜、筱桂花同为评剧班社凤鸣班的女艺徒。凤鸣班是 1912 年由早期莲花落艺人孙凤鸣（艺名东发红）在天津组建的。孙凤鸣出道于滦县魏庄子赵家班，同期演员还有东发亮、东发白等。凤鸣班沿袭了赵家班的传统，以男旦为主角，在京津的书馆、茶园与鼓曲、评书、口技、魔术等艺人同台演出。1914 年，始招李金顺、花莲舫等女徒，后又招收李桂珍（白玉霜）、筱桂花、筱菊花、孙艳茹等入班学艺，是最早由女旦主演的戏班。1920 年，凤鸣社曾到大连演出，演员都是孙凤鸣的女弟子，主演李桂珍（白玉霜）、筱桂花和孙艳茹。1922 年，孙凤鸣建岐山小舞台，凤鸣班改称岐山戏社。戏社的班主由孙凤鸣担任，后台主事是孙凤鸣的三弟孙凤刚，他和哥哥一样，是早期的莲花落男旦，凤鸣班时期的主角之一。到了 1925 年后，岐山戏社行当日益齐全，不再满足于演一些由莲花落演变而来的“蹦蹦戏”，开始排演成兆才编写的《花为媒》《马寡妇开店》《独占花魁》《杨三姐告状》等剧。成兆才是我国第一个编写评剧的作家，一生编写了上百出评戏。1933 年以后，岐山戏社已然成了气候，忝列评剧“十大款班”之列。此时，戏社添加了伴奏乐器，舞台装置了幕布、布景。抗战爆发后，岐山戏社境况不佳。1939 年之后，演员和女徒弟们为避日本鬼子的骚扰，纷纷离去，戏社处境日益艰难，终于在 1942 年解散。

也正是在抗战爆发后不久，席宝昆跟随脱离岐山戏社来京津谋生的孙艳茹学评剧小生，开蒙学了《丢印》中的张廷秀、《双招亲》中的董良才、

《王少安赶船》中的王少安等。在学习评剧的同时，还拜京剧艺人谷德才，张小亭为师兼学京剧武生，学会了靠把戏《挑滑车》《两将军》《潞安州》及武生短打戏《白水滩》《十一郎》等。这之后，席宝昆又拜张文生为师，学昆曲武生，先后学了《武松打虎》《蜈蚣岭》等短打戏。

席宝昆的两位京剧启蒙老师，在京剧界可谓名不见经传，倒是教他昆曲的张文生先生值得说说。张文生可是功底扎实的一代昆曲武生。他是河北高阳县北柳庄人，生于 1899 年，1969 年离世。他是北方昆弋著名笛师侯瑞春的外甥，10 岁时随其舅父入昆弋班学戏，习武生。1908 年随荣庆昆弋社入京，于天乐园和同乐茶园演出。天乐园地址在前门外鲜鱼口街内路南，后更名华乐园，兴建于光绪初年，规模不太大，起初只卖清茶，有时下午加演评书和杂耍等。民国初年扩建，能容纳观众千余人，改名为华乐戏院。那个时候，能在这个戏院演出，是一件很荣耀的事。杨小楼、郝寿臣、马连良、杨宝森、奚啸伯等许多京剧界名角轮流在这里演出。1942 年因失火，戏院全部焚毁。两年后重建，形式如旧。新中国成立后，政府重修后改名大众剧场。同乐茶园，地址在前门外大栅栏中间路北门框胡同路西。它建于清朝宣统元年，地方不大，戏台坐北朝南，能容纳观众七八百人。俞派武生创始人俞菊笙的儿子俞振庭的斌庆社曾在这里演出。荣庆昆弋社除在这两个较大的戏院演出外，也到其他的茶园戏院演出。1936 年荣庆社分裂后，张文生随舅父侯瑞春赴天津与侯炳文所组的祥庆社合作演戏。其间随社到各地巡演，并曾为韩世昌、白云生主演的生旦戏配演角色。因张文生在武戏中的特长技艺是舞大刀，有“大刀张”的绰号，他所用的大刀杆较短，刀面长，柄尾有环，称“双手带”。其饰演的角色如《棋盘会》之楚将伍辛、《青石山》之关平、《祝家庄》之栾廷玉等，开打后舞大刀干净利索，劲头始终不懈。抗战爆发后，祥庆社散班，张文生一度回乡务农，大概就在这一时期，席宝昆向其学戏。

席宝昆在天津正式登台演出时，演的并不是评剧，而是京剧；在京剧名角云集的天津，他出演的都是跑龙套的配角。1945年，一次偶然机会，他参加了一次评剧的演出，不但得到观众的好评，更是得到了评剧界的肯定，从此他改唱评剧。原本席宝昆就是一个喜欢学习、博采众长的人，他在评剧的演出中将所学的京剧、评剧、昆曲等各种艺术形式用在他的演出中，也因此他的唱法和身段别具一格，另有情趣。此后，席宝昆活跃在评剧舞台，与孙桂君、鲜灵霞、花迎春等观众喜爱的评剧演员同台合作。

席宝昆在天津刚刚立稳脚跟，恰巧北京幽兰社班主鸿巧兰到天津演出，席宝昆与鸿巧兰首次同台，即得到鸿班主的赞赏。在鸿巧兰的邀请下，席宝昆参加了幽兰社，并成为该社的当红小生。虽然鸿巧兰名气大，还有自己的班社，但她只比席宝昆大两岁。鸿巧兰1924年生于北京，本名高月萱，幼年拜评剧老艺人张彩亭为师，演旦角。不到20岁的时候，已是与喜彩莲、小白玉霜相比肩的北京评剧三大主演之一了。

席宝昆加盟幽兰社的时候，抗战刚刚结束不久，许多艺人从各地返回北京，重操旧艺。一度辍演的小白玉霜也落脚北京，重整旗鼓，恢复演出，成立再雯社。另一位评剧"喜派"创始人、著名评剧名旦喜彩莲，则组建了莲剧团。

一时间，北京城再雯社、莲剧团和幽兰社并驾齐驱。这三大剧社各有自己的拿手好戏，幽兰剧社主要演出的剧目有《桃花庵》《败子回头》《打狗劝夫》《玉镯记》《珍珠衫》《杜十娘》《望江亭》等，席宝昆在这些剧目中分别担任主要角色。因幽兰剧社有芙蓉花、刘小楼、碧月珠、吴寿朋等知名评剧名家加盟，又有席宝昆及幽兰社培养的鸿小兰（李如茵）、小鸿巧兰（喜彩君）、鸿效兰（邢绍瑛）、鸿凤兰、鸿素兰、鸿妹兰、鸿少兰等年轻貌美的女旦，很受当时北京观众的欢迎。那个时候，北京的观众把能看一出席宝昆与评剧旦行第一代女艺人芙蓉花同台演出的评剧，当作一件值得向亲朋好友炫耀的事情。

芙蓉花1911年生于辽宁丹东，是评剧"奉天落子"时期代表人物之一。

她本姓王，乳名小花丫头。12 岁学艺，继承了评剧男旦时期的艺术。14 岁参加复盛戏社，担任主演达三十年之久。复盛戏社的前身是 1915 年以成兆才和任家（月明珠）为代表的唐山的“永盛合班”，后来“永盛合班”改名为“警世戏社”。1919 年，警世戏社在哈尔滨首演成兆才编写的《杨三姐告状》《黑猫告状》等，影响很大。这时候，主要演员是月明珠，1922 年，月明珠去世，戏社解体。1923 由莲花落老艺人李春盛等在唐山组织警世戏社二班，12 岁的芙蓉花为演员之一。不久，警世戏社二班又分出复盛戏社，芙蓉花成为其主要演员之一。警世戏社在东北活动的年代，是评剧的成熟时期。此后，评剧足迹遍及京津唐、东三省，以及华东、西北等地。也是在这个时期，芙蓉花的演技日益成熟，有了许多喜欢她的观众，在东北、华北一带享有盛誉。1929 年，18 岁的芙蓉花随复盛戏社来北京演出，与花云舫、李筱霞、花筱仙等合作演出《李香莲卖画》《马寡妇开店》《花为媒》《二度梅》等，深受北京观众的欢迎。芙蓉花嗓音高亢，刚中带柔，唱腔中常有民歌旋律，还借鉴说唱艺术的演唱方法。在语言方面，她首开改唐山话为北京话之先河，使评剧的行腔发生了变化。芙蓉花的表演细腻，以扮演农村妇女见长，她在《马寡妇开店》里扮演的马寡妇、《花为媒》中扮演的阮妈等角色，后来的评剧旦角无人超越。

席宝昆与芙蓉花搭档配戏扮演重要角色，得到芙蓉花的指导是很多的。那一时期，评剧社团兴演时装戏。在幽兰社，席宝昆先后参与排演了《左连城告状》《宦海潮》《海棠红》《枪毙驼龙》《张文祥刺马》等。可以说，席宝昆在幽兰社获益良多，芙蓉花等老一辈评剧艺人的传帮带，为他后来在评剧舞台的驰骋飞跃，打下了坚实的基础。

虽然是幽兰社提携的席宝昆，使他成为评剧舞台上的一颗新星，但是席宝昆与幽兰社的合作却很短。

1946 年，席宝昆脱离幽兰社，参加了小白玉霜的再雯社。自此，他们的合作和友谊保持了二十多年，直至“文革”爆发。

席宝昆早于1943年在天津时就已结识小白玉霜，那时小白玉霜已自组阳秋社，后以自己的名字“再雯”为社名，并领衔主演于天津、北平等地。席宝昆非常倾慕并敬重小白玉霜，曾多次观摩小白玉霜的演出，并被她深沉细腻、委婉大方的表演所吸引。他经过反复思考之后，向幽兰社请辞，毅然加入再雯社。再雯社也很看重席宝昆这个年富力强、戏路颇宽的英俊小生。在小白玉霜主演的《秦香莲》《武松与潘金莲》《珍珠衫》等剧中，席宝昆出演了陈世美、武松等角色，在表演中，他不拘泥于传统的演唱和表演，而大胆创新，被称为“革新演员”。

席宝昆不仅戏演得好，又有文化素养与很好的人脉，还具有一定的组织协调能力，因此他年纪轻轻就已是北平评剧公会的理事。1949年，席宝昆被北平评剧界同仁推荐任北平评剧公会主任，这个职务是行内有很高威望的人才可以担任的。不久，北平迎来了和平解放，席宝昆受到北京市文化局的重视，积极投身到新型剧目的排练演出；参与了再雯社在北京首演《兄妹开荒》新评戏的改编、排演工作，并担任主要角色。

1950年后，北京市剧团体制改革，席宝昆以北京市评剧公会主任和再雯社主要演员的身份，积极推动小白玉霜领导的再雯社与喜彩莲为主演的莲剧团合并，率先建立民营公助的新中华评剧工作团。再雯社班主小白玉霜和莲剧团班主喜彩莲分别担任工作团的主委、副主委，席宝昆任团长。剧团有二位副团长，一位是著名评剧老生魏荣元(1923—1976)。他是评剧“魏派”创始人，幼年入复盛戏社学艺，工老生、花脸。魏荣元12岁登台，曾在平津一带演出，演过京剧、曲艺、相声；学过胡琴；小生、武生、花脸、小丑都拿得起来，对评剧男声唱腔有所改革创新。1949年，他加入莲剧团为喜彩莲配戏，后随莲剧团入评剧工作团。他在评剧男生唱腔上多有创新，并创造出评剧独有的老生唱腔。他先是在音乐工作者的帮助下，经过多次实验，将原来与女演员同度的唱法降低四度，创造了著名的“越调”，扩大了男声音域，男演员从此有了成套唱腔，进而把京剧花脸的鼻音和喉音同

评剧“秦香莲”

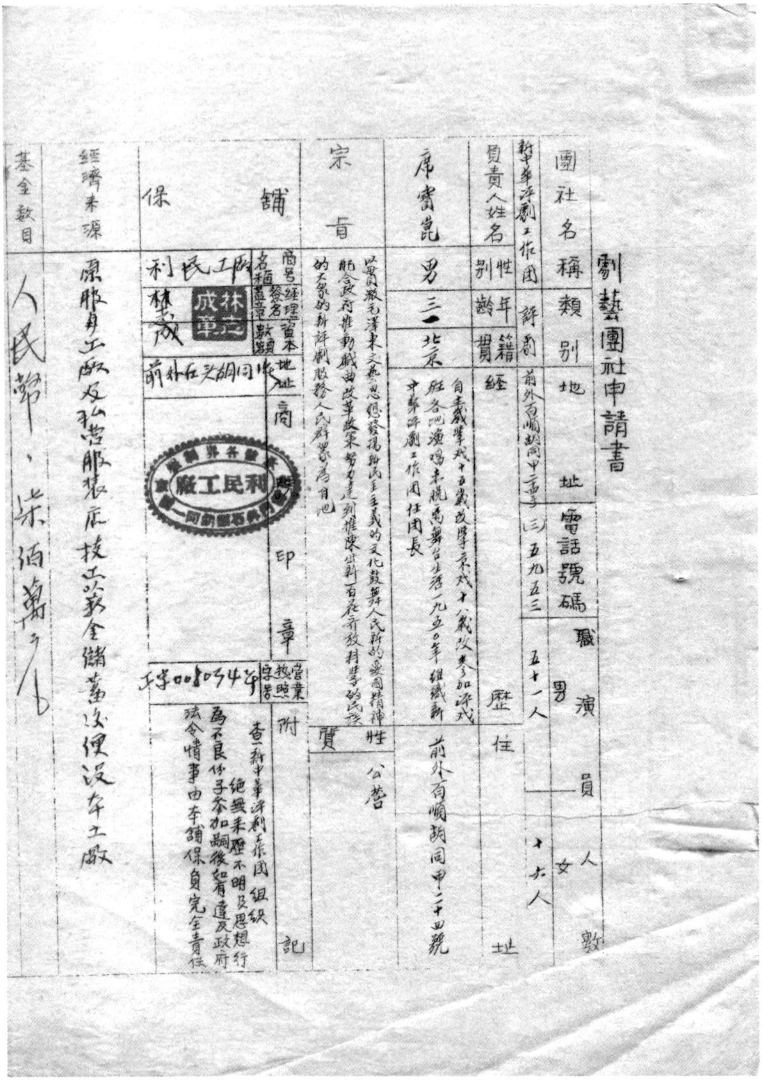

劇藝團社申請書

團社名稱：新中華評劇工作團
類別：評劇
地址：前外百順胡同甲二十四號
電話號碼：(三)五九五三
職演員人數：男 五十一人；女 十六人
負責人姓名：席寶崑
性別：男
年齡：三一
籍貫：北京
經歷：自十五歲學京戲十八歲改參加評戲 在各地演唱未脫離舞台生涯一九五〇年組織新中華評劇工作團任團長
住址：前外百順胡同甲二十四號
宗旨：以貫澈毛澤東文藝思想發揚新民主主義的文化教育人民新的愛國精神配合政府推動戲曲改革政策努力走到推陳出新百花齊放科學的民族的大眾的新評劇服務人民群眾為目地
性質：公營
鋪保：
商號名稱：利民工廠
經理簽名蓋章：林芝成
資本數額：[illegible]
地址：前外石头胡同[illegible]
商號印章：利民工廠
營業執照字號：工字[illegible]號
附記：查新中華評劇工作團組織絕無來歷不明及思想行為不良份子參加嗣後如有違反政府法令情事由本鋪保負完全責任
經濟來源：[illegible]
基金數目：人民幣[illegible]

新中华评剧工作团申请书

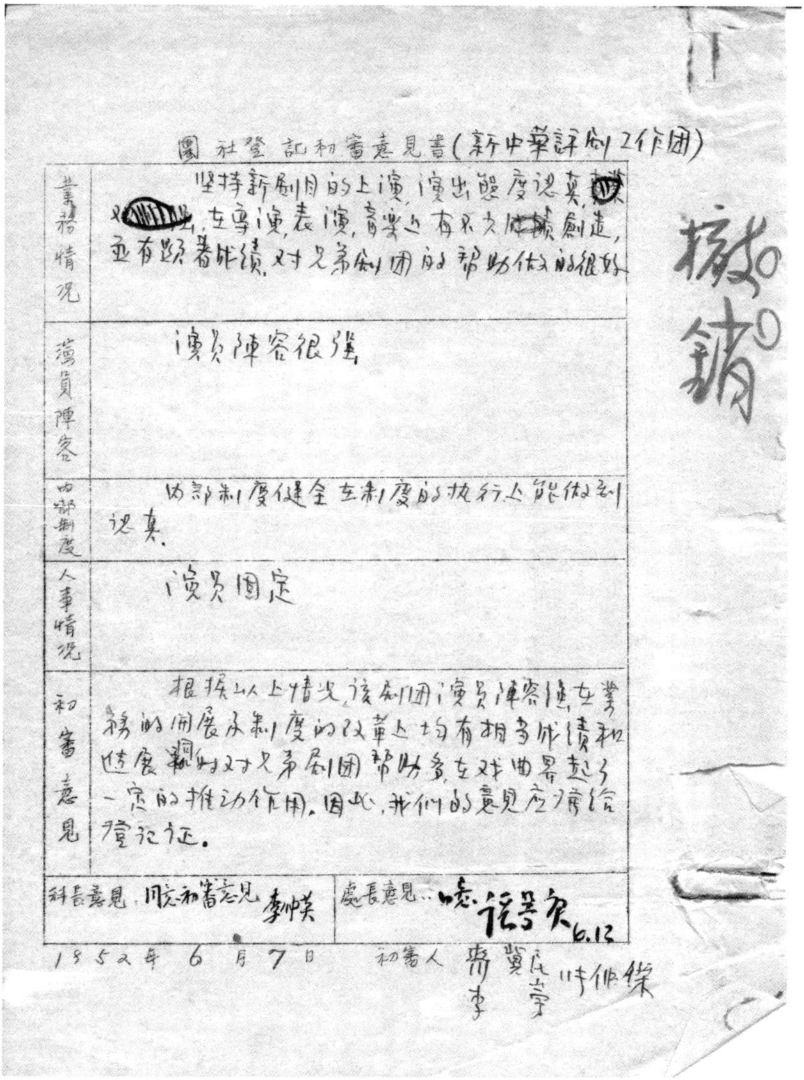
團社登記初審意見書（新中華評劇工作团）

業務情況	坚持新剧目的上演，演出態度認真，在導演，表演，音樂上有不少的創造，並有顯著成绩，对兄弟剧团的帮助做的很好
演員陣容	演员陣容很强
内部制度	内部制度健全，在制度的执行上能做到認真。
人事情况	演员固定
初審意見	根據以上情况，該劇团演员陣容強，在業務的開展及制度的改革上均有相當成績和進展，对兄弟劇团帮助多，在戲曲界起了一定的推動作用。因此，我們的意見應發給登記証。

科長意見：同意初審意見 李仲英

處長意見：同意 張夢庚 6.12

1952年6月7日 初審人 齊冀民 李學 時佩傑

撤銷

新中华评剧工作团资料

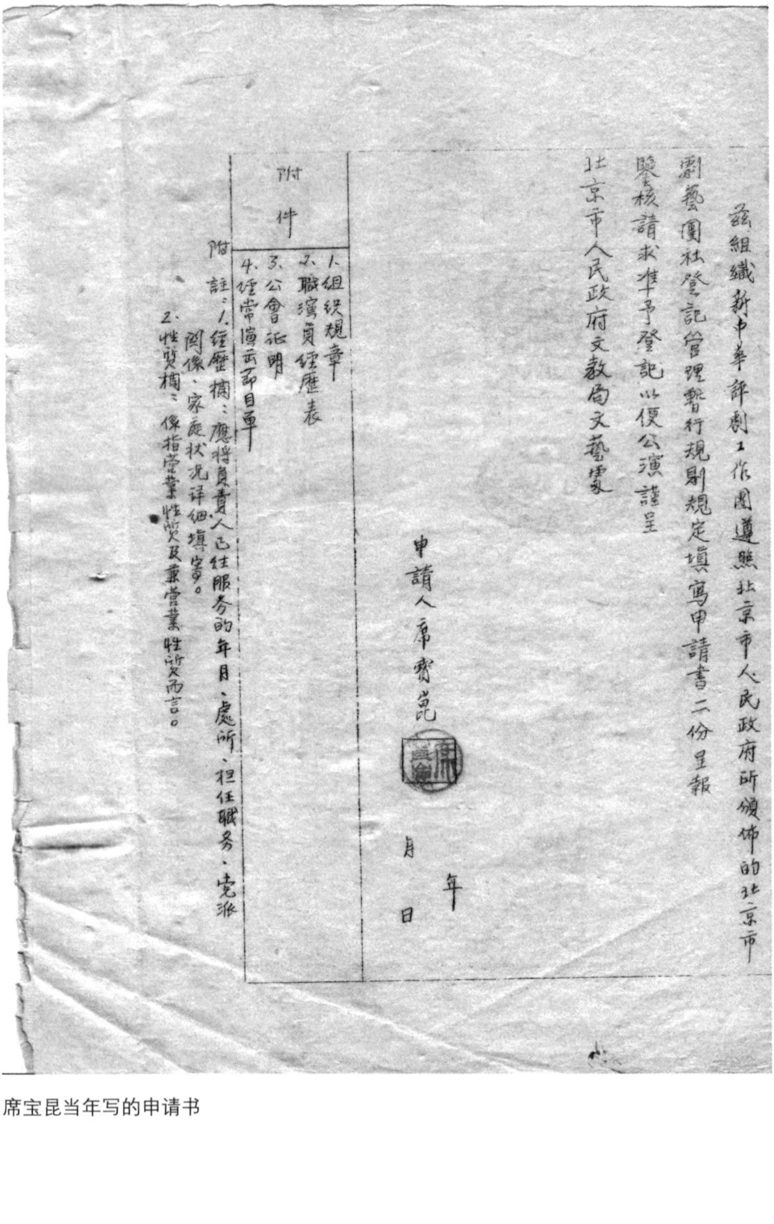
茲組織新中華評劇工作團遵照北京市人民政府所頒佈的北京市
劇藝團社登記管理暫行規則規定填寫申請書二份呈報
鑒核請求准予登記以便公演謹呈
北京市人民政府文教局文藝處

申請人席寶崑

年 月 日

附件
1.組织規章
2.職演員經歷表
3.公會証明
4.經常演出節目單

附註：1.經歷摘：應將負責人已往服務的年月、處所、担任職務、党派關係、家庭狀況詳細填寫。
2.性質摘：係指営業性質及兼営業性質而言。

席宝昆当年写的申请书

评剧的吐字发音结合起来；在与小白玉霜、席宝昆等合作的《秦香莲》一剧中，他成功地塑造了包公的评剧形象。接着，他创造了老生唱腔，使后来者马泰的演唱才华得以发挥，使评剧现代戏得以蓬勃发展。

另一位副团长叫王德元，天津人，是板胡乐师，和席宝昆一样读过高小，11 岁学京戏，19 岁学评剧，后来做专业板胡琴师。板胡主要流行于中国的北方地区，当地的许多地方戏和曲艺，如河北梆子、评剧、豫剧、秦腔都是用板胡作为主要伴奏乐器的。王德元曾给许多著名评剧演员伴奏，在评剧界有很高的声誉。

新中国成立初期，北京戏剧团社众多，评剧团也有多家，但演员阵容最强的是新中华评剧工作团，除了小白玉霜、喜彩莲、席宝昆，还有新凤霞、赵丽蓉、陈少舫、花月仙、鲜灵霞、筱俊亭等著名的评剧演员。

1953 年，新中华评剧工作团撤销，席宝昆和剧团的主要演员一起参加了国营中国剧团，在剧团排演的现代戏《小女婿》《野火春风斗古城》《金沙江畔》《夺印》《家》等剧目中扮演了重要角色。他所演《秦香莲》中陈世美，《钟离剑》中文仲、《夺印》中陈瘸子、《家》中觉新等角色，均有很大影响。在《秦香莲》《向阳商店》《南海长城》《闹严府》等戏剧片的拍摄过程中，席宝昆还参与导演工作。在中国评剧院 1959 年根据李英儒同名小说改编的评剧《野火春风斗古城》中，席宝昆与马泰、喜彩莲、于萍、陈少舫、魏荣元、李义芬等担当主演，席宝昆所饰演的关敬陶给观众留下了深刻的印象。

“文革”中，席宝昆遭到审查和批判。1978 年后，他从事导演工作，改编导演了评剧《梅玉良缘》《杜十娘》《银河湾》等。1989 年 9 月 11 日，65 岁的席宝昆离开了他热爱一生的评剧舞台。

新凤霞：天桥飞出的金凤凰

1950年，新凤霞任首都实验评剧团团长时照片，时年23岁

新凤霞（1927—1998），原籍苏州，生长于天津。本名杨淑敏，艺名新凤霞，小名杨小凤。中国著名评剧表演艺术家，评剧新派创始人，被誉为“评剧皇后”。13岁学评剧，十五六岁开始任主演，经过长期的艺术实践，她逐渐形成独具特色的“新派唱腔”，尤以流利的花腔——“疙瘩腔”著称。

民国期间，天桥的戏园子中生意最好的是始建于1931年的万盛轩。许多评剧名家先后在万盛轩献艺，花淑兰、李文舫、曹芙蓉、曹金福、新凤霞、赵丽蓉、魏荣元、王万良、邢韶关等。其中尤以新凤霞于40年代末50年代初在万盛轩的演出最为红火，轰动一时的《刘巧儿》《花为媒》《孽海深仇》等皆首演于此。

评剧是我国北方地区的一种地方戏，南方人对评剧这个剧种大都不熟悉，有时认为就是京剧。北京曾经叫过北平，隶属于河北省，因此，那个时候，京剧也随之改名为“平剧”。新中国成立后，北平改为北京，之后成了直辖市，“平剧”又恢复了原有的名称“京剧”。因评剧是以蹦蹦音乐为基础，吸收冀东民间音乐素材，创造出行当使用的唱腔，采用全套的河北梆子乐器伴奏，故取名平腔梆子戏。评剧的历史很短，1910年前后形成于唐山，之后活跃在华北、东北一带。1935年蹦蹦戏在上海演出时，才正式使用了评剧这个名字。

说起评剧，一定要提到河北滦县人成兆才。他出生于清同治十三年（1874），卒于1929年，只活了55岁。他是一个极富才华又精通表演的人，是他将华北、东北及其他一些地区民间流行很广、形式单调的民间说唱莲花落和民间歌舞蹦蹦的地方小戏，变成了进入唐山、天津等城市剧场的戏曲艺术。人们广为熟知，且在评剧舞台上久演不衰的优秀剧目《杨三姐告状》，是成兆才的代表作品之一。

评剧在发展过程中，积累了众多雅俗共赏的经典剧目：《花为媒》《牧羊圈》《打金枝》《杜十娘》《人面桃花》《玉堂春》《马寡妇开店》等。评剧在现代戏的创作、演出方面的成就是其他剧种所不及的。其中如解放初期小白玉霜演出的《九尾狐》《小女婿》，新凤霞演出的《刘巧儿》《祥林嫂》《小二黑结婚》《孽海深仇》，韩少云演出的《小女婿》，及由小白玉霜、新凤霞、魏荣元、喜彩莲、张德福、喜彩春、赵丽蓉、李忆兰、花月仙、马泰、陈少舫等一大批名家通力合作的《金沙江畔》《祥林嫂》《夺印》《向阳商店》等剧都受到普遍的欢迎。

新中国成立后，评剧演员中名气最大、成就最高的当属新凤霞。她先是在天津唱戏，唱得有些名气了，又于1948年冬天到北平的天桥唱戏，一炮打响。

新凤霞的一生充满传奇色彩，20世纪40年代末50年代初，她在万盛轩首演《刘巧儿》《花为媒》《孽海深仇》等剧，轰动京津。新凤霞独有的“疙瘩腔”广受追捧，她也被认为是新中国成立后最有成就的艺术大师之一；后来，新凤霞与著名剧作家吴祖光的姻缘更被传为一时佳话。“文革”期间，新凤霞被折磨致残，后转文学创作，从文盲起步，竟留下

400万字的文字作品。她师从齐白石学画，达到了较高的艺术成就。据传周总理曾说，可以三天不喝茶，不能不看新凤霞。邓颖超去世的时候，她的书桌上的玻璃板下还压着新凤霞的剧照。

新凤霞原籍苏州。她幼年的时候被人从苏州拐卖到了天津，根本不知亲爹亲妈是谁。他的养父姓杨，先是给她取名小凤，后来取了个大名杨淑敏。养父靠走街串巷卖糖葫芦养家，养母在家里照顾一家人的生活起居。杨家有个堂姐是唱京剧的，养父母看养女俊俏乖巧，于是让她随堂姐学习京剧，这一年，小淑敏才6岁。

13岁那年，新凤霞拜王仙舫、邓砚臣（小五珠）等为师，改习评剧，工青衣、花旦。因她打小跟堂姐学京剧，在咬字、演唱方面打下了坚实的基础，一年后，在《点秋香》《花为媒》《杜十娘》等剧中饰主角，闯荡江湖。曾向刘翠霞、白玉霜、爱莲君等学习演唱技巧，又借鉴大鼓、梆子、坠子、琴书等剧种的特长，不断丰富自己的唱腔。

在天津小有名气后，1948年冬天，21岁的新凤霞来到了北平城南的天桥，搭万盛轩戏园唱戏。那时候天桥的戏园子都是席棚子。里边摆些长条木板凳，简陋得很。万盛轩，名字雅致，其实也是这样的席棚子。戏开演前，席棚子门口放个木斗，来听戏的人，只要往木斗里放一毛钱，就可以听一整天的戏。看戏的随来随走，行话叫“流水席”。新凤霞初来北京，就住在天桥南边一个又脏又破的小店里。小店是大通铺，好多穷苦的卖艺人挤在一起，连翻身都费劲，枕头是用报纸包块砖，因怕睡深沉了鞋丢了，要把鞋压在砖头底下。

那年月在天桥作艺的艺人很不易。不仅要投靠名师，有过硬的本领，求得同行的认可，以免别人嫉恨排挤；还要得到当地黑势力和当地管地面的宪兵、警察和侦缉队的保护，要有适当的应酬，馈送礼物，才能站住脚，免得惹麻烦；对恶势力在家的人（就是在帮的）也得认师父，递红包。在天桥作艺的女艺人就更不容易了，不仅前边提到的要做到，更重要的是要找一个很硬的靠山，要不认官场上大佬或黑势力的头面人物为“干爹”，或认他们的长辈为干爹、干娘，要不就委身于他们，任其摆布，才能稳定地在天桥作艺。

那时天桥有“四霸”。他们各占天桥市场东南西北一块领地，勾结汉奸、宪兵、特务，豢养打手，坐地收钱，敲诈勒索，侮辱妇女，为所欲为。天桥的艺人们，要想安稳地演出，就得给这些地痞流氓上贡。新来的更是如此。新凤霞闯荡江湖多年，自然知道世道凶险。在尚未挂牌演出之前，通过朋友的引荐，新凤霞先是拜“四霸”的徒子徒孙。接着，新凤霞胆战心惊地拜完东、南、北三霸之后，最后拜自称“御皇帝”的西霸天富六。有文章据新凤霞的回忆，描述了她去富六家的场景：

那天新凤霞是在朋友带领下到的富六家。到了大门口，她报上姓名，门房进去通禀。等了一会儿，富六传下话来，才进得堂屋。富六坐在屋正中间的一把红木圈椅上，身后站着四位姨太太，两旁站立几个恭恭敬敬、垂首侍立的流氓打手，新凤霞上前，跪地磕头请安，富六端起盖碗，啜了一口香茶，头也没抬，慢条斯理地说了一句：“平身。”这家伙还真把自个儿当皇上了。新凤霞缓缓起身，规规矩矩地站在那儿，等候发落。只见富六大大咧咧地说：“你这小丫头，来天桥找饭吃，知道吗？万盛轩是我开的。我只要一跺脚，天桥四角都得乱颤……”所有戏园子，他没掏过一文钱，但都说成是他开的，就这个德行。他端着盖碗，一边用碗盖拨弄茶叶一边喝，故意不抬头，摆足了土皇帝的臭架子。陪新凤霞一块来的朋友赶紧上前一步，满脸堆笑，恭维道：“那是当然，您老是谁呀，不要说天桥，就是可着这四九城，您老走到哪儿，哪儿也都得颠几颠呀。往后，这丫头就全仰仗您老人家照应了。”说着双手一抱拳，算是行了礼，随后麻溜儿地把一小袋银元捧给了一个伙计。

富六斜眼瞄了瞄那袋银元，“哈哈哈”一阵狂笑。这时富六放下盖碗，猛抬头瞅了一眼新凤霞。这一瞅不打紧，把他是惊了个目瞪口呆。但见新凤霞不高不矮，不胖不瘦，一头乌发，就像用黑漆染过。半新不旧的阴丹士林布裤褂，虽然早已是蓝里透白，但洗得干净，熨得平整，穿在新凤霞身上，合身合体，更显出一种别样的风韵。尤其那张白皙略带点稚气的脸，加上那双顾盼生辉，会说话的大眼睛，真个是仙女下凡，西施再世。富六立刻手舞足蹈起来，扯着公鸭嗓嚷嚷道："在天桥，我要是推谁一把，他就得没命。我要是扶谁一把呢，扶谁谁他妈的活。知道吗，我是扶人成王，扶土成墙。看这小丫头长得挺俊，还挺有灵气，好吧，那我就扶你一把。哈哈哈……"

新凤霞也是从小在江湖上闯荡的，那是何等的机灵啊，立马再次跪倒磕头："小女子叩谢御皇上恩典。您老人家德高望重，心地善良，定能够与日月同辉，福寿绵长！"

"哈哈哈……"富六又一阵开怀大笑，声震屋瓦。

在富六让人难以捉摸的笑声中，新凤霞总算闯过了到天桥后的第一关。

为了在天桥站住脚，演好戏，新凤霞如履薄冰、战战兢兢地去了四个"阎王殿"，忍辱负重，赔笑脸，送厚礼，即使这样，也料不到哪一天会有哪个"霸王"来找麻烦。不管怎么说，第一关总算过了，当务之急，是如何在天桥这个精英荟萃的艺术大市场打响唱红。经过深思熟虑，聪明伶俐的新凤霞，没有马上到万盛轩报到出演，而是把京城上至城里的大戏园，下到天桥大棚、小场子，看了一个遍。"知彼知己，方能百战百胜。"虽然是女流之辈，但新凤霞走南闯北多年，演唱古戏多少场了，她深知要在北京站住脚儿，既要抓住观众，也要让同行的艺人服气才行。她决定先唱好"八大出"。"八大出"是评剧的基础，包括《马寡妇开店》《老妈开嗙》《花为媒》《打狗》《杜十娘》《桃花庵》《王少安赶船》《占花魁》，用它们打炮是定场子。

正式亮相京城的日子确定后，万盛轩老板兴奋万分，开始联系报社，书写戏报、水牌。据说新凤霞即将出演的前几天，天桥市场里里外外到处贴着写有新凤霞名字的大红戏报，天桥里小贩吆喝的都是“天津来了个评剧小旦新凤霞……”

挂出水牌，新凤霞与她的万盛轩小班儿的同仁席宝昆、李福安、王度芳、陈少舫等，一同登台亮相。三天打炮戏开锣，演的是《三笑点秋香》《和睦家庭》和《孔雀东南飞》等最时髦的剧目。“一个好汉三个帮”，毕竟新凤霞初来乍到，人生地不熟。为让新凤霞静心演戏，不受干扰，自她打炮戏开锣的三天里，天桥老艺人中头牌名角、有“天桥马连良”之誉的“马派”演员梁益鸣一场不落地看了她三天的戏；富连成名丑叶盛章，名小生叶盛兰也赶来助威。艺术前辈们的站脚助威，壮了新凤霞的胆。新凤霞在天桥一炮打响，引起了社会各界的关注。当时的各种报纸对新凤霞做了大量宣传，电台也纷纷请她演唱。

新凤霞成了万盛轩的台柱子，给她的包银多了，新凤霞搬出了来京后一直住的那家小客店，自己租了三间泥瓦房。

新凤霞在天桥站住了脚儿，在天桥成了名，是天桥成就了她，新凤霞终生难忘。

按今天的说法，新凤霞是天桥艺人中的大腕了。据与新凤霞有过交往的老艺人说，新凤霞有三好：扮相好，唱功好，演技好。她容貌长相无可挑剔，卸了妆，素颜很美；人品也好，和同行同台演出乃至在天桥撂地儿的艺人们，处的关系都很好。甚至有人评价说，无论民国的四大美女，还是近现代的明星，没一个能比得上新凤霞。

新凤霞在天桥唱红了，但仍然住在天桥南边的泥瓦房里。院墙是用秫秸扎的，稀稀拉拉，寒酸依旧。想一睹芳容的大有人在，只能在隔着秫秸秆扎的篱笆等着她出来。也有人请她进到城里的大戏园子去唱，可她还是愿意在天桥的万盛轩演出。

新凤霞的知名度越来越大，许多知名的艺术家、作家专门来天桥的万盛轩听她的戏。老舍、梅兰芳、荀慧生和赵树理等许多名作家、名演员，及当时的北平市市长叶剑英也时常光顾万盛轩，和老百姓挤在戏棚里的长条板凳上看新凤霞的戏。他们来听新凤霞的戏，还到后台找她聊天。老舍不久与新凤霞成了忘年交，鼓励她学文化，帮助她提高表演水平。就连齐白石老人也成了新凤霞的“粉丝”，还收新凤霞为徒弟和义女。新凤霞聪颖好学，她笔下的寿桃、牡丹、菊花、梅花、白菜、南瓜等古拙厚朴，内涵雅趣。

1949 年北平和平解放，同千百个穷苦艺人一样，新凤霞也是扬眉吐气，“镇压反革命”运动一开始，新凤霞和天桥受压迫的穷苦艺人们一道参加了控诉大会。政府斗倒了统治天桥多年的地头蛇——“四霸”，封闭了烟馆妓院，枪毙了女恶霸“黑牡丹”。新凤霞和戏班的同仁们成立了集体所有制的首都实验评剧团，新凤霞被选为团长。她带领剧团演出了《刘巧团圆》《小二黑结婚》《祥林嫂》等新戏。

演出之余，新凤霞积极参加政府组织的各项政治活动。抗美援朝时期，她参加了文艺界掀起的向朝鲜前线捐献飞机的运动。1951 年 9 月，经老舍先生介绍，相识不到半年的吴祖光和新凤霞在北京南河沿欧美同学会的大院里，以鸡尾酒会的形式，举行了隆重而简朴的婚礼。这一年，吴祖光 34 岁，新凤霞 24 岁。

1953 年，周恩来总理亲自指示，为照顾地方的文化生活，新凤霞从解放军评剧团转业回地方。她与喜彩莲、小白玉霜共同组建中国评剧团，即中国评剧院的前身。从此新凤霞走上了崭新的人生道路。

新凤霞的婚姻家庭是幸福的，她和丈夫吴祖光不离不弃。1957 年，吴祖光被划为“右派”，剧团提出让新凤霞和吴祖光离婚，遭到新凤霞的拒绝。几年后，吴祖光从北大荒回来。不久，“文化大革命”开始了，吴

京剧「拾玉镯」

【弋阳腔】

查楼倚和几人同？高唱宣阗震耳聋。正恐被他南部笑，红牙槌碎大江东。（俗名高腔，视昆调甚高也。金鼓宣阗，一唱数和，都门查楼为尤盛。）

——（清）李声振《百戏竹枝词》

祖光再次被揪了出来，新凤霞也一起受到牵连。令人痛心的是，在这场史无前例的运动中，新凤霞被迫害致残，离开了舞台。此后，她就以教学为主，弟子众多，如李红霞、谷文月、刘淑琴、戴月琴、刘秀荣等，以及弟子的弟子张秀云、王丽京等。在教学之余，新凤霞坚持绘画和写作，著有：《新凤霞回忆录》《以苦为乐》《我当小演员的时候》《少年时》《新凤霞说戏》等。

1998 年 4 月 12 日，新凤霞逝世，终年 71 岁。

附录一　北平市曲艺公会1947年会员名册

姓名	性别	年龄	籍贯	民族	住址	科目
曹宝禄	男	37	北平	汉	外二区大沟沿香儿胡同17号	单弦
侯一尘	男	47	北平	汉	内二区达智营26号	口技
张达三	男	48	北平	汉	外二区小马神庙2号	经励
于少章	男	35	北平	汉	外二区麻线胡同46号	经励
吴成林	男	48	北平	汉	外二区史儿胡同1号	鼓曲
屈国田	男	45	北平	汉	内一区猪市大街117号	鼓曲
全国华	男	41	北平	满	外五区养羊胡同12号	经励
沈德元	男	44	北平	满	外五区粉坊琉璃街30号	丝弦
常连安	男	48	北平	满	内二区达智营26号	口技
联筱波	男	50	北平	满	内五区赵府街后坑11号	
连阔如	男	44	北平	满	外二区棉花八条11号	评词
魏宝华	男	43	北平	汉	外二区百合园20号	丝弦
魏笑奎	女	18	北平	汉	外二区百合园20号	鼓曲
魏喜奎	女	23	河北	汉	外二区麻线胡同18号	鼓曲
金兰英	女	38	北平	满	外二区百合园9号	鼓曲
汤金城	男	55	北平	汉	外五区狗尾巴胡同30号	口技
芮淑琴	女	15	北平	汉	外二区小外郎营10号	鼓曲
王佩茹	女	15	北平	汉	外二区给孤寺东夹道3号	鼓曲
尹福来	男	34	顺义	汉	外五区七圣庙2号	鼓曲
尹世兴	男	54	顺义	汉	外五区七圣庙2号	鼓曲
石淑霞	女	17	北平	汉	外五区赵锥子胡同61号	鼓曲
萧文霞	女	16	北平	汉	外五区永安三巷82号	鼓曲
刘全福	女	15	北平	汉	外五区香厂路8号	鼓曲

续表

姓名	性别	年龄	籍贯	民族	住址	科目
王佩云	女	15	北平	汉	外五区大川路二巷5号	鼓曲
王春甫	男	65	北平	汉	外五区大川路二巷5号	勤务
刘丽英	女	14	北平	汉	外二区蜡烛芯3号	鼓曲
张宝珍	男	34	宁津	汉	外五区民生市场35号	丝弦
曹鹏飞	男	27	天津	汉	外五区公平市场35号	杂技
程林凤	女	19	永清	汉	内五区鼓楼后坑15号	鼓曲
曹桂华	男	25	天津	汉	内五区鼓楼后坑15号	杂技
快手刘	男	62	北平	汉	外二区棉花下七条7号	杂技
刘士恩	男	28	北平	汉	外二区排子胡同甲10号	勤务
李秀云	女	15	北平	汉	外二区大川路12号	鼓曲
孙书筠	女	22	北平	汉	南长街土地庙2号	鼓曲
杨玉兰	女	15	北平	汉	朝内东城根126号	鼓曲
单美霞	女	18	北平	汉	外五区福长街6条吉祥里6号	鼓曲
李凤兰	女	21	三河	汉	外五区小喇叭胡同2号	鼓曲
陈荫荣	男	30	清苑	汉	内三区箍桶胡同24号	评词
金子峰	男	46	北平	满	外五区东经里58号	勤务
孟宝霞	女	21	北平	汉	外五区东经里58号	鼓曲
张德山	男	55	北平	汉	外五区后池5号	经励
郭筱霞	女	29	北平	汉	外二区小马神庙15号	鼓曲
郭荣霞	女	19	北平	汉	外五区鞭子巷奶子胡同15号	鼓曲
金子厚	男	55	北平	满	安内板厂胡同甲1号	经励
王秀文	女	16	北平	汉	北长街后宅5号	鼓曲
王月文	女	18	北平	汉	北长街后宅5号	鼓曲
夏砚云	女	23	北平	汉	外五区大保吉巷16号	鼓曲
赵美荣	女	16	北平	汉	外二区西壁营4号	鼓曲
李俊荣	女	18	北平	汉	外五区何家大院13号	鼓曲
唐淑霞	女	19	北平	汉	外五区华康里4号	鼓曲
傅淑玲	女	13	北平	满	外五区福长街德善里6号	鼓曲

续表

姓名	性别	年龄	籍贯	民族	住址	科目
孙志广	男	62	北平	汉	外二区小马神庙12号	鼓曲
王凤云	女	13	北平	汉	外五区城南市场29号	鼓曲
王桂君	女	14	北平	汉	外五区城南市场29号	鼓曲
倪彩霞	女	13	北平	汉	外二区裤裆胡同甲2号	鼓曲
倪小霞	女	12	北平	汉	外二区裤裆胡同甲2号	不详
刘少舫	女	16	北平	汉	外五区百顺胡同11号	鼓曲
赵慧海	男	48	北平	满	外二区李铁拐斜街棚铺夹道2号	经励
魏长林	男		保定	汉	王府井凤凰厅五局5786号	丝弦
赵美云	女	13	北平	汉	外五区蜡烛芯11号	鼓曲
刘筱舫	女	13	北平	汉	外五区养羊胡同7号	鼓曲
耿砚秋	女	14	北平	汉	外五区帐垂营50号	鼓曲
关润田	男	75	北平	满	西直门内八号门1号	丝弦
刘福建	男	33	北平	汉	外二区黄线胡同15号	丝弦
魏聚恒	男	21	北平	汉	外二区百合园16号	鼓曲
王春亭	男	36	保定	汉	外五区福长街头条4号	鼓曲
史德华	男	44	北平	汉	外五区赵锥子胡同71号	丝弦
王祯禄	男	55	北平	汉	外二区大安澜营21号	鼓曲
王金凤	女	21	北平	汉	外二区大川路二巷10号	鼓曲
赵彩云	女	18	北平	汉	外二区大川路二巷10号	鼓曲
李美玲	女	16	北平	汉	外五区喇叭口胡同2号	鼓曲
李慧芳	女	17	北平	汉	外五区香厂路8号	鼓曲
李连芳	女	21	北平	汉	外五区香厂路8号	鼓曲
张喜兰	女	12	北平	汉	外二区燕家胡同12号	鼓曲
张素霞	女	22	北平	汉	外五区居仁里5号	鼓曲
张宝亭	男	19	三河	汉	外二区东壁营3号	丝弦
张淑亭	女	23	北平	汉	外五区居仁里5号	鼓曲

续表

姓名	性别	年龄	籍贯	民族	住址	科目
田贞禄	男	50	三河	汉	外二区大马神庙二条 4 号	鼓曲
郭荣山	男	65	北平	满	南锣鼓巷炒豆胡同 3 号	丝弦
李月兰	女	21	北平	汉	外五区仁民路 13 号	鼓曲
刘德霖	男	43	北平	汉	外五区椿树胡同 5 号	杂技
路佩舫	女	14	北平	汉	外五区潘家河沿 7 号	鼓曲
王佩兰	女	15	北平	汉	外五区马家寨 111 号	鼓曲
李万安	男	46	北平	汉	外四区小川淀 5 号	评词
杜贞福	男	62	北平	满	外五区帐垂营 78 号	鼓曲
杜玉琴	女	22	北平	满	外五区帐垂营 78 号	鼓曲
李秀琴	女	21	北平	汉	外五区蜡烛芯 10 号	鼓曲
王桂英	女	21	北平	满	外四区门楼胡同 11 号	杂技
王雨田	男	55	北平	满	外四区门楼胡同 11 号	杂技
关德俊	男	32	北平	满	外五区福长街三条 6 号	鼓曲
李国梁	男	24	北平	汉	外五区香厂路 8 号	丝弦
金子良	男	65	北平	满	德内东条儿胡同 11 号	单弦
常宝霖	男	23	北平	满	宣内达智营 26 号	口技
常宝霆	男	18	北平	满	宣内达智营 26 号	口技
罗荣寿	男	26	北平	满	内二区辟才胡同 83 号	口技
孙玉奎	男	25	北平	汉	内二区辟才胡同 83 号	口技
赵霭如	男	48	北平	满	东四十一条 26 号	口技
郭荣启	男	30	北平	满	内七区安儿胡同 11 号	口技
黄鹤来	男	30	北平	汉	内二区辟才胡同 83 号	口技
赵春田	男	17	北平	满	东四十一条 26 号	口技
常宝华	男		北平	满	内二区达智营 26 号	口技
谭伯如	男	58	北平	满	方砖厂小厂 14 号	口技
彭占林	男	42	北平	汉	外五区赵锥子胡同 41 号	鼓曲
张万良	男	36	北平	汉	外五区天桥华安市场 6 号	鼓曲
关学曾	男	25	北平	满	崇外沙土山三巷 2 号	鼓曲

续表

姓名	性别	年龄	籍贯	民族	住址	科目
陈仕通	男	37	北平	汉	崇外南小市口天合大院甲10号	鼓曲
佟志厚	男	56	北平	满	米市大街52号	勤务
筱砚铃	女	24	北平	汉	外五区灵右宫9号	鼓曲
管振标	男	39	望都	汉	德意轩	杂技
马秀君	女	20	北平	汉	德意轩	鼓曲
马根源	男	24	保定	汉	德意轩	杂技
马秀荣	女	14	北平	汉	德意轩	鼓曲
宋宝善	男	66	天津	汉	外二区棉花下三条11号	丝弦
李俊英	女	20	北平	汉	外一区大蒋家胡同38号	鼓曲
屈福恩	男	23	北平	满	外五区福州馆前街52号	丝弦
李春舫	女	18	三河	汉	外二区大马神庙19号	鼓曲
佟玉兰	女	15	北平	满	外五区华严路11号	鼓曲
王玉泉	男	30	北平	汉	外二区史儿胡同1号	丝弦
郭凤霞	女	17	北平	汉	外五区刷子市7号	鼓曲
孙玉芳	女	19	北平	汉	外五区养羊胡同7号	鼓曲
李宝荣	女	38	北平	汉	外五区狗尾巴胡同45号	鼓曲
孙筱舫	女	12	北平	汉	外五区狗尾巴胡同45号	鼓曲
张　玉	男	34	昌平	汉	外二区留守卫魁元堂	鼓曲
张荫庭	男	37	北平	汉	外五区先农坛市场3号	评词
张启明	男	27	北平	汉	外五区先农坛市场3号	鼓曲
甕华亭	男	44	昌平	汉	外五区先农坛市场3号	鼓曲
茹续琦	男	26	北平	满	永外马家堡15号	口技
常瑞峰	男	62	通县	满	外三区沙土山三巷8号	鼓曲
朱顺琴	女	14	北平	汉	外五区鞭子巷四条10号	鼓曲
崔仕亮	男	54	北平	汉	外三区西利市营5号	丝弦
崔秀荣	女	23	北平	汉	外三区西利市营5号	鼓曲
于荣霞	女	14	北平	汉	外三区沙土山后街8号	鼓曲

续表

姓名	性别	年龄	籍贯	民族	住址	科目
刘凤霞	女	12	三河	汉	外三区十三保香炉胡同8号	鼓曲
林凤英	女	18	奉天	汉	外三区十三保香炉胡同8号	鼓曲
程宝明	男	31	北平	汉	外三区营房十条9号	丝弦
程家贞	女	18	北平	汉	外三区营房十条9号	鼓曲
花世斌	男	59	北平	汉	外三区东唐洗伯街33号	丝弦
王佩霞	女	18	北平	汉	外二区小马神庙26号	鼓曲
徐华宝	男	33	北平	汉	内五区北兵马司	丝弦
卢成科	男	46	天津	汉	齐内南小街什坊院25号	丝弦
花小宝	女	20	天津	汉	齐内南小街什坊院25号	鼓曲
王佩臣	女	46	北平	汉	内一区锡拉胡同4号	鼓曲
谢韵秋	女	29	北平	汉	先农坛市场	鼓曲
周文如	女	18	北平	汉	先农坛市场	鼓曲
王香桂	女	18	北平	汉	外五区斗母宫1号	鼓曲
马长青	男	28	北平	汉	外五区斗母宫1号	丝弦
荣剑尘	男	65	北平	满	西内西井胡同5号	单弦
联幼茹	女	24	北平	满	内五区赵府街前坑11号	鼓曲
联荣生	男	30	北平	满	内五区赵府街前坑11号	鼓曲
联世昌	男	20	北平	满	内五区赵府街前坑11号	丝弦
刘士喜	男	19	北平	汉	外二区大马神庙二条2号	鼓曲
吴雪芳	女	19	北平	汉	外二区史儿胡同1号	鼓曲
吴秀芳	女	15	北平	汉	外二区史儿胡同1号	鼓曲
王福来	男	不详				丝弦
常　惠	男	63	北平	满	外二区王寡妇斜街11号	勤务
王德霖	男	33	北平	汉	外五区西湾子甲3号	勤务
佟德山	男	62	北平	满	牛街糖房胡同14号	鼓曲
佟寿芝	女	16	北平	满	牛街糖房胡同14号	鼓曲
卢小亭	女	18	北平	汉	外五区禄长街6号	鼓曲
张濬亭	女	18	北平	汉	外二区小椿树胡同甲1号	鼓曲

续表

姓名	性别	年龄	籍贯	民族	住址	科目
陈丽君	女	20	北平	汉	外二区小椿树胡同4号	鼓曲
刘金枝	女	19	北平	汉	外二区百顺胡同11号	鼓曲
花金枝	女	26	北平	汉	外五区圣春夹道7号	鼓曲
刘筱香	女	12	北平	汉	外五区圣春夹道7号	鼓曲
花筱香	女	19	北平	汉	外五区福长街文元里3号	鼓曲
刘筱芬	女	16	北平	汉	外五区香仁路30号	鼓曲
阎丽云	女	19	北平	汉	外五区大川路二巷3号	鼓曲
阎丽琴	女	21	北平	汉	外五区大川路二巷3号	鼓曲
李兰舫	女	20	北平	汉	外五区鞭子巷奶子胡同5号	鼓曲
夏辉燕	女	19	北平	汉	外五区大保吉巷16号	鼓曲
李佩芳	女	17	北平	汉	外二区百顺胡同17号	鼓曲
杨文元	男	36	北平	汉	外二区佘家胡同9号	技术
杨文英	女	30	北平	汉	外二区佘家胡同9号	技术
潘玉珍	男	43	北平	汉	外五区天桥迟家胡同2号	技术
李德成	男	31	北平	汉	外五区粉坊琉璃街30号	鼓曲
马忠翠	女	33	河南	汉	外五区板章路1号	鼓曲
马爱荣	女	21	河南	汉	外五区板章路1号	鼓曲
马桂荣	女	20	河南	汉	外五区板章路1号	鼓曲
马筱荣	女	19	河南	汉	外五区板章路1号	鼓曲
周金玲	女	17	河南	汉	外五区福长街三条8号	鼓曲
周砚荣	女	17	河南	汉	外四区米市胡同3号	鼓曲
王凤琴	女	17	北平	汉	外五区福长街信善里2号	鼓曲
陈娥云	女	18	河南	汉	外二区仁民路17号	鼓曲
姚兰英	女	18	山东	汉	外二区麻线胡同15号	鼓曲
王淑琴	女	15	北平	汉	外五区王家大院15号	鼓曲
清美云	女	10	北平	满	外五区板章路1号	鼓曲
清景琦	男	33	北平	满	外五区板章路1号	丝弦
杜元岭	男	24	河南	汉	外五区铜佛寺后身5号	丝弦

续表

姓名	性别	年龄	籍贯	民族	住址	科目
李庆山	男	37	山东	汉	外五区福长街三条 8 号	丝弦
孙佩臣	男	58	北平	汉	外四区米市胡同 79 号	丝弦
王品芝	男	55	北平	汉	外五区王家大院 15 号	经励
于永泉	男	20	北平	汉	外五区阡儿路甲 26 号	鼓曲
蔡金波	女	32	北平	汉	外五区先农市场 35 号	鼓曲
朱相臣	男	不详	武清	不详	内一区校尉营 2 号	口技
赵贞峰	男	58	北平	满	外五区铺陈市 39 号	丝弦
郑宝琛	男	24	北平	汉	外五区虎坊桥 10 号	鼓曲
赵筱霞	女	23	北平	汉	虎坊桥大街 89 号	鼓曲
张文明	男	46	北平	汉	外五区金鱼池真武庙 12 号	勤务
宋芙蓉	女	13	北平	汉	外二区西壁营 4 号	鼓曲
花贞起	男	55	北平	汉	外五区太平街乐善里 13 号	勤务
梁德贵	男	51	大兴	汉	外三区西利市营 21 号	丝弦
姚少应	女	17	山东	汉	外二区麻线胡同 15 号	鼓曲
霍春珊	男	38	北平	汉	外五区大川路二巷 4 号	丝弦
杨筱云	女	17	北平	汉	外五区香仁路 27 号	鼓曲
宋德存	男	41	北平	汉	内一区辟才胡同集贸饭店	丝弦
宋仁红	女	17	北平	汉	内一区辟才胡同集贸饭店	鼓曲
高文君	女	20	北平	汉	外二区棉花下三条 10 号	鼓曲
蔡宝兴	男	57	北平	汉	外五区先农市场 35 号	鼓曲
蔡连贵	男	30	北平	汉	外五区先农市场 35 号	鼓曲
全凤如	女	14	北平	满	外五区养羊胡同 12 号	鼓曲
李素兰	女	20	北平	汉	外二区李铁拐斜街 60 号	鼓曲
李荣秋	女	17	北平	汉	外二区李铁拐斜街 60 号	鼓曲
高仲魁	男	41	北平	汉	外五区永安路 10 号	丝弦
刘德顺	男	44	北平	汉	外四区羊圈胡同 4 号	勤务
屈国瑞	男	41	北平	汉	外五区福州馆前街 56 号	丝弦
刘全英	女	14	北平	汉	外五区香厂路 8 号	鼓曲

续表

姓名	性别	年龄	籍贯	民族	住址	科目
刘全芳	女	23	北平	汉	外五区香厂路 8 号	鼓曲
张仲秋	女	24	北平	汉	外二区樱桃斜街 85 号	鼓曲
宋万荣	男	61	北平	汉	外五区粉坊琉璃街 71 号	丝弦
张枝山	男	49	北平	汉	外五区福长街 16 号	勤务
王文瑞	男	69	北平	汉	外二区史儿胡同 1 号	鼓曲
路占元	男	41	北平	汉	外五区先农坛根 20 号	勤务
祁双昆	男	59	北平	满	内三区北新桥二条 1 号	经励
郭徐氏	女	59	北平	汉	外五区阡儿路 13 号	经励
白淑珍	女	15	北平	汉	外五区福长街三条花德善里	鼓曲
刘淑珍	女	17	北平	汉	外五区福长街三条花德善里	鼓曲
白淑芳	女	19	北平	汉	外五区福长街三条花德善里	鼓曲
胡宝钧	男	35	北平	汉	外五区赵锥子胡同 73 号	丝弦
叶德霖	男	57	北平	满	崇外南岗子 5 号	鼓曲
汪德禄	男	32	北平	满	西便门内营房东北四条 9 号	丝弦
筱妙云	女	15	北平	汉	外五区王广福斜街 17 号	鼓曲
张秋柱	男	33	河南	汉	外五区板章路 1 号	丝弦
王　峻	男	40	北平	汉	外五区福州馆前街 11 号	勤务
海德永	男	39	北平	满	外五区铺陈市 39 号	丝弦
海德城	男	45	北平	满	外五区铺陈市 39 号	丝弦
王玉增	男	40	北平	汉	外二区东北园 4 号	丝弦
李雪芳	女	36	山东	汉	外五区先农坛根 90 号	鼓曲
筱艳秋	女	14	北平	汉	外二区小马神庙 11 号	鼓曲
郭文元	男	不详	北平	汉	外五区阡儿路 26 号	丝弦
张俊铃	女	18	北平	汉	外五区储子营 9 号	鼓曲
张　玉	男	36	昌平	汉	外二区留守街魁元店	鼓曲
陈筱玲	女	17	北平	汉	外五区储子营大院 9 号	鼓曲
宋铁山	男	19	北平	汉	外三区沙土山万福里 9 号	丝弦
赵桂琴	女	18	北平	汉	外五区铺陈市 36 号	鼓曲

续表

姓名	性别	年龄	籍贯	民族	住址	科目
赵世昌	男	59	北平	满	外五区先农坛根 20 号	勤务
郭鸿钧	男	14	北平	汉	外四区南半截胡同 15 号	丝弦
刘玉兰	女	20	北平	汉	外五区东经里 58 号	鼓曲
乐寿山	男	不详	不详	满	外二区河泊厂	丝弦
王艳芬	女	27	保定	汉	外五区福长街 25 号	西河大鼓
王艳茹	女	20	保定	汉	外五区福长街 25 号	西河大鼓
王同乐	男	21	保定	汉	外五区福长街 25 号	西河大鼓
彭素海	男	33	衡水	汉	外二区燕家胡同 4 号	丝弦
段兴云	男	42	北平	汉	东直门内大街东头 23 号	评词
庞淑英	女	28	北平	汉	外二区高条胡同 24 号	鼓曲
尚庆安	男	39	北平	汉	内七区新平路 24 号	鼓曲
周荫田	男	21	北平	汉	外二区燕家胡同 4 号	鼓曲
杜桂萱	男	19	北平	汉	外五区大森里 1 号	鼓曲
邢有年	男	42	北平	汉	外二区西壁营 10 号	勤务
刘兰英	女	29	北平	汉	外二区	鼓曲
彭子富	男	23	北平	汉	外五区赵锥子胡同 81 号	鼓曲
杨永隆	男	48	北平	汉	宣内南河沿 1 号	丝弦
葛恒泉	男	72	北平	满	内五区小大佛寺 18 号	单弦
杨树桐	男	28	天津	汉	不详	丝弦
德俊峰	男	71	北平	满	内二区麻豆腐作坊甲 2 号	鼓曲
白雨亭	男	65	北平	满	内二区北闹市口 10 号	单弦
杨玉芳	男	54	北平	汉	外二区大马神庙甲 32 号	丝弦
果荣泉	男	30	北平	汉	五里巷 7 号	丝弦
张素铃	女	27	北平	汉	东四六条石桥 16 号	鼓曲
顾荣甫	男	38	北平	满	外五区香厂路 8 号	鼓曲
康世臣	男	不详	不详	不详	不详	

续表

姓名	性别	年龄	籍贯	民族	住址	科目
周砚铃	女	13	北平	汉	外五区华康里 5 号	鼓曲
高德亮	男	33	北平	汉	外二区前孙公园 12 号	口技
高德光	男	40	北平	汉	外二区前孙公园 12 号	口技
高凤山	男	26	北平	汉	外五区先农市场 25 号	口技
赵玉贵	男	35	北平	汉	外五区天桥公平市场甲 1 号	口技
赵连升	男	15	北平	汉	外五区忠恕里 16 号	口技
孙宝才	男	45	北平	汉	外五区先农市场 21 号	口技
孙月仙	女	15	北平	汉	外二区小马神庙 12 号	鼓曲
刘兰芬	女	10	北平	汉	外五区大川路 8 号	鼓曲
孙茂兰	女	59	北平	汉	北锣鼓巷小大佛寺	鼓曲
阿阔群	男	52	北平	满	阜内宫门口头条 31 号	评词
舒凤元	男	52	北平	满	南月牙 3 号	单弦
张玉凤	女	13	北平	汉	外五区王家大院 15 号	鼓曲
陈鸿儒	男	32	北平	汉	外五区福长街三条 6 号	鼓曲
赵文平	男	32	山东	汉	天桥市场内	丝弦
赵美英	女	28	山东	汉	天桥市场内	鼓曲
刘岱石	男	40	北平	汉	外五区香厂路 8 号	丝弦
李凤兰	女	20	北平	汉	外五区小喇叭胡同 2 号	鼓曲
赵玉文	女	37	北平	满	外三区裘家街 27 号	鼓曲
天震辉	男	32	北平	满	内四区三道栅栏 12 号	杂技
天灵辉	女	21	北平	满	内四区三道栅栏 12 号	杂技
刘顺喜	女	20	北平	汉	外五区储子营大院 1 号	鼓曲
霍连仲	男	64	北平	汉	外五区大川路二巷 4 号	丝弦
史文臣	男	44	北平	汉	外四区南半截胡同甲 12 号	勤务
宋文顺	男	41	北平	汉	外二区王广福斜街茶社	经励
孙玉雯	女	13	北平	汉	外二区胭脂胡同 11 号	鼓曲
于韵芳	女	14	北平	汉	粉坊街 31 号	鼓曲
叶品卿	男	44	北平	汉	外五区大森里 17 号	鼓曲

续表

姓名	性别	年龄	籍贯	民族	住址	科目
李奎樵	男	44	北平	汉	内二区辟才胡同1号	勤务
许忠廉	男	22	大名	汉	外五区板章路1号	鼓曲
张广心	男	32	曲周	汉	外五区板章路1号	丝弦
丁素祥	男	47	顺义	汉	外三区地藏寺街永泉店	鼓曲
田贞和	男	52	三河	汉	朝外祁家大院10号	鼓曲
孙丽文	女	14	北平	汉	外二区四塔寺12号	鼓曲
李秋铃	女	11	北平	汉	外五区粉坊琉璃街34号	鼓曲
福玉荣	女	19	北平	满	外五区先农市场21号	鼓曲
杨玉琴	女	26	北平	汉	朝内东头126号	鼓曲
常宝堃	男	24	北平	满	内二区达智营26号	口技
陈亚南	男	38	天津	汉	内六区银丝沟6号	魔术
陈亚华	男	43	天津	汉	内六区银丝沟6号	魔术
佟浩如	男	40	北平	满	内六区银丝沟6号	口技
赵佩如	男	不详				
王衡庵	男	不详				
宋恩第	男	不详				
张鹤琴	男	不详				
翟鹤龄	男	不详				
贾汉池	男	不详				
王树臣	男	不详				
石文昆	男	不详				
陈宗艺	男	不详				
宋永刚	男	不详				
赵兴昌	男	不详				
钟振声	男	不详				
李文清	男	不详				
安祝三	男	不详				
陈海孙	男	不详				

续表

姓名	性别	年龄	籍贯	民族	住址	科目
韦汉生	男	不详				
沈　君	男	不详				
佟树旺	男	不详	不详	满	不详	不详
于德海	男	不详				
孙书田	男	不详				
荣少昌	男	不详				
杨玉华	女	不详				
方　燕	女	不详				
方紫萍	女	不详				
杨丽华	女	不详				
黄芝兰	女	不详				
新少芳	女	不详				
洋囡囡	女	不详				
洋娃娃	女	不详				
张文志	男	34	不详	汉	外五区贾家胡同 30 号	勤务
李佩轩	男	56	不详	汉	外五区奶子胡同 5 号	勤务
白凤岩	男	49	北平	满	外五区城隍庙甲 5 号	丝弦
白凤鸣	男	38	北平	满	外五区城隍庙甲 5 号	鼓曲
白凤麟	男	27	北平	满	外五区城隍庙甲 5 号	丝弦
白家林	男	15	北平	满	外五区城隍庙甲 5 号	鼓曲
马聚泉	男	25	三河	回	外五区双安道庙 16 号	鼓曲
罗仕海	男	26	北平	汉	外五区永安路甲 66 号	丝弦
蔡聚贤	男	22	三河	汉	外五区板章路双五道庙 15 号	鼓曲
赵素春	男	45	顺义	汉	外五区赵锥子胡同客栈	鼓曲
马志元	男	54	三河	回	外五区赵锥子胡同客栈	鼓曲
姚美英	女	23	山东	汉	外二区麻线胡同 15 号	鼓曲
姚凤娥	女	17	山东	汉	外二区麻线胡同 15 号	鼓曲
赵文祥	男	36	北平	汉	外五区居仁里 5 号	鼓曲

续表

姓名	性别	年龄	籍贯	民族	住址	科目
康素山	男	37	三河	汉	外一区东壁营3号	鼓曲
刘万寿	男	26	北平	汉	外五区黑窑厂甲19号	丝弦
李德福	男	35	北平	汉	外五区福长街三条德善里6号	丝弦
赵文俊	男	42	三河	汉	外四区南横街吉祥里42号	鼓曲
赵连云	男	19	北平	汉	外五区惠云市场15号	鼓曲
石连成	男	22	北平	满	外五区集贤里4号	单弦
赵玉海	男	51	北平	汉	外五区惠云市场15号	勤务
高官立	男	37	宁津	汉	外五区同乐里14号	杂技
王万芳	男	50	北平	汉	内二区西太平街10号	丝弦
李　明	男	28	北平	汉	外五区虎坊路10号	鼓曲
屈福安	男	22	北平	汉	外五区福州馆前街56号	丝弦
焦润祥	男	36	吴桥	汉	外五区福长街同乐里14号	杂技
董星樵	男	54	河南	汉	外五区福长街同乐里14号	杂技
戴金童	男	33	山东	汉	外三区厂甸前街11号	杂技
韩素升	男	25	三河	汉	外二区东壁营3号	丝弦
钱澐涛	男	57	北平	满	内五区钟楼东湾56号	杂技
钱小侠	男	21	北平	满	内五区钟楼东湾56号	杂技
戎凤山	男	66	北平	汉	外二区小椿树胡同4号	丝弦
赵美君	女	20	北平	汉	外二区小椿树胡同4号	鼓曲
万子信	男	32	北平	满	内二区达智营26号	杂技
张西亚	女	22	北平	汉	内二区达智营26号	杂技
谢芮芝	男	65	北平	满	内五区雨儿胡同22号	单弦
谢舒杨	男	27	北平	满	内五区雨儿胡同22号	单弦
赵金禄	男	39	北平	满	内五区后坑20号	杂技
罗沛霖	男	39	北平	汉	外五区先农市场35号	口技
罗浩然	男	14	北平	汉	外五区先农市场35号	口技
王大同	男	49	北平	汉	外四区延昭庙街8号	丝弦
王文禄	男	41	北平	汉	外五区福长街甲20号旁门	口技

续表

姓名	性别	年龄	籍贯	民族	住址	科目
段鸿斌	男	26	北平	汉	外三区教养院夹道 2 号	鼓曲
钟德海	男	32	北平	满	外二区永光里西街 22 号	丝弦
钟素馨	女	16	北平	满	外二区永光里西街 22 号	鼓曲
陈仕武	男	27	北平	汉	外二区储子营大院 9 号	丝弦
田秀铃	女	14	北平	汉	外二区大马神庙二条 4 号	鼓曲
狄福来	男	39	北平	汉	外四区后坑 7 号	丝弦
何佩秋	女	19	北平	汉	外二区陕西巷裤裆胡同 3 号	鼓曲
刘桂云	女	21	北平	汉	外五区新农里 1 号	鼓曲
周玉花	女	29	北平	汉	外五区福长街三条 8 号	鼓曲
陈全玉	女	30	北平	汉	外五区仁民路 7 号	鼓曲
李志江	男	17	北平	汉	外五区先农坛根 90 号	鼓曲
李志海	男	18	北平	汉	外五区先农坛根 90 号	鼓曲
王兰舫	女	19	北平	汉	不详	鼓曲
花桂荣	女	16	北平	汉	外一区高条胡同 12 号	鼓曲
于桂仙	女	26	北平	汉	外五区永安巷 4 号	鼓曲
刘彩云	女	18	北平	汉	外四区南横街 152 号	鼓曲
朱文钧	女	23	北平	汉	外五区七郎庙 2 号	鼓曲
朱丽君	女	15	北平	汉	外五区七郎庙 2 号	鼓曲
王世安	男	28	北平	汉	外四区龙凤坑甲 12 号	经励
刘志和	男	47	北平	汉	外五区永安里 1 号	勤务
王寿臣	男	35	北平	汉	外五区先农坛根 20 号	鼓曲
倪东明	男	35	天津	汉	外二区佘家胡同 9 号	技术
马素海	男	39	北平	回	外二区东壁营 3 号	丝弦
杨尊仁	男	20	北平	满	内四区铁狮子庙 15 号	勤务
张淑英	男	13	北平	汉	外四区枣林街 14 号	鼓曲
赵天民	男	33	天津	汉	内一区凤凰厅	杂技
田志明	男	26	北平	满	内一区猪市大街 58 号	杂技
白全福	男	30	北平	回	外五区乐善里头条 3 号	口技

续表

姓名	性别	年龄	籍贯	民族	住址	科目
关贞奎	男	50	北平	满	内二区振德巷 24 号	鼓曲
杨吉瑞	男	28	北平	汉	外五区福长街 47 号	丝弦
左向兴	男	51	河南	汉	外五区天桥西市场丙 24 号	鼓曲
张桂凤	女	21	顺德	汉	外五区先农坛根 42 号	鼓曲
张献云	女	17	顺德	汉	外五区先农坛根 42 号	鼓曲
张连升	男	14	顺德	汉	外五区先农坛根 42 号	丝弦
李少芬	女	16	山东	汉	外五区先农坛根 90 号	鼓曲
李少平	女	15	山东	汉	外五区先农坛根 90 号	鼓曲
杨淑贞	女	16	北平	汉	内二区南沟沿 1 号	鼓曲
张文清	男	35	北平	汉	东直门外北后街 10 号	杂技
程文林	男	39	北平	满	外五区忠恕里一横巷 3 号	杂技
程少林	男	21	北平	满	外五区忠恕里一横巷 3 号	杂技
吴长宝	男		北平	满	东直门北河沿 57 号	丝弦
阎泽甫	男	57	北平	满	外五区先农市场 40 号	杂技
刘醒民	男	43	北平	汉	外五区先农市场甲 53 号	杂技
王丽芝	女	34	北平	汉	外五区先农市场甲 53 号	杂技
王桂兰	女	25	北平	汉	外五区留学路九道弯 2 号	杂技
王秀兰	女	23	北平	汉	外五区留学路九道弯 2 号	杂技
王长小	男	20	北平	汉	外五区留学路九道弯 2 号	杂技
周桂芳	女	25	北平	汉	外五区忠恕里 5 号	杂技
刘成国	男	24	北平	汉	内七区辇儿胡同 31 号	杂技
王春林	男	14	北平	回	外四区牛街吴家二条 3 号	杂技
李玉茹	女	19	北平	汉	外五区赵锥子胡同 28 号	杂技
郭全宝	男	26	北平	汉	外二区车辇胡同 31 号	口技
孔云富	男	43	北平	汉	外一区东马尾帽 17 号	口技
谢耀赓	男	40	北平	汉	天桥公平市场甲 100 号	口技
谢宝生	男	14	北平	汉	天桥公平市场甲 100 号	口技
钱炳南	男	44	北平	汉	内二区西单限时商场 38 号	经励

续表

姓名	性别	年龄	籍贯	民族	住址	科目
杨清波	男	33	北平	汉	外三区天合大院 10 号	杂技
金　石	男	34	北平	满	外五区乐善里 3 号	杂技
金　震	男	26	北平	满	外五区乐善里 3 号	杂技
夏少恒	男	26	北平	满	外五区七圣庙 24 号	杂技
夏少卿	男	30	北平	满	外四区司家坑 26 号	杂技
田志清	男	31	北平	满	外四区司家坑 26 号	杂技
关玉和	男	54	北平	满	朝外营房三甲 55 号	杂技
孔宝忠	男	41	北平	汉	外五区西市场中街 1 号	杂技
吴桂芝	女	30	北平	汉	外五区西市场中街 1 号	杂技
孔铃童	女	14	北平	汉	外五区西市场中街 1 号	杂技
翟少平	男	55	北平	汉	内一区迺兹府 18 号	杂技
张素霞	女	23	北平	汉	外五区居仁里 5 号	鼓曲
吴阔汇	男	31	北平	汉	外五区福长街二条	评词
孙树亭	男	24	北平	汉	东直门内库司胡同 23 号	杂技
孙连荣	女	22	北平	汉	东直门内库司胡同 23 号	杂技
花金生	女	18	北平	汉	外二区百顺胡同 11 号	杂技
杨书琴	女	15	北平	汉	外五区储子营 51 号	杂技
马士良	男	26	北平	回	外三区沙土山乙 18 号	杂技
张金印	男	30	北平	汉	西直门外取灯胡同 2 号	丝弦
刘文有	男	53	北平	汉	内一区王府井大街 41 号	丝弦
张凤禄	男	18	北平	汉	外五区禄长街二条 6 号	丝弦
筱蝶云	女	14	北平	汉	外五区储子营 3 号	鼓曲
杨玉琴	女	36	北平	汉	内一区甜水井 20 号	鼓曲
崔淑贞	女	14	北平	汉	内一区甜水井 20 号	鼓曲
王云春	男	32	天津	汉	外五区狗尾巴胡同 1 号	鼓曲
王秀卿	女	39	昌平	汉	内一区迺兹府 18 号	鼓曲
姚小英	女	16	山东	汉	外二区麻线胡同 15 号	鼓曲
赵有智	男	31	北平	满	内一区东华门 11 号	鼓曲

续表

姓名	性别	年龄	籍贯	民族	住址	科目
骆玉笙	女	28	天津	汉	内一区王府井凤凰厅	鼓曲
刘白雪	男	37	天津	汉	西河沿平安旅社	杂技
鲍丽明	男	24	天津	汉	西河沿平安旅社	杂技
李汉章	男	24	天津	汉	西河沿平安旅社	杂技
刘毓珍	男	22	天津	汉	西河沿平安旅社	杂技
陈玉才	男	22	天津	汉	西河沿平安旅社	杂技
聂鸣九	男	22	天津	汉	西河沿平安旅社	杂技
牛志成	男	28	北平	汉	西河沿平安旅社	杂技
沈志清	男	24	天津	汉	西河沿平安旅社	杂技
刘莉萍	女	25	天津	汉	西河沿平安旅社	杂技
徐　慧	女	17	天津	汉	西河沿平安旅社	杂技
罗紫英	女	16	天津	汉	西河沿平安旅社	杂技
刘芸英	女	15	天津	汉	西河沿平安旅社	杂技
张丽英	女	16		汉	西河沿平安旅社	杂技
武志刚	男	53	天津	汉	西河沿平安旅社	杂技
武艳芳	女	23	天津	汉	西河沿平安旅社	杂技
武葵芳	女	15	天津	汉	西河沿平安旅社	杂技
张连仲	男	24	饶阳	汉	地安桥东河沿9号	杂技
王本哲	男	34	山东	汉	地安桥东河沿9号	杂技
王　波	男	46	蔚县	汉	地安桥东河沿9号	杂技
马玉麟	男	21	顺义	回	地安桥东河沿9号	杂技
高建堂	男	47	北平	汉	地安桥东河沿9号	杂技
张福全	男	33	宝坻	汉	地安桥东河沿9号	杂技
申瑞海	男	36	北平	汉	外五区小喇叭胡同9号	鼓曲
申瑞玲	女	28	北平	汉	外五区小喇叭胡同9号	鼓曲
刘宝树	男	29	北平	汉	外五区福州馆甲7号	杂技
孙笑萍	女	26	北平	汉	外二区百顺胡同26号	杂技
刘丽君	女	22	北平	汉	外五区大川路38号	鼓曲

续表

姓名	性别	年龄	籍贯	民族	住址	科目
白金荣	女	27	北平	汉	外五区居仁里9号	鼓曲
姚醒民	男	35	北平	汉	王广福斜街70号	杂技
韩玉山	男	22	北平	汉	外四区校场三条21号	丝弦
张振奎	男	27	北平	汉	外五区四平园5号	口技
鲍世昌	男	26	北平	满	安内后圆恩寺3号	丝弦
杜秀云	女	26	北平	满	安内后圆恩寺3号	鼓曲
刘秀亭	男	46	北平	汉	先农坛根德意轩	丝弦
刘清元	男	34	怀柔	汉	外五区福长街二条同源店	杂技
刘增惠	男	37	北平	满	东内扁担胡同20号	杂技
靳莉云	女	18	北平	汉	外二区西河沿永南饭店	鼓曲
靳蔓云	女	16	北平	汉	外二区西河沿永南饭店	鼓曲
曹文禄	男	57	北平	汉	外二区大安澜营5号	丝弦
赵天年	男	21	天津	汉	外五区福长街天元店	杂技
张学彬	男	42	天津	汉	外五区福长街天元店	杂技
沈馨吾	男	42	天津	汉	外五区福长街天元店	杂技
项宝麟	男	31	北平	汉	外五区福长街天元店	杂技
王少奎	男	37	天津	汉	外五区福长街天元店	杂技
王　益	男	24	天津	汉	外五区福长街天元店	杂技
刘　琨	男	35	北平	汉	外五区福长街天元店	杂技
冯天佑	男	35	北平	汉	外五区福长街天元店	杂技
张菊艳	女	18	北平	汉	外五区福长街天元店	杂技
燕丽萍	女	22	天津	汉	外五区福长街天元店	杂技
张玲玲	女	17	北平	汉	外五区福长街天元店	杂技
项宝凤	女	23	北平	汉	外五区福长街天元店	杂技
刘竹清	女	44	北平	汉	外五区福长街天元店	杂技
康永福	男	57	通县	汉	外五区赵锥子胡同春生店	丝弦
唐玉平	女	20	通县	汉	外五区赵锥子胡同春生店	鼓曲
王秀英	女	14	北平	汉	外二区大安澜营21号	鼓曲

续表

姓名	性别	年龄	籍贯	民族	住址	科目
崔文和	男	32	昌平	汉	外二区韩家潭大兴旅馆	丝弦
新月秋	女	23	北平	汉	外二区史儿胡同1号	鼓曲
钟吉瑞	男	23	天津	汉	内一区凤凰厅	丝弦
刘士琨	男	43	三河	汉	外三区西利市营8号	丝弦
杨曼平	女	21	天津	汉	内一区凤凰厅	鼓曲
骆彩琴	女	21	天津	汉	内一区凤凰厅	鼓曲
孙砚芬	女	15	北平	汉	外五区铺陈市39号	鼓曲
孙砚琴	女	18	北平	汉	外五区铺陈市39号	鼓曲
郭砚云	女	15	北平	汉	外五区铺陈市39号	鼓曲
徐剑秋	不详					
小天一	不详					

说明：

1. 实名与艺名并存者，本名册保留实名，如快手刘，实名孟宪有；架冬瓜，实名叶德霖；赛活驴，实名关德俊；大狗熊，实名孙宝才等。

2. 民国十七年（1928）六月二十八日，北平设为特别市，归南京政府政务院管辖。北平全市改设11区。内城并作六区，分称内一区至内六区；外城并作五区，分称外一区至外五区；四郊设区不变。是时，北平共设15区。内外城各区界限：

内一区：自中华门以东，顺皇城外至翠花胡同、马市大街、东四牌楼、朝阳门大街以南。

内二区：中华门以西，顺皇城而北，至大酱坊胡同折而西，丰盛胡同、武定侯胡同以南。

内三区：安定门大街以东，马市大街、东四牌楼、朝阳门大街以北。

内四区：大酱坊胡同、丰盛胡同、武定侯胡同以北，西安门皇城以北，经棉花胡同、罗儿胡同到积水潭以西。

内五区：安定门大街以西，积水潭以东，地安门皇城城墙以北。

内六区：皇城以内。

外一区：前门大街以东，东珠市口以北，崇文门大街以西。

外二区：前门大街以西，西珠市口以北，宣武门大街以东。

外三区：崇文门大街以东，外城墙垣以北。

外四区：宣武门大街以西，贾家胡同以南，至外城墙垣以北。

外五区：东西珠市口以南，东至天坛之东外墙，西至黑窑厂、陶然亭。

附录二 北京市曲艺公会花名册（1955 年）

姓名	性别	年龄	籍贯	民族	专长	现住所
曹宝禄	男	45	北京	汉	单弦	前门区香儿胡同 17 号
白凤鸣	男	46	北京	满	京韵	前门区香炉营五条 11 号
朱国全	男	39	北京	汉	杂技	前门区西北园 14 号
侯宝林	男	38	北京	满	相声	前门区香炉营五条 8 号
高凤山	男	34	北京	汉	相声	崇文区礼拜寺街 5 号
魏喜奎	女	30	北京	汉	曲剧	前门区大齐家胡同 40 号
良小楼	女	48	北京	汉	京韵	西四区大石桥
连阔如	男	53	北京	满	评书	前门区棉花八条 11 号
宝善林	男	56	北京	满	掼跤	新街口大四条 2 号
刘田利	男	32	山东	汉	西河	前门区大齐家胡同 21 号
陈涌泉	男	23	北京	汉	相声	东四区国子监钥匙胡同 1 号
蔡金波	女	35	保定	汉	西河	宣武区花枝胡同 4 号
谭凤元	男	60	北京	汉	单弦	南月牙胡同 3 号
段兴云	男	52	北京	汉	评书	东四区马勺胡同 17 号
彭云起	男	55	北京	汉	杂技	宣武区七圣庙 17 号
李雪芳	女	51	济南	汉	西河	宣武区天桥华安市场 10 号
路景达	男	41	北京	汉	皮影	西直门外小园胡同 9 号
顾荣甫	男	45	枣强	汉	曲剧	宣武区鹞儿胡同 14 号
刚振华	男	28	北京	汉	音乐	西便门内后兴隆街 5 号
韩德福	男	43	北京	汉	音乐	宣武区鹞儿胡同 41 号
紫吉发	男	43	沈阳	满	魔术	西单区报子街 98 号

续表

姓名	性别	年龄	籍贯	民族	专长	现住所
尹福来	男	42	顺义	汉	曲剧	宣武区七圣庙 2 号
沈德元	男	53	北京	满	音乐	宣武区粉坊琉璃街 30 号
辛稳立	男	50	文安	汉	杂技	宣武区福长街 19 号
刘德智	男	62	北京	汉	相声	荫德里 3 号
马三立	男	44	天津	回	相声	椿树胡同 15 号（回天津）
罗沛霖	男	47	北京	汉	拉洋片	宣武区天桥天农市场 25 号
全国华	男	50	北京	满	京韵	前门区殷家坑 10 号
刘燕民	男	44	北京	汉	杂技	北长街后宅 5 号
张燕蓉	女	19	山东	汉	杂技	宣武区天桥公平市场 111 号
靳遏云	女	37	天津	汉	京韵	前门区香炉营五条 11 号
李　乔	男	40	沈阳	汉	曲剧	西单区大木仓 8 号
车锦如	女	30	北京	汉	曲剧	西单区大木仓 8 号
王小楼	女	32	北京	汉	曲剧	西单区粉子胡同 8 号
何贵生	男	36	北京	汉	掼跤	西四区南草厂 33 号
佟大方	男	37	北京	满	相声	西单区翠花街 2 号
回婉华	女	28	天津	回	相声	宣武校场小六条 30 号
屈国田	男	52	北京	汉	莲花落	西单区喇叭胡同 117 号
李兴海	男	36	北京	汉	曲剧	西单区报子街 91 号
陈文发	男	38	通县	汉	灯光	北沟沿戊 128 号
李宝岩	男	38	香河	汉	曲剧	宣武区华康里 7 号
张占光	男	50	北京	汉	服务员	前门区小席胡同 6 号
张金旺	男	33	通县	汉	会计	前门区魏染胡同 28 号
关学曾	男	34	北京	满	琴书	崇文区沙土山三巷 2 号
吴长宝	男	36	北京	汉	音乐	宣武区门楼胡同 1 号
史尚直	男	28	山西	汉	美术	宣内油坊胡同 18 号

续表

姓名	性别	年龄	籍贯	民族	专长	现住所
姜兰田	男	62	北京	汉	音乐	东四区大沟巷7号
刘强田	男	63	宝坻	汉	音乐	东四区大佛寺西街44号
庞玉山	男	70	北京	汉	音乐	宣武区大喇叭胡同6号
陈荣启	男	56	北京	汉	评书	安儿胡同5号
刘继云	男	55	北京	汉	评书	崇文区抽分厂14号
刘静斋	男	70	北京	汉	魔术	前门区长巷四条5号
孙宝才	男	56	北京	汉	相声	宣武区福康里28号
高德明	男	45	北京	汉	相声	宣武区南横街49号
王文瑞	男	73	北京	汉	梅花	前门区史儿胡同1号
王贞禄	男	76	北京	汉	京韵	前门区大安澜营21号
于兰凤	女	34	安次	汉	曲剧	西单区大木仓9号
汤金城	男	63	北京	汉	口技	前门区狗尾巴胡同30号
朱国勋	男	34	北京	汉	杂技	前门区西北园14号
金　石	男	42	北京	满	杂技	宣武区太平街3号
张文治	男	47	山东	汉	杂技	宣武区公平市场111号
杨清波	男	40	北京	汉	戏法	宣武区自新路甲13号
满宝珍	男	42	山东	回	掼跤	宣武区福长街三条9号
黄建勋	男	45	通县	汉	评书	宣武区莲花河甲3号
王兴周	男	55	北京	汉	评书	东四区东草厂甲60号
黄存洲	男	48	北京	汉	评书	东四区朝内南煤铺胡同16号
李鑫荃	男	35	安次	汉	评书	西单区栓马椿24号
李存源	男	38	北京	汉	评书	东四区东直门内马勺胡同17号
马阔山	男	53	北京	回	评书	宣武区夹道居16号
路景平	男	32	北京	汉	皮影	西四区塔院胡同11号
王长友	男	43	北京	汉	相声	宣武区门楼胡同9号
罗荣寿	男	38	北京	满	相声	宣武区校场小六条81号

续表

姓名	性别	年龄	籍贯	民族	专长	现住所
宋德存	男	47	北京	汉	音乐	西单区辟才胡同乙1号
回婉华	女	29	天津	回	相声	宣武区校场小六条30号
张振铎	男	23	北京	汉	相声	宣武区福长街头条11号
蔡连贵	男	29	新城	汉	西河	宣武区花枝胡同4号
关顺鹏	男	49	北京	满	竹板书	永定门外桃园村11号
郝林吉	男	4	三河	汉	西河	崇文区洪桥24号
尹士兴	男	62	顺义	汉	曲艺	宣武区七圣庙二号
蔡连宝	女	24	天津	汉	梅花	宣武区香仁路30号
孙嘉奎	男	37	北京	汉	单弦	朝阳门外幸福巷一排64号
梁瑞俊	男	45	武清	汉	西河	东四区王驸马胡同10号
马忠翠	女	41	开封	汉	坠子	宣武区板章胡同1号
张秀峰	男	57	密云	满	竹板	阜内西四区西城根9号
果荣升	男	33	定兴	汉	音乐	崇文区永定门外郭公庄75号
陈国栋	男	31	北京	汉	曲艺	前门区掌扇胡同31号
宋志成	男	34	通县	汉	音乐	宣武区保安寺街21号
金万顺	男	62	北京	汉	戏法	宣武区毗卢庵6号
联幼茹	女	35	北京	满	曲剧	东四区新开路44号
霍连仲	男	75	北京	汉	音乐	宣武区大川路二巷5号
姚俊英	女	35	山东	汉	坠子	宣武区延昭庙街13号
张砚亭	女	29	涞水	汉	西河	东直门外十家坡22号
绳林祥	男	43	良乡	汉	竹板	矿区河南街98号
崔文和	男	40	昌平	汉	音乐	东四七条车门30号
陈万荣	男	29	蓟县	汉	音乐	西单区敬胜胡同四道湾8号
赵玉红	女	34	北京	汉	曲艺	海淀区西苑二道街16号
杨树林	男	36	香河	汉	曲艺	西四区护国寺后院17号

续表

姓名	性别	年龄	籍贯	民族	专长	现住所
都德才	男	39	河间	汉	西河	南苑区瑞和庄
刘田祥	男	27	北京	汉	音乐	崇文区洪桥街9号
孔云富	男	51	北京	汉	音乐	矿区平民市场27号
孙寿斋	男	58	北京	汉	清唱	宣武区校场小六条30号
王桂云	女	29	天津	汉	曲艺	崇文区东坛根二号
双起茂	男	43	北京	蒙	曲艺	崇文区忠恕里二横巷14号
朱起祥	男	29	通县	汉	曲艺	宣武区毗卢庵26号
王崇海	男	33	北京	满	曲艺	阜外后大坑3号
刘绍益	男	50	昌平	汉	清唱	西四区西直门外取灯胡同7号
刘秀珍	女	40	顺义	汉	乐亭	前门区燕家胡同11号
姚兰英	女	27	山东	汉	坠子	前门区百顺胡同11号
刘玉荣	女	21	北京	汉	清唱	宣武区牛街寿刘胡同33号
绳祥璐	男	15	良乡	汉	竹板	矿区河南街98号
尚庆安	男	47	固安	汉	西河	宣武区天桥西市场西街丙24号
陈玉山	男	54	昌平	汉	曲艺	东四区大佛寺44号
马桂贞	女	16	绥远	回	曲艺	宣武区南横街35号后门
王广芬	男	31	玉田	汉	曲艺	宣武区七井胡同14号
辛顺利	男	32	北京	回	曲艺	崇文区忠恕里一巷13号
戴凤林	男	38	北京	汉	音乐	西单区大盆胡同8号
吴玉贞	女	30	北京	满	曲艺	鼓楼前大街136号
纪淑清	女	33	北京	汉	清唱	宣武区铺陈市达园镜胡同9号
冯玉春	男	31	北京	满	曲艺	崇文区永定门外琉璃井145号
章　起	男	38	任丘	汉	曲艺	前门区銮庆胡同14号

续表

姓名	性别	年龄	籍贯	民族	专长	现住所
傅世明	男	35	平谷	汉	曲艺	宣武区陶然亭平安里5号
杜凤兰	女	25	河北	汉	坠子	宣武区板章路1号
巩砚芳	女	33	河南	汉	坠子	崇文区永定门外琉璃井77号
崔仕环	男	53	北京	汉	音乐	东单曲灵通观1号
吴玉琴	女	29	北京	汉	曲艺	宣武区九道弯5号
张树仁	男	26	沈阳	汉	音乐	前门区草场七条28号
张书芳	男	29	北京	汉	美工	西四区新街口北大街40号
李云祥	男	22	怀柔	汉	音乐	宣武区福长街三条八号
黄永信	男	49	河北	汉	音乐	崇文区永定门外琉璃井77号
王云华	女	20	河南	汉	坠子	崇文区永定门外琉璃井65号
许孔连	男	47	山东	汉	音乐	宣武区板章路1号
陈仕通	男	45	北京	汉	琴书	崇文区天河大院甲10号
田淑贞	女	31	北京	汉	音乐	崇文区天河大院甲10号
冯有才	男	43	北京	汉	音乐	宣武区福长街二条7号
阎福贵	男	20	北京	汉	音乐	宣武区城隍庙街乙9号
白明秀	男	51	北京	满	音乐	东四区南锣鼓巷33号
瑞烈卿	女	47	北京	满	曲艺	宣武区米市胡同57号
樊士忠	男	48	北京	汉	曲艺	宣武区米市胡同57号
阎福庆	男	28	山东	汉	曲艺	宣武区上斜街T38号
白桂忠	男	53	北京	满	音乐	西四区砖塔胡同76号
马桂荣	女	29	开封	汉	坠子	宣武区粉坊琉璃街6号
魏美英	女	28	北京	汉	曲艺	东四区隆福寺东廊下5号
杜秀英	女	29	北京	汉	曲艺	矿区后街口11号

续表

姓名	性别	年龄	籍贯	民族	专长	现住所
苏秀兰	女	38	北京	汉	曲艺	西四区宫门口横四条25号
傅素均	女	34	北京	汉	清唱	宣武区窑台58号
蔡满堂	男	21	新城	汉	音乐	宣武区花枝胡同4号
蔡宝兴	男	60	新城	汉	西河	宣武区花枝胡同4号
王砚（艳）茹	女	27	任丘	汉	西河	宣武区福长街头条25号
杜丽霞	女	31	北京	汉	西河	前门区臧家桥23号
贾建国	男	14	北京	汉	音乐	东单区石碑胡同7号
白宝山	男	66	北京	汉	清唱	前门区百顺胡同后河18号
杜元岭	男	34	大名	汉	音乐	宣武区板章路1号
高文玉	男	27	天津	汉	音乐	宣武区香仁路甲30号
杨树林	男	28	北京	汉	音乐	东单区东单北大街355号
王永安	男	49	河南	汉	音乐	永定门外琉璃井65号
孟玉福	男	46	北京	汉	音乐	宣武区四圣庙25号
张桂凤	女	34	邢台	汉	坠子	宣武区先农坛根42号
周玉花	女	35	平原	汉	坠子	宣武区福长街三条8号
杜兰花	女	25	大名	汉	坠子	宣武区储子营21号
季翠峰	男	80	北京	满	单弦	东直门内南小街西松年17号
彭占林	男	50	顺义	汉	铁片	宣武区赵锥子胡同80号
关金凤	女	37	北京	汉	莲花落	宣武区福长街三条甲6号
冯文志	男	37	北京	汉	音乐	东四区海运仓扁担胡同20号
盛云珍	女	20	北京	汉	曲艺	宣武区四圣庙25号
阎福贵	男	35	武清	汉	音乐	安内大街159号

续表

姓名	性别	年龄	籍贯	民族	专长	现住所
李世义	男	40	香河	汉	音乐	后门宽街火药局二条4号
郭素华	女	30	河北	汉	唐山调	后门宽街火药局二条4号
李砚香	女	36	天津	汉	曲艺	东单区北池子箭杆胡同3号
郭鸣钧	男	22	北京	汉	音乐	前门区小安澜营13号
张秀君	女	23	保定	汉	单弦	前门区蔡家胡同14号
张素芬	女	24	深县	汉	曲艺	宣武区贾家胡同57号
贾连芳	女	22	北京	汉	西河	东单区石碑胡同7号
张秀英	女	36	北京	汉	音乐	崇文区洪桥街24号
蔡荣贵	男	21	河间	汉	音乐	宣武区花枝胡同4号
蔡俊华	女	21	河间	汉	西河	宣武区花枝胡同4号
沈文明	男	36	三河	汉	丝弦	矿区南头17号
杨丽云	女	39	北京	汉	曲艺	阜成门外甘家口16号
简承平	男	32	北京	汉	音乐	西四区宫门口小塘坊12号
关呈艳	女	28	北京	满	西河	永定门外沙子口居民区57号
冯长龄	男	44	北京	汉	音乐	前门区李铁拐斜街18号
张金祥	男	23	饶阳	汉	西河	崇文区安化寺T6号
王　兴	男	24	北京	汉	曲艺	东单区迺兹府18号
常远清	男	71	北京	满	音乐	西直门内六号门5号
孙玉舫	女	26	北京	汉	曲艺	前门区小桥6号
高文君	女	33	北京	汉	曲艺	宣武区南华东里12号
张树元	男	38	通县	汉	西河	矿区河南街平民市场6号
于荣霞	女	24	北京	汉	曲艺	崇文区沙土山后街8号
韩淑贤	女	32	北京	汉	曲艺	宣武区四圣庙28号

续表

姓名	性别	年龄	籍贯	民族	专长	现住所
宋文安	男	55	北京	汉	单弦	宣武区永安里 5 号
黄文贵	男	24	北京	汉	曲艺	宣武区窑台 31 号
赵吉瑞	男	19	北京	汉	曲艺	东四区东直门外中央街 68 号
吕宝昆	男	24	沙河	汉	音乐	东单区迺兹府 18 号
姚永林	男	44	通县	汉	曲艺	右安门外东头条甲 5 号
崔德胜	男	51	宝坻	汉	曲艺	东四区大佛寺 44 号
蔡子明	男	60	北京	汉	曲艺	东四区大佛寺 44 号
王学桐	男	20	通县	满	曲艺	阜外甘家口新门片 15 号
李嘉康	男	24	北京	汉	音乐	宣武区丞相胡同 9 号
马庆春	男	34	北京	汉	音乐	西四区宫门口头条 26 号
周慧珍	女	28	北京	汉	曲艺	阜成门外后大坑 3 号
刘瑞祥	男	15	北京	汉	音乐	阜成门外后大坑 3 号
孙世连	男	65	保定	汉	曲艺	永定门外桃园村甲 14 号
刘成国	男	31	北京	汉	音乐	兵部衙 91 号
赵子寿	男	46	北京	汉	清唱	前门区北大肩 9 号
李淑民	女	32	北京	汉	清唱	宣武区大吉巷 12 号
李淑芳	女	25	北京	汉	清唱	前门区小外郎营西大院 3 号
阎德福	男	65	北京	汉	音乐	宣武区天农市场 40 号
杨少林	男	53	北京	满	清唱	西四区三教寺 11 号
关永曾	男	19	北京	满	音乐	崇文区金鱼池大街 148 号
关顺贵	男	54	北京	满	西河	崇文区金鱼池大街 148 号
李秀云	女	23	北京	汉	曲艺	宣武区大川路二巷 9 号
石砚春	女	40	济南	汉	西河	崇文区西四块玉乙 4 号
王凤霞	女	25	北京	汉	曲艺	前门区虎坊桥 44 号

续表

姓名	性别	年龄	籍贯	民族	专长	现住所
刘金元	男	63	天津	汉	相声	宣武区西居仁里5号
刘素舫	女	51	天津	汉	曲艺	宣武区西居仁里5号
刘少舫	女	23	天津	汉	西河	宣武区西居仁里5号
吕素昆	男	31	北京	汉	音乐	崇文区狗尾巴胡同39号
李香琴	女	22	保定	汉	西河	崇文区洪桥街9号
张砚兰	女	35	北京	汉	曲艺	崇文区将军坟71号
史德华	男	52	北京	汉	音乐	宣武区赵锥子胡同71号
张凤云	女	21	开封	汉	坠子	北豆芽菜胡同30号
李英俊	男	46	满城	汉	西河	前门区西河沿96号
吕林璋	男	47	文安	汉	竹板	安外当铺胡同1号
王凤朝	男	20	南宫	汉	曲剧	前门小剧场内
王四刚	男	41	山东	汉	西河	矿区平民市场68号
吕林成	男	39	文安	汉	西河	安外大街156号
彭素海	男	44	衡水	汉	西河	宣武区贾家胡同57号
孙来文	男	64	安次	汉	竹板	矿区河南街23号
牛月波	女	35	北京	汉	西河	矿区城子村艺新书馆
张彩亭	女	40	北京	汉	乐亭	朝外七甲东胡同13号
刘淑贞	女	23	北京	汉	曲剧	前门区笤帚胡同31号
关呈筠	女	21	北京	满	竹板	金鱼池大街70号
王义曾	男	34	安次	汉	曲艺	西四区西楼巷甲26号
梁聚明	男	27	北京	汉	音乐	崇文区穆家井正字10号
王庆福	男	43	枣强	汉	音乐	矿区城子村艺新书馆
刘如川	男	56	深县	汉	西河	安外当铺胡同1号
杨玉山	男	47	北京	回	清唱	崇文区东四块玉74号
王慧雯	女	38	大名	汉	清唱	宣武区阎王庙35号
李娜君	女	17	北京	汉	音乐	东四区王驸马胡同10号

续表

姓名	性别	年龄	籍贯	民族	专长	现住所
刘云亭	女	20	宝坻	汉	西河	宣武区城隍庙街太平街28号
夏钟琪	男	44	云南	汉	清唱	宣武区阎王庙街35号
高振英	男	41	北京	汉	口技	永定门外沙子口南里93号
郑祥泰	男	46	北京	满	相声	朝外中中街3号
张文辉	男	21	天津	汉	相声	东四区九条58号
刘震英	女	20	东光县	汉	相声	宣武区福长街头条11号
马志峰	男	32	北京	汉	快板	宣武区赵锥子胡同73号
刘文明	男	33	北京	汉	相声	宣武区福长街三条3号
丁兆熊	男	27	北京	汉	相声	西四区前马场83号
王世臣	男	38	北京	汉	相声	西单区辟才胡同乙1号
傅宝山	男	32	北京	满	相声	西四区宝禅寺街11号
赵连升	男	35	北京	汉	相声	宣武区人民市场西36行3号
于世德	男	24	北京	汉	相声	宣武区大川路一巷乙5号
丁春坊	男	32	北京	汉	曲艺	西四区东乐春坊4号
刘书元	男	19	北京	回	曲艺	宣武区牛街吴家桥二条12号
高凌云	女	29	新安	汉	单弦	东单区南小街羊尾巴胡同甲13号
关成俊	男	42	北京	满	曲艺	宣武区南横街穿堂门5号
孙喜凤	女	21	保定	汉	清唱	崇文区桃园村14号
王文禄	男	31	北京	汉	曲艺	西直门南关34号
方文玉	男	70	北京	满	音乐	西四区地安门外天汇大院3号
刘秀宽	男	36	北京	满	曲艺	东四区大经厂34号
边树清	女	32	北京	汉	曲艺	宣武区龙泉寺甲6号

续表

姓名	性别	年龄	籍贯	民族	专长	现住所
鲍玉蓉	女	19	北京	满	音乐	崇文区弥勒庵16号
杨春林	男	38	北京	满	曲艺	崇文区弥勒庵16号
李世忠	男	25	山东	汉	音乐	朝外观音寺80号
白桂贞	女	29	北京	汉	曲艺	东单区迺兹府18号
窦文泉	男	42	北京	汉	勤务	护国寺内10号
吕祥深	男	20	文安	汉	西河	安外当铺胡同1号
张文治	男	42	通县	汉	勤务	前门区小安澜营13号
孙少舫	女	19	北京	汉	曲艺	前门区小桥6号
佟书亭	女	30	北京	满	清唱	西四区翠花横街48号
杨禄龄	男	30	易县	满	清唱	西四区德外教场口东后街3号
林　桐	男	10	北京	汉	清唱	宣武区阎王庙35号
马丽华	女	23	北京	汉	清唱	崇文区金鱼池西上坡丙14号
王阔亭	男	60	北京	汉	职员	地安门帽儿胡同37号
刘淑贞	女	30	北京	汉	清唱	西单区罗圈胡同1号
王雨荣	女	44	北京	汉	音乐	矿区平民市场68号
王秀荣	女	25	武清	汉	音乐	前门区大齐家胡同21号
吴庆山	男	21	北京	蒙	音乐	石颂年胡同17号
王振歧	男	52	定县	汉	西河	矿区河南街104号
杨吉瑞	男	36	新安	汉	西河	矿区新房子西横街11号
李延年	男	42	北京	满	事务	槐柏椿树庵4号
李桂山	男	38	北京	汉	相声	德内糖房胡同甲9号
马文光	男	29	北京	回	相声	崇文区老虎洞前街17号
丁金生	男	37	北京	汉	相声	宣武区公平市场113号
冯广耀	男	21	饶阳	汉	山东快书	崇文区白太乙胡同10号
高德亮	男	42	北京	汉	相声	前门区前孙公园12号

续表

姓名	性别	年龄	籍贯	民族	专长	现住所
赵玉贵	男	44	北京	汉	相声	宣武区公平市场甲 100 号
赵春田	男	26	北京	满	相声	西单区宗帽胡同二条 11 号
谭伯如	男	69	北京	满	相声	方砖厂小厂 14 号
彦寿臣	男	32	北京	满	相声	东四区四条 8 号
张善曾	男	32	北京	汉	相声	西单区兴盛胡同 3 号
王文禄	男	50	北京	回	相声	宣武区福京里 28 号
赵振铎	男	19	北京	回	相声	六合大院 17 号
黄铁良	男	18	北京	满	相声	西单区达智营 25 号
福保仁	男	33	北京	满	相声	宣武区北半截胡同 9 号
刘聘臣	男	39	天津	汉	相声	崇文区西四块玉 32 号
海秀卿	女	27	北京	回	相声	储子营 8 号
刘鹤云	男	54	北京	汉	评书	右安门焦家花园 39 号
李玉玲	女	20	北京	汉	曲剧	西便门内后兴隆街 5 号
朱桢富	男	33	北京	汉	评书	西单区石虎胡同 16 号
陈荫荣	男	39	北京	汉	评书	东四区北新桥观音寺庚 13 号
陶湘九	男	45	北京	回	评书	和平门内新帘子胡同 21 号
李荫川	男	47	北京	汉	评书	海淀区西外头堆村 9 号
刘志勇	男	21	北京	汉	评书	右安门外焦家花园 39 号
李继有	男	52	北京	汉	评书	崇文区八圣庙 4 号
孟坪义	男	55	北京	汉	评书	东单区朝阳门外南营房 43 号
李万兴	男	56	北京	汉	评书	宣武区少川淀 5 号
王同乐	男	29	任丘	汉	评书	宣武区福长街头条 25 号
邢坪钧	男	69	北京	回	评书	德外粉坊胡同 5 号
赵荣友	男	50	北京	汉	评书	东四区天仙庵 2 号
佟信魁	男	34	北京	满	评书	西四区苇坑 28 号

续表

姓名	性别	年龄	籍贯	民族	专长	现住所
赵缘清	男	49	北京	满	评书	德内果子市大街4号
傅阔增	男	62	北京	满	评书	安外甘水桥居民区163号
毕鹤勋	男	53	北京	汉	评书	东郊亮马厂甲28号
梁济民	男	42	通县	汉	魔术	阜内大街117号
贾玉山	男	51	北京	汉	评书	东单区礼士胡同内石碑胡同7号
陈振福	男	20	北京	汉	相声	崇文区东琉璃井110号
齐信英	男	28	北京	汉	相声	前门区海北寺街15号
李荣奎	男	66	北京	汉	评书	东四区王驸马胡同10号
耿曾春	男	50	北京	汉	评书	宣武区铺陈市95号
阿阔群	男	61	北京	满	评书	西四区宫门口头条31号
张沛兴	男	65	北京	汉	评书	崇文区珠营20号
高豫祝	男	66	北京	汉	评书	宣武区海北寺街16号
陈荫魁	男	47	通县	汉	评书	宣武区佟麟阁路51号
刘祥明	男	40	北京	汉	评书	前门区铁门胡同13号
曹荣禄	男	56	北京	汉	评书	崇文区新生巷20号
杨阔庵	男	47	北京	汉	评书	西四区西板桥26号
徐继田	男	59	北京	汉	评书	东四区鼓楼北后坑21号
冯正春	男	66	北京	汉	评书	西四区尚勤13号
马增祥	男	63	北京	满	评书	东四区安南营6号
王维鸿	男	38	北京	汉	评书	西四区旃檀寺麻花胡同甲4号
康豫祥	男	55	北京	汉	评书	崇文区下下四条38号
姬存林	男	50	北京	汉	评书	东四区王驸马胡同10号
贾振良	男	23	北京	汉	相声	前门区笤帚胡同32号
赵世忠	男	23	北京	汉	相声	锡拉胡同167号后门
王丽芝	女	42	北京	汉	清唱	前门区武进馆夹道1号

续表

姓名	性别	年龄	籍贯	民族	专长	现住所
杨尊仁	男	18	北京	汉	事务	东单区建国里二巷13号
王学义	男	22	北京	回	相声	崇文区老虎洞前街7号
王荣贤	男	39	交河	汉	服务	前门区李铁拐斜街25号
范进宝	男	48	北京	汉	戏法	崇文区大石桥细米巷3号
田丽英	女	18	北京	汉	京韵	前门外燕家胡同25号
刘雨林	男	44	河北	汉	硬弓	宣武区福长街二条辛3号
何兰亭	男	34	北京	汉	掼跤	永定门外沙子口南里93号
孙殿起	男	42	北京	汉	掼跤	永定门外杨家园33号
陈德禄	男	51	北京	汉	掼跤	西四区西城根5号
徐俊清	男	51	顺义	汉	掼跤	崇文区新生巷18号
马贵玉	男	26	北京	汉	掼跤	西四区宫门口廊下10号
龚莲英	女	9	北京	汉	杂技	永定门内西大院4号
司金祥	男	41	北京	汉	杂技	宣武区龙泉寺10号
朱国良	男	43	北京	汉	武术	宣武区天农市场39号
李庆珍	男	29	北京	汉	行政	宣武区铺陈市25号
洪志臣	男	33	北京	回	魔术	前门区百顺胡同40号
高凤启	男	30	北京	汉	相声	前门区云居寺17号
王　维	男	29	天津	汉	杂技	前门区西北园14号
刘宽甫	男	44	无锡	汉	音乐	崇文区东晓市18号
任笑海	男	43	定兴	汉	相声	东四区弓弦胡同19号
卢秉桓	男	14	定兴	汉	相声	崇文区牟家井10号
马增华	男	26	香河	汉	音乐	前门区毛家井41号
李文元	男	39	吴桥	汉	音乐	粉坊琉璃街17号
史桂生	男	62	保定	汉	曲艺	东单区东裱褙胡同11号
邓　旺	男	59	宝坻	汉	曲艺	东单区东裱褙胡同11号

续表

姓名	性别	年龄	籍贯	民族	专长	现住所
王砚芬	女	37	任丘	汉	西河	前门区李铁拐斜街25号
张文德	男	45	北京	汉	相声	永定门外冉华火柴公司宿舍
宋秀兰	女	46	北京	汉	京韵	东四区东板桥13号
刘鹤亮	男	24	任丘	汉	评书	矿区河南街98号
吴雅琴	女	60	北京	汉	武术	宣武区七圣庙17号
彭瑞兴	男	11	北京	汉	杂技	宣武区七圣庙17号
彭隆德	男	16	北京	汉	杂技	宣武区七圣庙17号
李广英	女	19	乐亭	汉	车技	宣武区七圣庙17号
彭才根	男	8	北京	汉	杂技	宣武区七圣庙17号
彭双妹	女	6	北京	汉	杂技	宣武区七圣庙17号
孙大泉	男	6	北京	汉	杂技	宣武区七圣庙17号
辛广友	男	45	北京	汉	音乐	东直门内北小街煤铺胡同3号
姜岐山	男	47	北京	汉	音乐	前门区东太平庵2号
张瑞山	男	47	北京	汉	音乐	天桥公平市场98号
方亚川	男	43	唐山	汉	魔术	宣武区七圣庙17号
彭来春	男	19	北京	汉	车技	宣武区七圣庙17号
彭云卿	男	51	北京	汉	武术	宣武区七圣庙17号
孙仲玉	男	52	北京	汉	业务	永定门外靳家坑34号
程文林	男	48	北京	汉	杂技	永定门外靳家坑34号
李荣昌	男	39	北京	汉	音乐	东四区大兴胡同13号
梁丽萍	女	26	济南	汉	魔术	阜成门内大街117号
辛宝璋	女	14	文安	汉	杂技	宣武区福长街19号
赵亚秋	女	45	宁河	汉	魔术	宣武区七圣庙甲17号
李保安	男	35	北京	汉	音乐	宣武区丞相胡同17号
李连仲	男	22	北京	汉	杂技	前门区百顺胡同51号
李丽民	女	34	北京	汉	杂技	永定门外西大院4号

续表

姓名	性别	年龄	籍贯	民族	专长	现住所
张学敏	女	43	天津	汉	服务	西单区口袋胡同 18 号
李　伟	男	29	北京	汉	音乐	前门区西北园 19 号
周慧君	女	37	北京	汉	伞技	宣武区大坛子胡同 9 号
孙恩桐	男	28	天津	汉	行政	前门区东河沿 64 号
李　宏	男	12	北京	汉	杂技	东四区东四八条 25 号
程质彬	男	46	北京	汉	音乐	东四区纱络胡同 19 号
刘德林	男	50	北京	汉	杂技	崇文区椿树胡同 5 号
程莉莉	女	26	广东	回	杂技	德胜门外果子市 28 号
赵学章	男	32	北京	汉	车技	前门区大席胡同 10 号
王文昭	女	19	北京	汉	杂技	前门区西北园 14 号
齐润臣	男	39	沈阳	汉	杂技	前门区西北园 14 号
李素伦	男	32	北京	汉	音乐	西四区小石桥 6 号
刘福来	男	12	北京	汉	杂技	宣武区先农坛市场 24 号
夏宗正	男	30	郓城	汉	魔术	东单区甘雨胡同 25 号
姜清元	男	21	北京	汉	蹿跳	宣武区信善里 3 号
王玉华	女	17	镇江	汉	车技	崇文区二横巷 7 号
宋淑霞	女	38	北京	汉	伞技	宣武区先农市场甲 39 号
侯长瑞	男	34	北京	汉	掼跤	西四区宫门口火神庙 8 号
张德福	男	15	涞水	汉	武术	宣武区西沟旁福昌里 3 号
李振友	男	29	通县	汉	相声	崇文门外沙土山街 9 号
徐源伦	男	37	山东	汉	武术	宣武区虎坊路九条 7 号
郭长林	男	34	北京	汉	戏法	崇文区后坑 9 号
于守贤	女	40	沈阳	汉	杂技	宣武区公平市场甲 26 号
熊德林	男	41	北京	汉	掼跤	西单区太仆寺街松竹胡同 6 号
熊德山	男	51	北京	汉	掼跤	西什库后库甲 7 号

续表

姓名	性别	年龄	籍贯	民族	专长	现住所
金墨林	男	51	北京	满	掼跤	西四区翠花横街 15 号
王福城	男	47	安新	汉	戏法	宣武区珠朝街 15 号
王凤卿	女	15	北京	汉	杂技	西四区罗儿胡同 28 号
任聚昇	男	25	北京	汉	曲剧	景山东横栅栏甲 3 号
萧全香	女	21	沈阳	汉	曲艺	西单区辘轳把 8 号
李静云	女	38	北京	汉	曲艺	崇文门外奶子胡同 5 号
于国良	男	44	山东	汉	戏法	宣武区福长街三条 8 号
王成良	男	16	威县	汉	杂技	西单区宣内大街 261 号
白全富	男	29	北京	回	杂技	朝阳门外秀水河 14 号
毛德良	男	40	安东	汉	魔术	宣武区公平市场甲 26 号
苗秀兰	女	29	山东	汉	杂技	崇文区大桥胡同乙 11 号
黄欣云	男	17	北京	汉	武术	宣武区莲花河甲 3 号
黄淑英	女	11	北京	汉	软舞	宣武区莲花河甲 3 号
郭进才	男	53	北京	汉	戏法	崇文区椿树胡同 5 号
何贵月	男	33	北京	汉	狮子舞	西四区大椤棒胡同 78 号
胡仲仁	男	33	北京	蒙	相声	东单区什坊院 59 号
孙桐增	男	31	北京	汉	相声	崇文区中头条甲 38 号
李少敏	女	13	北京	汉	杂技	前门外宣武区公平市场 111 号
孟庆云	男	48	北京	汉	事务	朝阳门外南小街 122 号
赵丽珠	女	9	北京	满	车技	前门百顺胡同后河 12 号
黄鹤来	男	45	北京	满	相声	西四区小五条 13 号
田连福	男	54	北京	满	戏法	德胜门内西水关小井胡同 1 号
于正明	男	35	天津	满	杂技	鼓楼东宝钞胡同小豆池 3 号
于福来	女	10	天津	满	杂技	鼓楼东宝钞胡同小豆池 3 号

续表

姓名	性别	年龄	籍贯	民族	专长	现住所
于运来	男	8	天津	满	杂技	鼓楼东宝钞胡同小豆池3号
于秋来	女	6	天津	满	软功	鼓楼东宝钞胡同小豆池3号
萧金环	女	18	沈阳	汉	曲剧	西单区辘轳把8号
王淑琴	女	24	北京	汉	曲剧	宣武区大保吉巷27号
白兰英	女	8	北京	回	杂技	朝阳门外秀水河14号
马惟一	男	57	北京	汉	铜锏	崇文区火神庙大街染坊夹道1号
韩鹤寿	男	36	北京	汉	武术	宣武区东经路37号
孙德明	男	32	北京	汉	相声	崇文区北岗子胡同41号
韩小禄	男	6	北京	汉	武术	宣武区东经路37号
双桂英	女	41	北京	满	曲剧	宣武区福长街三条甲6号
武文达	男	19	北京	汉	飞叉	宣武区南横街西口61号
刘田峰	男	19	山东	汉	弹弦	大齐家胡同21号
钱云涛	男	67	北京	汉	杂技	鼓楼后钟楼东湾16号
王雨田	男	63	北京	回	空竹	宣武区门楼胡同11号
张子泉	男	65	北京	汉	清唱	宣武区丞相胡同9号
张增凯	男	37	北京	汉	评书	西单区后市营房乙14号
郭存仁	男	40	北京	汉	音乐	南樱桃园42号
杨文振	男	54	北京	汉	音乐	宣武区果子巷23号
关振忠	男	9	北京	满	清唱	东四三条25号
张永海	男	41	北京	汉	音乐	永定门内东坛根2号
孙小峰	男	39	北京	汉	清唱	虎坊桥鹞儿胡同15号
王玉增	男	49	北京	汉	音乐	前门区大安澜营15号
刘增蕙	男	44	天津	汉	武术	宣武区大碾子胡同9号
袁焕章	男	29	北京	汉	说唱	西单区砖塔胡同76号
王庆增	男	45	北京	汉	弹弦	东四区大佛寺西街44号

续表

姓名	性别	年龄	籍贯	民族	专长	现住所
刘司昌	男	27	北京	汉	山东快书	前门区大栅栏 38 号
王常福	男	33	北京	汉	鼓曲	朝外东郊区关东店被服厂宿舍
张顺兴	男	40	北京	汉	鼓曲	南横街平园南里
盛秀琴	女	15	北京	汉	曲艺	宣武区校场口小六条 43 号
田秀铃	女	20	三河	汉	曲艺	前门区大马神庙二条 4 号
田子丰	男	59	三河	汉	曲艺	前门区大马神庙二条 4 号
李景茹	女	27	北京	汉	曲艺	宣武区赵锥子胡同 28 号
毕兴祥	男	24	北京	满	快板	崇文区元宝胡同 13 号
常荫泉	男	50	北京	满	评书	西四区护国寺棉花胡同 41 号
赵林生	男	44	北京	满	评书	宣武区先农坛根 22 号
丁增启	男	38	北京	回	评书	崇文区下掌子胡同 5 号
胡玉民	男	34	北京	汉	单弦	东单区大牌坊胡同 32 号
穆海亭	男	43	北京	回	音乐	前门区棉花头条 6 号
陈荫亭	男	61	通县	汉	评书	东四区演乐胡同 19 号
陈士武	男	30	北京	汉	曲艺	宣武区储子营大院 9 号
白金荣	女	20	北京	汉	曲剧	阜外大街四道口 30 号
吴松海	男	9	北京	汉	武术	复外北蜂窝 17 号
于万长	男	57	涿县	汉	音乐	西四区白塔寺夹道 28 号
李春荣	男	29	北京	汉	武术	阜外大街 187 号
杨荣喜	男	57	玉田	汉	花坛	天桥西公平市场 56 号
铁淑芸	女	35	北京	满	清唱	西四区南草厂 33 号
李松年	男	45	北京	汉	竹板	德外塔院 33 号
李庆增	男	25	北京	汉	音乐	宣武区板章胡同 22 号

续表

姓名	性别	年龄	籍贯	民族	专长	现住所
陈集恩	男	30	北京	汉	曲艺	前门区奋章大院 17 号
杜常富	男	22	北京	汉	曲艺	东便门外三钟祠 6 号
李海宸	男	64	北京	汉	勤务	崇文区奶子胡同 5 号
孙德泉	男	42	顺义	汉	音乐	东四区东直门外冰窖口甲 8 号
于顺喜	男	26	北京	汉	曲艺	东四区北小街针线胡同 8 号
新岚舫	女	22	北京	汉	曲剧	不详
路景安	男	30	北京	汉	皮影	西四区北大街 69 号
岳启瑞	男	45	北京	汉	皮影	西直门内南草厂柳巷 30 号
孙德全	男	45	宝坻	汉	音乐	大佛寺晾果厂 6 号
路连达	男	18	北京	汉	皮影	西四区新街口航空署 30 号
刘季霖	男	20	北京	满	皮影	西四区有果胡同 2 号
路耀峰	男	73	昌平	汉	皮影	西四区北大街 69 号
周凤山	男	51	通县	汉	皮影	西单区察院胡同 47 号
尚新民	男	17	天津	汉	皮影	不详
傅承震	男	50	北京	汉	皮影	西四区赵登禹路翊教寺 10 号
路景魁	男	49	北京	汉	皮影	西四区赵登禹路翊教寺 10 号
路景通	男	45	北京	汉	皮影	西四区北大街 76 号
许淑琴	女	22	北京	汉	京韵	崇文门外半截胡同 1 号
秦彬	女	25	北京	汉	职员	东四区纳福胡同 28 号
赵俊良	男	23	北京	满	曲剧	西直门外东小村甲 1 号
赵文祥	男	43	北京	满	曲剧	前门外石佛寺湾 2 号
吴韵亭	女	25	北京	汉	曲剧	西单区口袋胡同丁字 9 号
张金印	男	45	北京	汉	音乐	西直门外取灯胡同 2 号

续表

姓名	性别	年龄	籍贯	民族	专长	现住所
魏兰芬	女	38	北京	满	曲剧	地安门外钟楼湾 70 号
关贞奎	男	61	北京	满	曲剧	西单区武定侯 34 号
雷再生	女	26	北京	汉	单弦	前门区大外廊营 30 号
张喜兰	女	19	北京	汉	曲剧	前门区燕家胡同 13 号
张殿勋	男	66	北京	汉	服务	前门区燕家胡同 13 号
张德利	男	51	北京	汉	音乐	东单区乃兹府 18 号
程雪明	女	24	北京	满	曲剧	前门区排子胡同 20 号
刘鸿翔	男	33	藁城	汉	会计	西单区棋守卫 17 号
俞家祥	男	31	北京	汉	音乐	东单区梯子胡同沟沿 7 号
冯衍绪	男	21	北京	汉	曲剧	西四区有果胡同 1 号
许吉星	男	18	北京	汉	音乐	西单区旧帘子胡同 4 号
张广明	男	40	宝坻	汉	弹唱	西四区大石桥 43 号
宋长玲	男	42	香河	汉	音乐	东单区乃兹府 18 号
扈振奎	男	30	北京	汉	音乐	宣武区三教寺 219 号
荣盛义	男	28	宝坻	汉	音乐	西四区大石桥 43 号
罗　融	男	50	北京	汉	音乐	西直门大街 56 号
邢文光	男	44	北京	汉	评书	南苑槐房派出所新宫街 3 号
于子泉	男	51	良乡	汉	音乐	宣武区广内大街 81 号
王桂兰	女	19	固安	汉	曲剧	宣武区黑窑厂 49 号
王永泰	男	51	固安	汉	音乐	宣武区黑窑厂 49 号
崔少明	男	47	北京	汉	曲剧	宣武区延寿街羊肉胡同 13 号
耿淑琴	女	20	昌平	汉	曲剧	西内玉佛寺 2 号
于雅兰	女	19	旅大	汉	曲剧	西直门外东小村甲 1 号
刘荣培	男	50	北京	汉	曲剧	西直门四区太平街 43 号
孙德林	男	50	北京	汉	音乐	前门区朱茅胡同 13 号
孙淑兰	女	14	北京	汉	清唱	前门区朱茅胡同 13 号

续表

姓名	性别	年龄	籍贯	民族	专长	现住所
李凤琴	女	15	北京	汉	杂技	西四区西堂家胡同5号
赵惠珠	女	8	北京	汉	杂技	西四区西堂家胡同5号
李子衡	男	53	北京	汉	杂技	西四区西堂家胡同5号
张献云	女	24	广宗	汉	坠子	宣武区先农坛根42号
郭淑琴	女	30	北京	汉	戏法	宣武区公平市场113号
李鑫樵	男	52	北京	满	曲艺	西单区辟才胡同乙1号
李慧洁	女	14	北京	满	曲艺	西单区辟才胡同乙1号
王桂芬	女	17	北京	回	车技	宣武区寿刘胡同45号
王文礼	男	41	北京	回	车技	宣武区寿刘胡同45号
王淑元	男	16	北京	回	车技	宣武区寿刘胡同45号
王佩华	女	8	北京	回	车技	宣武区寿刘胡同45号
王文耀	男	26	北京	回	车技	宣武区寿刘胡同45号
刘慧贤	女	23	北京	汉	曲艺	宣武区城南商场12号
刘宝光	男	30	北京	汉	曲剧	西四区小白桥5号
石淑兰	女	25	三河	汉	曲剧	前门区大马神庙二条4号
杜宝昆	男	25	大城	汉	音乐	西单区惜薪胡同17号
窦兰亭	男	27	北京	汉	相声	宣武区中兴隆街4号
安林方	男	26	北京	汉	西河	矿区里十三乡东村
陈　昆	男	49	北京	汉	武术	崇文区幸福大街6号
常俊英	女	32	北京	汉	清唱	前门区西草场55号
宋香（相）臣	女	27	武清	汉	竹板	朝阳门外朝阳市场风记店
褚德春	男	36	登州	汉	事务	朝阳门外朝阳市场风记店
宋香（相）林	女	15	武清	汉	竹板	朝阳门外东城根南水关6号
侯树英	男	26	黑龙江	汉	杂技	东郊高碑店田家洼子5号

续表

姓名	性别	年龄	籍贯	民族	专长	现住所
王淑华	女	22	吉林	汉	杂技	东郊高碑店田家洼子5号
梁佩琴	女	35	北京	汉	曲艺	前门小剧场38号
王善谦	男	29	安徽	汉	魔术	前门裘家街3号
梁凤琴	女	26	北京	汉	杂技	前门裘家街3号
王大锁	男	9	北京	汉	杂技	前门裘家街3号
王二锁	女	8	北京	汉	软功	前门裘家街3号
李呈彦	男	32	北京	汉	曲艺	宣武区毗卢庵27号
高连生	男	34	永清	汉	评书	宣武区南纬路21号
高庆恩	男	51	永清	汉	西河	宣武区福长街三条甲6号
魏长林	男	29	蓟县	汉	唱大鼓	宣武区大保吉巷27号
关春山	男	33	北京	满	相声	西四区蒋养房55号
李德福	男	43	南宫	汉	音乐	西单区大木仓丁9号
刘玉彬	男	36	北京	汉	音乐	宣武区营房东南二条甲1号
马玉声	男	32	宝坻	汉	音乐	东单区乃兹府18号
富少卿	男	36	北京	满	音乐	崇文区葱店前街37号
刘　起	男	25	蓟县	汉	布景	东单区朝外吉市口二条26号
张润身	男	22	北京	汉	布景	前门区小席胡同6号
张永利	男	37	北京	汉	布景	西四区榜棒胡同24号
孟宪有（快手刘）	男	73	三河	汉	戏法	前门区棉花下七条
马玉萍	女	20	大名	汉	坠子	宣武区福长街三条8号
刘玉福	男	41	北京	汉	音乐	宣武区营房东南二条甲1号
杜韵芳	女	27	房山	汉	大鼓	前门区棉花八条8号
金子厚	男	64	北京	满	勤务	东四区安宁里甲1号

续表

姓名	性别	年龄	籍贯	民族	专长	现住所
刘德顺	男	56	北京	汉	勤务	宣武区福州馆前街三间房1号
王润明	男	35	天津	汉	司机	宣武区南线阁西头排4号
傅辑芝	男	64	北京	满	曲剧	西四区针线胡同8号
郭筱霞	女	36	北京	汉	梅花大鼓	前门区北柳巷3号
彭子富	男	31	北京	汉	曲剧	宣武区赵锥子胡同11号
张鸿宾	男	35	天津	汉	相声	东四区腊库胡同31号
赵贞亭	男	63	北京	汉	大鼓	西四区棉花胡同46号
苗福起	男	29	北京	汉	三弦	地安门外义溜胡同175号后门
高雨霖	男	15	通县	汉	杂技	天桥福长街二条8号
桑祥林	男	44	北京	汉	评书	朝外景胜东街9号
孙松元	男	30	山东	汉	音乐	和平门内马神庙6号
王玉凤	女	16	北京	汉	曲艺	地安门外北城根38号
金小山	男	79	北京	满	单弦	地安门内米粮库6号
朱慧卯	女	16	安新	汉	弹唱	西四区大四条34号
刘恩荣	男	56	北京	汉	戏法	宣武区三庙街孔雀胡同4号
金雨民	男	52	北京	满	弹弦	后门外桥东河沿12号
张德兴	男	63	平谷	汉	弹弦	东郊幸福村10巷38号
吴世明	男	62	顺义	汉	弹弦	东单区朝外下四条39号
韩敬奎	男	37	滦县	汉	音乐	西单区报子街98号
孙吉舫	女	45	沈阳	汉	魔术	东单区南池子冯家胡同2号
张祥云	男	45	湘乡	汉	音乐	东单区南池子冯家胡同2号
陈荣华	女	23	沈阳	汉	杂技	东单区南池子冯家胡同2号

续表

姓名	性别	年龄	籍贯	民族	专长	现住所
訾吉文	男	25	沈阳	满	车技	东单区南池子冯家胡同2号
訾吉福	男	37	沈阳	满	技术	东单区南池子冯家胡同2号
周仁海	男	20	天津	汉	杂技	东单区南池子冯家胡同2号
訾丽华	女	13	沈阳	满	技术	西单区报子街98号
韩杰远	男	87	北京	蒙	单弦	西城区宫门口内葡萄园16号
胡宝义	男	30	北京	汉	四胡	宣武门赵锥子胡同73号
何亚英	女	15	郯县	汉	魔术	西单报子街88号
李纯福	男	31	沈阳	汉	杂技	西单报子街88号
陈桂兰	女	24	沈阳	汉	杂技	西单报子街88号
彭小琳	女	17	苏州	汉	杂技	西单报子街88号
李振业	男	40	邢台	汉	事务	西单报子街88号
方　新	男	25	镇江	汉	音乐	西单报子街88号
陶登云	男	43	九江	汉	事务	西单报子街88号
杨来顺	女	25	静海	汉	杂技	西单报子街88号
刘亚东	男	30	福山	汉	杂技	西单报子街88号
韩家贵	男	19	济南	汉	杂技	西单报子街88号
刘桂凤	女	21	郯县	汉	技术	西单报子街88号
张祥枝	男	33	山东	汉	音乐	西单报子街88号
陈玉英	女	24	北京	汉	曲艺	安定门外尚龙大院9号
高丽君	女	31	北京	汉	京韵	宣武区潘家河沿44号
孙丽雯	女	24	北京	汉	京韵	东单区南小街禄米仓24号
赵志高	男	34	北京	满	车技	前门区百顺后河沿12号
赵志远	男	10	北京	满	车技	前门区百顺后河沿12号
武魁海	男	52	北京	汉	相声	前门区百顺后河沿12号

续表

姓名	性别	年龄	籍贯	民族	专长	现住所
谢纯一	男	52	北京	汉	评书	东单区马圈内小椿树胡同4号
刘久峰	男	59	通县	汉	评书	东单区东裱褙胡同1号
刘兰轩	男	58	北京	汉	评书	宣武区黑窑厂甲19号
杨淑云	女	39	北京	汉	曲艺	朝外南营房一甲60号
赵瑞良	男	59	北京	满	快板	崇文区南河槽23号
金　山	男	50	北京	满	单弦	东单区大方家胡同57号
王金凤	女	32	北京	汉	京韵	东单区苏州胡同133号
步彩云	女	18	北京	汉	杂技	苏州胡同133号
高剑平	男	33	哈尔滨	汉	杂技	苏州胡同133号
周瑞霞	女	11	秦皇岛	汉	车技	苏州胡同133号
刘　梅	女	9	北京	汉	车技	苏州胡同133号
夏玉兰	女	14	许昌	汉	车技	苏州胡同133号
周瑞琪	女	7	秦皇岛	汉	车技	苏州胡同133号
刘　抄	女	12	北京	汉	车技	苏州胡同133号
刘文澜	男	37	北京	汉	车技	苏州胡同133号
牛玉芹	女	14	开封	汉	车技	苏州胡同133号
崔凌云	女	36	北京	汉	车技	苏州胡同133号
瞿小莲	女	11	许昌	汉	车技	苏州胡同133号
周瑞武	女	14	秦皇岛	汉	车技	苏州胡同133号
刘　桐	女	7	北京	汉	车技	苏州胡同133号
刘章枢	男	16	北京	汉	车技	苏州胡同133号
高映华	女	21	吴桥	汉	车技	苏州胡同133号
苑炳正	男	17	吴桥	汉	车技	苏州胡同133号
张鸿祥	男	45	吉林	汉	魔术	苏州胡同133号
步彩霞	女	13	北京	汉	杂技	苏州胡同133号
步俊荣	男	48	北京	汉	杂技	苏州胡同133号

续表

姓名	性别	年龄	籍贯	民族	专长	现住所
贺寿恒	男	34	北京	满	音乐	护国寺庙内10号
梁增凯	男	51	北京	汉	音乐	东单区东裱褙胡同1号
何凤仪	男	17	蓟县	回	相声	朝外吉市口八条13号
佟境川	男	37	北京	汉	丝弦	东单区苏州胡同133号
白　坦	男	22	河间	汉	曲艺	东单区苏州胡同133号

附录三 1955年北京市文化局戏剧、曲艺界艺术等级表

等级	行类	姓名	性别	年龄	政治面目	专长	住址
一等曲艺							
一等	曲艺	魏喜奎	女	29	群众	奉调大鼓（曲剧）	前门外大街大齐家胡同40号
一等	曲艺	孙砚琴	女	24	群众	单弦	前门外王广福斜街31号
一等	曲艺	谭凤元	男	63	群众	单弦	南月牙胡同3号
一等	曲艺	高凤山	男	34	群众	快板	崇外礼拜寺街5号
一等	曲艺	曹宝禄	男	44	群众	单弦	前门区香儿胡同17号
一等	曲艺	连阔如	男	51	群众	评书	棉花八条11号
一等	曲艺	荣剑尘	男	73	群众	单弦	
一等	曲艺	侯宝林	男	38	群众	相声	前门区香炉营五条8号
一等	曲艺	白凤鸣	男	46	群众	京韵	前门区香炉营五条11号
一等	曲艺	顾荣甫	男	47	群众	单弦（曲剧）	鹞儿胡同14号
一等	曲艺	韩德福	男	45	群众	弹弦	门头沟大峪村前街35号
二等曲艺							
二等	曲艺	彭子富	男	29	群众	单弦（曲剧）	赵锥子胡同81号
二等	曲艺	联幼茹	女	36	群众	京韵	东四大佛寺西街汪家大院8号
二等	曲艺	花莲宝	女	24	群众	梅花	宣武区香仁路甲30号

续表

等级	行类	姓名	性别	年龄	政治面目	专长	住址
二等	曲艺	高德明	男	46	群众	相声	宣武区南横街49号
二等	曲艺	关学曾	男	41	群众	琴书	崇文区沙土山王巷子2号
二等	曲艺	于芝凤	女	35	群众	京韵	西单大木仓9号
二等	曲艺	王世臣	男	39	群众	相声	西单辟才胡同7号
二等	曲艺	孙宝才	男	56	群众	双簧	前外先农市场26号
二等	曲艺	双桂英	女	41	群众	曲剧	建国门建国寺34号
二等	曲艺	汤金城	男	65	群众	口技	前外狗尾巴胡同30号
二等	曲艺	蔡金波	女	34	群众	西河	花枝胡同4号
二等	曲艺	佟大方	男	42	群众	相声	和平门内翠花街5号
二等	曲艺	谭伯如	男	64	群众	双簧	鼓楼方砖厂小厂14号
二等	曲艺	尹福来	男	44	群众	单弦	土神庙2号
三等曲艺							
三等	曲艺	罗荣寿	男	39	群众	相声	宣武校场小六条甲81号
三等	曲艺	车如锦	女	28	群众	曲剧	西单大木仓8号
三等	曲艺	曲国田	男	53	群众	曲剧	西四西喇叭胡同117号
三等	曲艺	李雪芳	女	49	群众	西河	天桥新安市场10号
一等杂技							
一等	杂技	孟宪有	男	73	群粽	戏法	前门棉花下七条7号
一等	杂技	张宝忠	男	61	群众	武术	天桥公平市场44号

续表

等级	行类	姓名	性别	年龄	政治面目	专长	住址
一等	杂技	曹鹏飞	男	33	群众	杠子	天桥公平市场115号
一等	杂技	宝善林	男	55	群众	掼跤	西四斗鸡坑10号
一等	杂技	彭云起	男	56	群众	马戏	报子街88号
二等杂技							
二等	杂技	路耀峰	男	74	群众	皮影	西四北大街69号
二等	杂技	张雪峰	男	42	群众	木偶	东单什坊院49号
二等	杂技	孙吉舫	女	44	群众	魔术	报子街88号
二等	杂技	张英杰	男	28	群众	大刀	天桥公平市场44号
二等	杂技	朱国权	男	43	群众	硬弓	宣武区西北园14号
二等	杂技	刘燕民	男	45	群众	魔术	西单前细瓦厂7号
二等	杂技	罗沛霖	男	46	群众	洋片	天桥天农市场35号
三等杂技							
三等	杂技	辛稳立	男	51	群众	戏法	天源市场福长街19号
三等	杂技	满宝珍	男	41	群众	掼跤	宣武福长街三条9号
河北梆子							
一等旦							
一等	旦	李桂云	女	46	群众	青衣	景山前街墙角胡同5号
二等旦							
二等	旦	珍珠钻	女	47	群众	青衣	宣武后孙公园5号

续表

等级	行类	姓名	性别	年龄	政治面目	专长	住址
二等生							
二等	生	刘桂红	女	49	群众	老生	天桥忠恕里5号
二等	生	王晓云	女	19	群众	小生	宣武虎坊桥西壁营12号
三等旦							
三等	旦	董兰舫	女	34	群众	刀马旦	前外香厂路华兴里6号

评剧						
一等旦						
张菡香（喜彩莲）	女	38	掖县	群众	花旦	铜法寺甲33号
李再雯（小白玉霜）	女	32	天津	群众	花旦	海北寺街3号
杨淑敏（新凤霞）	女	27	天津	群众	花旦	西观音寺34号
赵丽蓉	女	24	宝坻	群众	青衣、花旦、刀马旦	新开路12号
一等生						
席宝昆	男	32	北京	群众	小生	百顺胡同甲24号
魏荣元	男	31	唐山	群众	文武老生	铜法寺甲33号

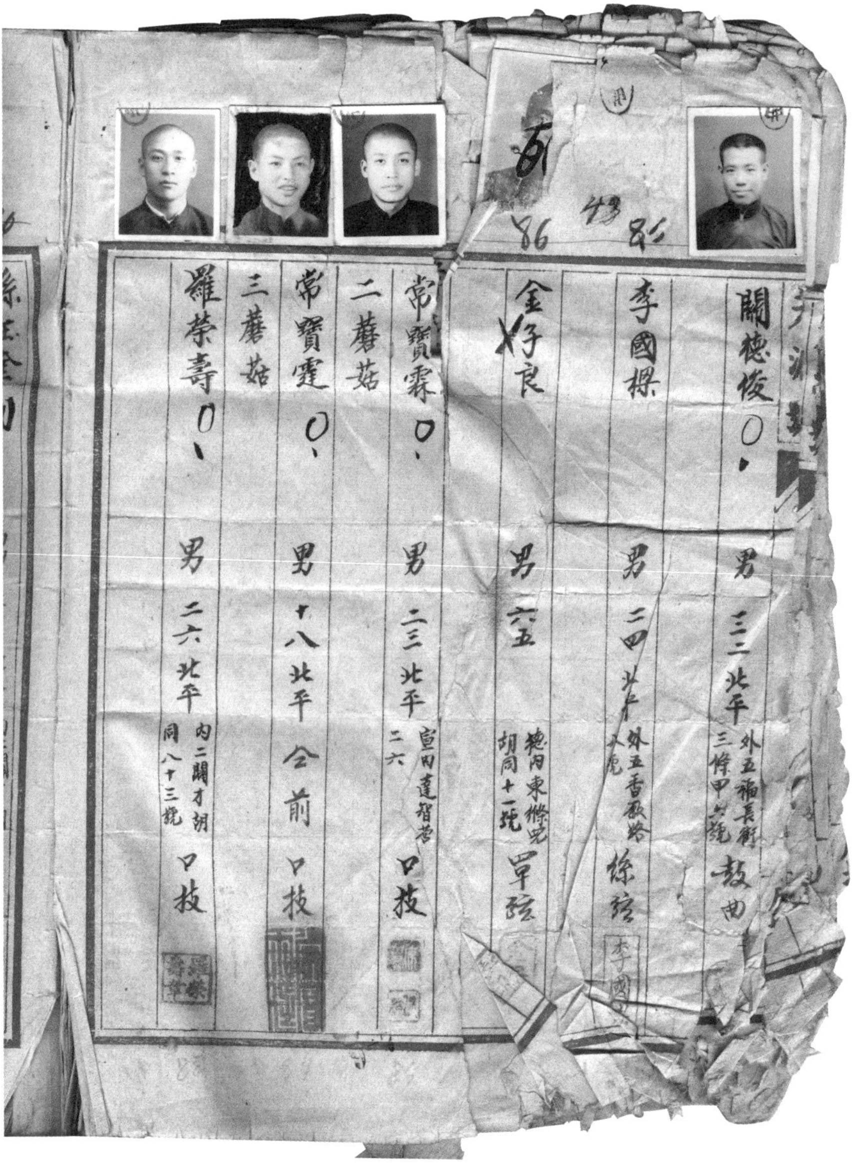

關德俊 ○、	男	三二	北平	外五福長街三條甲六號	鼓曲
李國樑	男	二四	北平	外五香廠路八號	絃
金子良	男	六五		德內東帽兒胡同十一號	單絃
常寶霖 ○、	男	二三	北平	宣內達智營二六	口技
二蘑菇					
常寶霆 ○、	男	十八	北平	仝前	口技
三蘑菇					
羅榮壽 ○、	男	二六	北平	內二關才胡同八十三號	口技

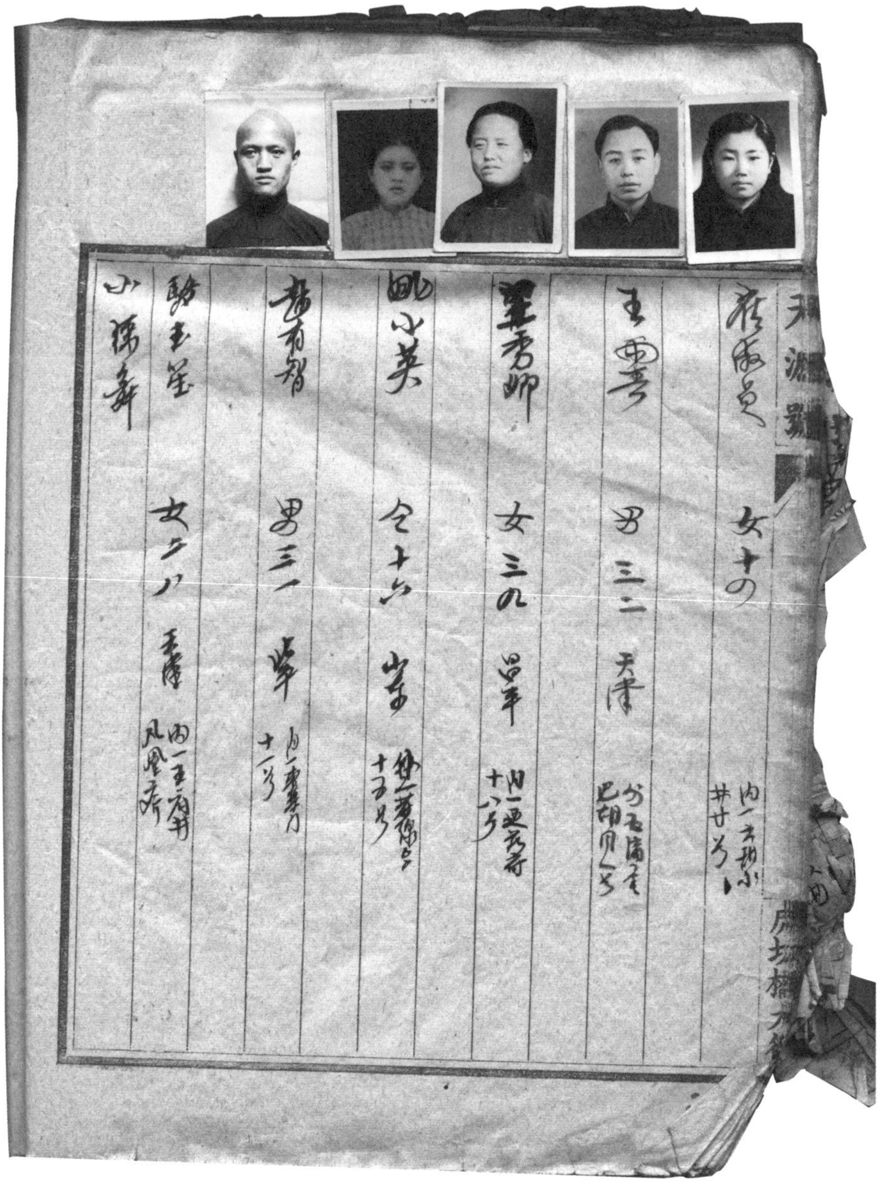

女 十四
王 男 三二 天津
秀卿 女 三九 昌平
小英 女 十六
有智 男 三一
女 一八 天津

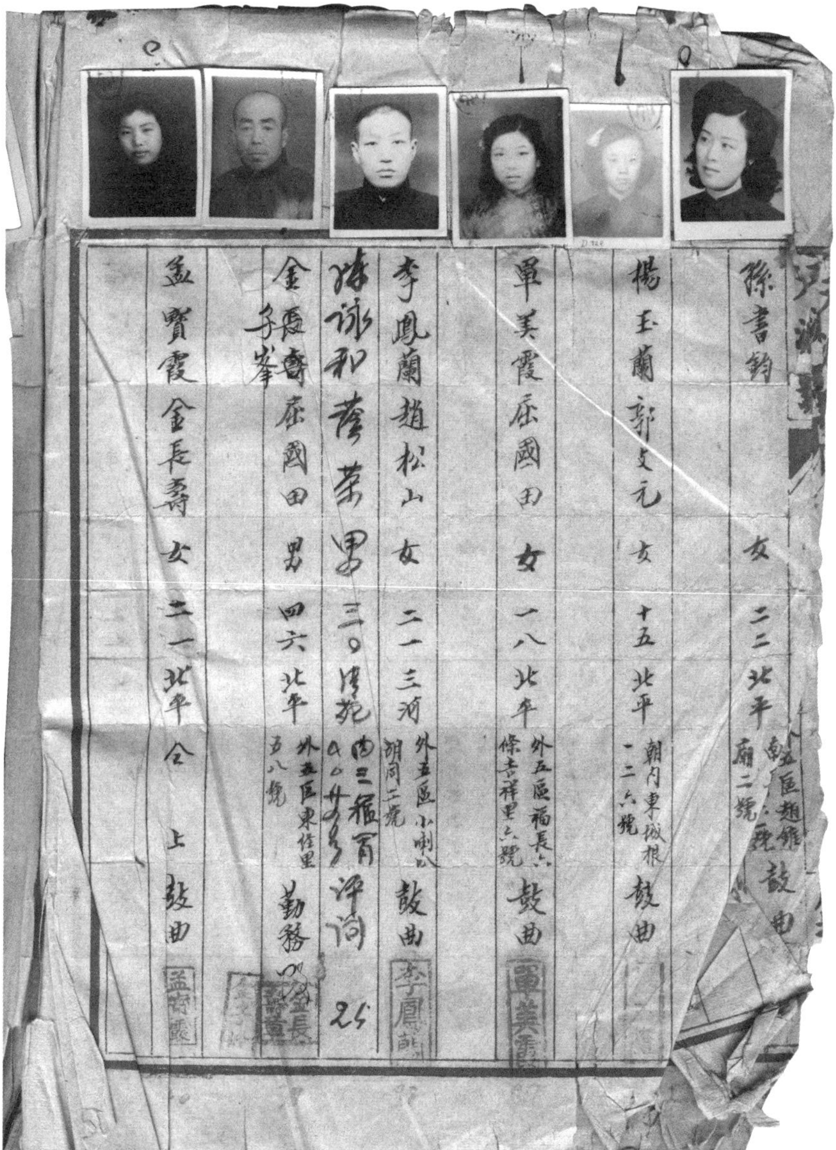

孫書鈞 女 二二 北平 南五區趙錐[illegible]號 廟二號 鼓曲

楊玉蘭 郭文元 女 十五 北平 朝內東城根一二六號 鼓曲

單美霞 承國田 女 一八 北平 外五區福長街六條吉祥里六號 鼓曲 單美霞

李鳳蘭 趙松山 女 二一 三河 外五區小喇叭胡同二號 鼓曲 李鳳蘭

[illegible]和 [illegible] 男 三〇 清苑 內三區羅圈[illegible] 評詞 25

金長壽 承國田 男 四六 北平 外五區東佳里五八號 勤務 金長壽

孟寶霞 金長壽 女 二一 北平 合上 鼓曲 孟寶霞

馬忠翠	春華園	女	二三	河南	外五板章胡一號	說曲	161
馬愛榮	、	女	二一	河南	仝前	鼓曲	62
馬桂榮		女	二〇	河南	仝前	鼓曲	163
馬筱榮	、	女	一九	河南	仝前	鼓曲	164
周金鈴	、	女	一七	河南	外五福長街三条八号	鼓曲	
周硯榮		女	一七	北平	外四眾帝胡同[illegible]号	[illegible]	186

楊玉荣(?)	妻	十九		北平	西單北[illegible]塲廿一号	
楊玉琴 西國(?)		二六	女	北平	朝陽[illegible] 一二六號	[illegible]
常宝堃 小蘑菇		二四	男	北平	內二述智 營二六号	口技
陳亞南		二八	男	天津	內六銀絲 衚六号	技術
陳亞華		四三	男	天津	內六銀絲 衚六号	技術
佟浩如		四〇	男	天津	同前	口技

302 301 300

戚凤山		六六			[illegible]
赵[illegible]君		二〇		[illegible]八〇号	[illegible]
戚子信	男	三二	北平	[illegible]二六号	[illegible]
张西陵	女	二二	仝	仝	仝
亚佳女					
谢万芝	男	五五	北平	[illegible]二二号	[illegible]
谢舒扬	仝	十七	仝	仝	仝

戚鳳山章

365 366 367 368 369 370

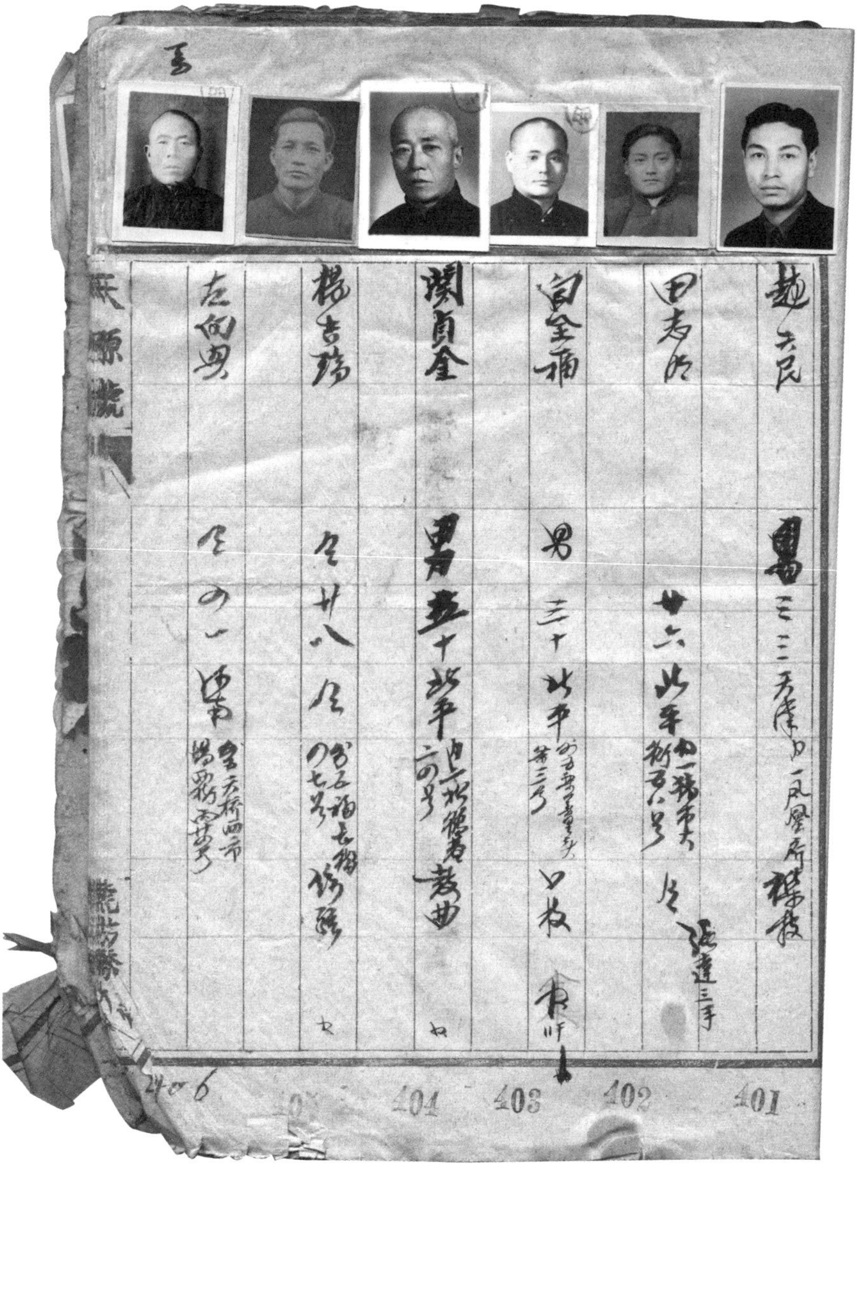
401
402
403
404

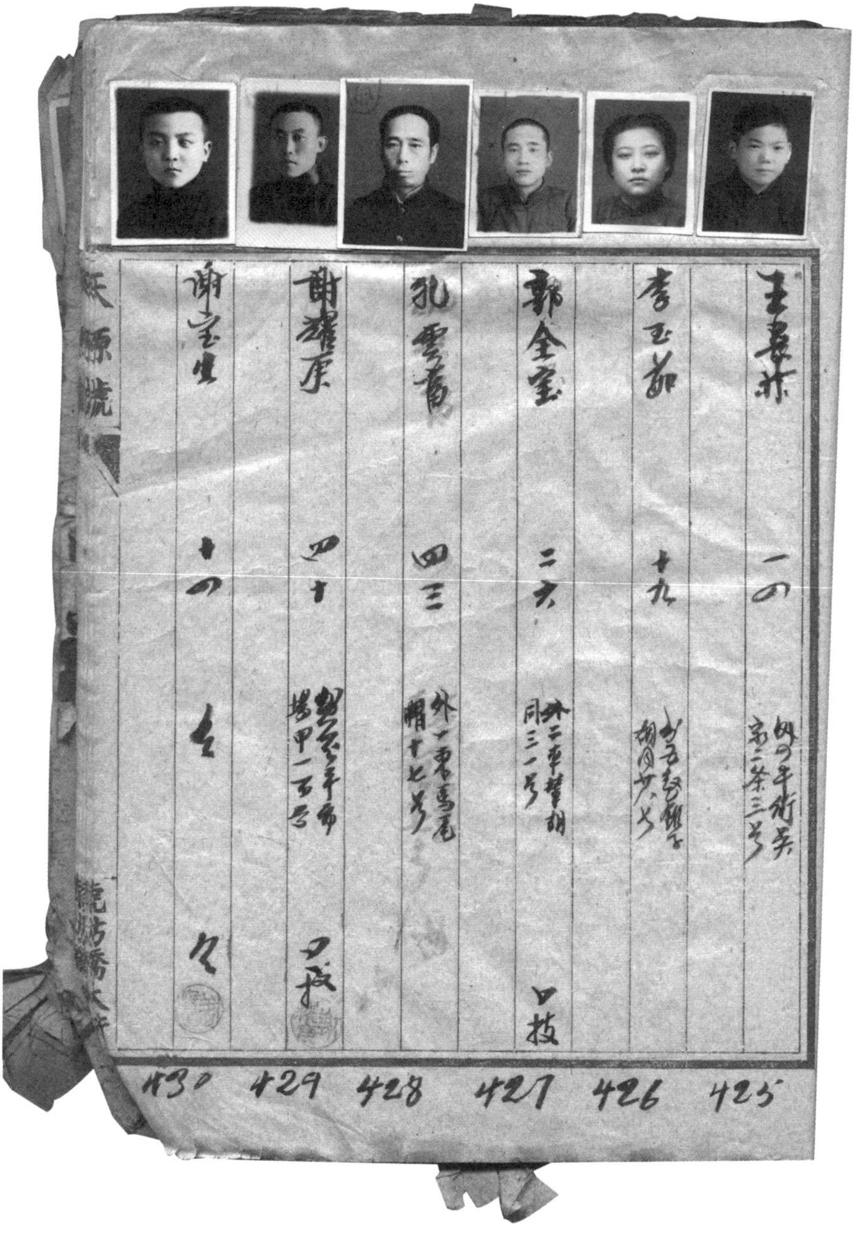

李玉茹
十九
二六
四三
四十
425
426
427
428
429
430